mon alter ego 2

A2

MÉTHODE DE FRANÇAIS

Céline Himber
Catherine Hugot
Monique Waendendries

Véronique Mazarguil-Kizirian (Prononciation)

Anne-Marie Diogo (DELF)

Avec la participation de Jacqueline Maunier
(recherches documentaires pour les pages « Fenêtres sur... »)

hachette
FRANÇAIS LANGUE ÉTRANGÈRE

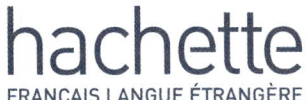

le parcours des autrices

Monique Waendendries

Céline Himber

Après des études de littérature et de dramaturgie, je me suis inscrite en master de FLE avec une idée en tête : enseigner le français par le théâtre. J'avais moi-même expérimenté l'apprentissage de l'anglais par ce biais aux États-Unis.
Lorsque j'ai commencé à enseigner, à l'Alliance Française de Cuenca, en Équateur, j'ai été confrontée au manque de motivation de mes élèves adolescents. Je leur ai alors proposé de participer à un projet de théâtre, ce qui a réveillé leur enthousiasme. Le succès de cette expérience m'a encouragée à explorer davantage le champ de la pédagogie de projet et à placer les besoins des élèves et le plaisir d'apprendre au centre de mes préoccupations. J'ai ensuite continué à nourrir ces convictions en enseignant à un public d'adultes à l'Alliance Française de Lyon. Ces années de pratique sur le terrain ont alimenté mon travail d'autrice de méthodes pour adolescents. Pour *Le Mag'*, *Adosphère*, *Adomania* puis *Explore*, mes co-auteurs et moi avons basé notre réflexion sur cette certitude : impliquer les apprenants dans des tâches concrètes donne du sens à l'apprentissage et suscite la motivation. Après ces quatre collections, j'ai eu envie de travailler sur une méthode pour adultes. J'ai alors rencontré Monique et Catherine, les autrices d'un manuel qui m'a longtemps accompagnée en classe : *Alter ego*.

Je suis franco-brésilienne ; le portugais est ma langue maternelle et le français ma langue paternelle. J'ai débuté ma carrière à l'Alliance Française de São Paulo, puis je suis venue en France pour poursuivre mes études universitaires dans le domaine du FLE. Tout naturellement, j'ai rejoint l'Alliance de Paris, où j'ai bénéficié d'un véritable accompagnement qui m'a permis de progresser. D'abord enseignante, je suis devenue au fil des ans formatrice d'enseignants, conceptrice de modules pour la formation à distance DAEFLE et conseillère pédagogique. J'ai aussi fait des missions à l'étranger et je suis intervenue dans des masters de FLE à Paris cité et Sorbonne nouvelle – Paris 3. J'ai toujours aimé allier la théorie à la pratique, je n'ai jamais quitté le terrain. Mes domaines de prédilection : l'observation de classe, la didactique du FLE et la linguistique. J'ai eu la chance de toujours travailler en équipe. Avant *Mon alter ego*, j'ai mis en place à l'Alliance de Paris un dispositif d'accompagnement des enseignants, favorisant la pratique réflexive. Avec Catherine et Céline, nous avons souhaité proposer dans *Mon alter ego* un accompagnement pour tous les utilisateurs : apprenants, enseignants et institutions.

Catherine Hugot

Je me destinais à l'enseignement de l'anglais avant qu'un séjour en Irlande en tant qu'assistante de français infléchisse mon projet vers le FLE. Une formation d'enseignante à l'université de Dublin, en parallèle avec mes premiers cours dispensés à des adultes, ont confirmé mon désir de continuer dans cette voie.
J'ai été séduite par l'approche anglo-saxonne expérimentée dans cette formation, d'apprentissage actif basé sur les tâches. De retour en France, j'ai intégré l'Alliance Française de Paris, où le travail en équipe m'a permis d'affiner une approche méthodologique en phase avec mes convictions pédagogiques. Tout en continuant à enseigner, j'ai eu la chance de communiquer ma passion du métier à des enseignants, en France et dans le monde (Maroc, Chine, Canada, Inde…). J'ai eu à cœur de leur proposer des techniques et outils concrets expérimentés dans mes propres cours et de transmettre une méthodologie favorisant l'implication et la motivation des apprenants. Ces échanges en formation continue ou initiale, ont nourri ma propre pratique en classe. Le plaisir de la transmission a trouvé une nouvelle expression dans la conception d'*Alter ego* et *Alter ego +*, avec des collègues animées des mêmes convictions et du désir de faciliter enseignement et apprentissage. Expérience qui a, en retour, enrichi ma réflexion et ma pratique.
Mon alter ego nous réunit, Monique, Céline et moi, dans la volonté d'aller plus loin dans l'accompagnement des utilisateurs de la méthode.

mon alter ego

l'accompagnement au cœur

Un alter ego, c'est quelqu'un en qui on a confiance, c'est un ami, un complice, un compagnon. Depuis 2006, les ouvrages *Alter ego* et *Alter ego +* ont été les compagnons de milliers d'enseignants et d'apprenants de français à travers le monde. Aujourd'hui, Catherine Hugot, Monique Waendendries et Céline Himber nous présentent le nouveau chapitre d'une aventure exceptionnelle.

Racontez-nous le début de l'aventure *Alter ego*.

En 2006, *Alter ego* était le fruit de notre expérience sur le terrain, en tant qu'enseignantes et formatrices. Nous étions une équipe très soudée, nous partagions les mêmes choix méthodologiques. Et nous voulions aider les profs dans la préparation et l'animation de leurs cours.
C'est pourquoi nous avons proposé une démarche « prête à l'emploi », « pas à pas ». Une démarche qui diminue le temps de préparation et qui aide à animer le cours de manière efficace, cohérente, fluide. Une démarche qui implique l'apprenant, parce que la priorité est donnée au sens, avant la découverte des formes linguistiques.

En 2012, vous avez publié *Alter ego +*. Quelles évolutions avez-vous alors apportées ?

Fortes des retours de nos apprenants et des enseignants, nous sommes allées plus loin dans la scénarisation des leçons et dans la démarche actionnelle, notamment avec l'introduction de projets.

Et maintenant, parlez-nous de *Mon alter ego*.

On retrouve dans *Mon alter ego* trois autrices de la première heure (Catherine, Monique et Véronique pour la phonétique). Pour cette nouvelle aventure, Céline a rejoint l'équipe.
Son expérience sur le terrain et en tant qu'autrice de méthodes pour adolescents a enrichi la réflexion sur ce nouveau projet. Notre équipe a travaillé main dans la main.

> « L'apprentissage des langues est plus que jamais lié aux besoins des personnes dans la vie. »

Comment *Mon alter ego* s'inscrit dans le contexte actuel ?

Ces dernières années, nous avons constaté que l'apprentissage des langues est plus que jamais lié aux besoins des personnes dans la vie. La manière d'apprendre a évolué, la demande d'efficacité s'est accrue et l'apprenant attend des résultats rapides. Par ailleurs, l'enseignant doit s'adapter à des modalités variables.
Nous avons donc adopté une approche inédite. Nous avons d'abord inventorié les besoins des apprenants dans la vie avant d'identifier des tâches qu'ils peuvent être amenés à faire, en tant qu'acteurs sociaux. Les leçons ont donc ce point de départ et ce point d'arrivée.
Nous avons aussi pris en compte les besoins des enseignants et des institutions, à partir de notre expérience sur le terrain. Et nous avons envisagé un dispositif d'accompagnement répondant à ces besoins.

Comment cela se traduit-il pour les apprenants ?

Les besoins des apprenants sont de deux sortes : les besoins liés à la vie et les besoins liés à l'apprentissage. Chaque leçon répond à un besoin de la vie et présente un scénario bien défini, fortement contextualisé, qui implique l'apprenant. Le scénario est présenté de manière claire : l'apprenant sait dès le début de la leçon quel est l'objectif visé et quelle tâche il va réaliser en fin de leçon.
En ce qui concerne les besoins liés à l'apprentissage, nous avons prévu des rubriques pour aider l'apprenant à mémoriser et à renforcer ses stratégies.
Ainsi, l'accompagnement tel que nous l'avons envisagé, permet à l'apprenant de « donner du sens » à ce qu'il fait. Cela favorise son implication et son autonomie.

> « Nous avons aussi pris en compte les besoins des enseignants et des institutions. »

Et pour les enseignants ?

Les besoins concernent essentiellement la préparation du cours, l'animation de classe et l'évaluation des acquis.
Tout est prévu dans le dispositif d'accompagnement pour que la préparation du cours soit facilitée et pour que l'animation en classe soit aisée, fluide. Grande nouveauté, des tutoriels pédagogiques sont proposés pour répondre aux questions que se posent les enseignants sur la méthode et pour faciliter la mise en œuvre de certains types d'activités.
Mon alter ego tient aussi compte de la nécessité ou de l'envie qu'ont les enseignants de personnaliser et d'enrichir leurs cours : les activités et ressources *Classe+* les aident à adapter les cours à leur public.

•••

... Et du côté des institutions ?

Mon alter ego propose des outils pour faciliter la mise en place de la méthode. L'accompagnement porte sur trois axes. Tout d'abord l'évaluation : grâce aux tests de positionnement proposés, l'institution sait exactement dans quelle classe placer les apprenants non débutants quand ils viennent s'inscrire. À cela s'ajoutent diverses propositions pour vérifier les acquis et bien sûr la préparation au DELF. Par ailleurs, nous proposons des outils qui tiennent compte de la diversité des offres de cours, notamment hybrides.

Enfin, *Mon alter ego* propose des outils pour soutenir la qualité des cours. Les tutoriels, notamment, favorisent la pratique réflexive au sein des équipes pédagogiques.

Le mot de la fin ?

Alter ego et *Alter ego +* sont devenus pour beaucoup d'utilisateurs de véritables compagnons, ils se les sont appropriés. Nous espérons aujourd'hui que *Mon alter ego* deviendra « leur alter ego ».

❝ **Nous avons imaginé un en réponse aux**

LES BESOINS
des utilisateurs

Les besoins des apprenants

› *Mon alter ego* prend en compte les besoins de la vie dans les domaines définis par le CECRL :
 – le domaine personnel (se loger, se nourrir…)
 – le domaine public (faire des achats, interagir sur les réseaux sociaux…)
 – le domaine professionnel (trouver un emploi…)
 – le domaine éducationnel (choisir un programme d'étude…)

› La méthode veille également à prendre en compte les besoins liés à l'apprentissage (savoir-apprendre)

Les besoins des enseignants

› *Mon alter ego* facilite la préparation du cours :
 – identifier et fixer des objectifs
 – prévoir la démarche

› La méthode donne des pistes concrètes d'animation de classe :
 – mettre en œuvre la démarche prévue
 – favoriser l'implication des apprenants et leurs interactions

› Elle propose un dispositif complet et régulier pour évaluer les acquis

Les besoins des institutions

› *Mon alter ego* permet d'identifier le niveau initial des apprenants
› La méthode aide à mettre en place une offre de cours diversifiée et personnalisée
› Elle soutient la qualité des cours et la pratique réflexive des enseignants

UNE OFFRE NUMÉRIQUE
complète et facile d'accès

Pour en savoir +

Le numérique pour les apprenants

› Le Parcours digital® : les activités *S'entraîner* au format autocorrectif + 150 activités complémentaires offertes avec le livre de l'élève
› Le livre de l'élève numérique
› Le cahier d'activités autocorrectif

> dispositif d'accompagnement
> besoins des utilisateurs
>
> Les autrices

L'ACCOMPAGNEMENT
des utilisateurs

L'accompagnement des apprenants

> *Mon alter ego* implique l'apprenant dans un scénario pédagogique partant d'un objectif clair et aboutissant à la réalisation d'une tâche-cible de manière collaborative
> La méthode rend l'acquisition de la langue efficace grâce à des outils de conceptualisation, et facilite la mémorisation avec des aides à l'ancrage (*Récap'Lexique et communication*, *Récap' grammaire*) et des activités d'entraînement hors-classe
> Elle prend en compte les compétences préexistantes de l'apprenant et lui permet de renforcer ses stratégies pour comprendre, mémoriser, communiquer et coopérer en classe

L'accompagnement des enseignants

> *Mon alter ego* propose une démarche « clé-en-main » dans chaque leçon
> La méthode facilite la conceptualisation avec des tableaux, schémas et autres outils pour la compréhension et l'acquisition des actes de parole, de la grammaire et du lexique
> Elle aide à l'animation de classe grâce à des tutoriels et au guide pédagogique
> Elle facilite l'enseignement de la phonétique grâce à des activités spécifiques et des capsules vidéo

L'accompagnement des institutions

> *Mon alter ego* donne accès à des tests de positionnement, de vérification des acquis (évaluation formative) et à un entraînement au DELF tous les deux dossiers
> La méthode propose des activités et des ressources complémentaires pour répondre à la diversité des offres de cours et à l'hétérogénéité des classes (activités **Classe +** pour renforcer des acquis ou aller plus loin)
> Elle met à disposition des scénarios d'hybridation personnalisables pour faciliter la création d'offres de cours

Le numérique pour les enseignants

> Le Manuel numérique classe (livre de l'élève + cahier + guide pédagogique + kit d'accompagnement)
> L'espace *Mes cours* pour créer vos classes virtuelles et communiquer avec vos étudiants

Le numérique pour les institutions

> Un kit d'accompagnement composé d'outils et de ressources complémentaires (voir page 6)

Mode d'emploi

mon alter ego 2 c'est :

- **8 dossiers de 16 pages :**
  - 3 leçons de deux doubles pages
  - 1 double page « Fenêtre sur… »
  - 1 page « Stratégies et outils pour… »

- **1 double page de préparation au DELF tous les deux dossiers**

- **27 pages annexes :**
  - une épreuve DELF
  - un précis grammatical
  - un tableau des sons du français
  - des activités de phonie-graphie
  - un tableau de conjugaisons
  - une carte de la France métropolitaine et une carte des outre-mer françaises

- **1 livret :**
  - les transcriptions des dialogues et des vidéos
  - les corrigés des activités S'entraîner
  - un lexique multilingue

L'organisation d'un dossier

Une page d'ouverture

Le contrat d'apprentissage

Repères

 Activités et ressources complémentaires

 Activités en mouvement

 Rappels utiles ou informations pour aller plus loin dans le *Récap'grammaire*

Le portail unique pour vos ressources numériques *Mon alter ego*

Pour les enseignants et l'institution

- **Le kit d'accompagnement**
  - le guide pédagogique*
  - les activités et les ressources « Classe+ »*
  - les tests modifiables*
  - les tutoriels pédagogiques
  - l'outil d'hybridation
  - les tests de positionnement

- **Le Manuel numérique classe**
  - le livre de l'élève + Parcours digital®
  - le cahier d'activités autocorrectif
  - le kit d'accompagnement

- **Les classes virtuelles « Mes cours » pour :**
  - communiquer avec les apprenants
  - partager des ressources
  - organiser des activités ou des évaluations
  - suivre les progrès de vos élèves

Pour les apprenants

- Le livre de l'élève + Parcours digital®
- Le cahier d'activités autocorrectif

 Les ouvrages de la collection *Mon alter ego* sont compatibles avec l'application **MEDIA+** pour smartphone. Prenez la page de votre livre en photo et accédez aux audio et vidéos qui lui sont associés.

*Également disponibles en libre téléchargement au format PDF sur hachettefle.fr :
– le guide pédagogique
– les Classe +
– les tests modifiables

Trois leçons de deux doubles pages

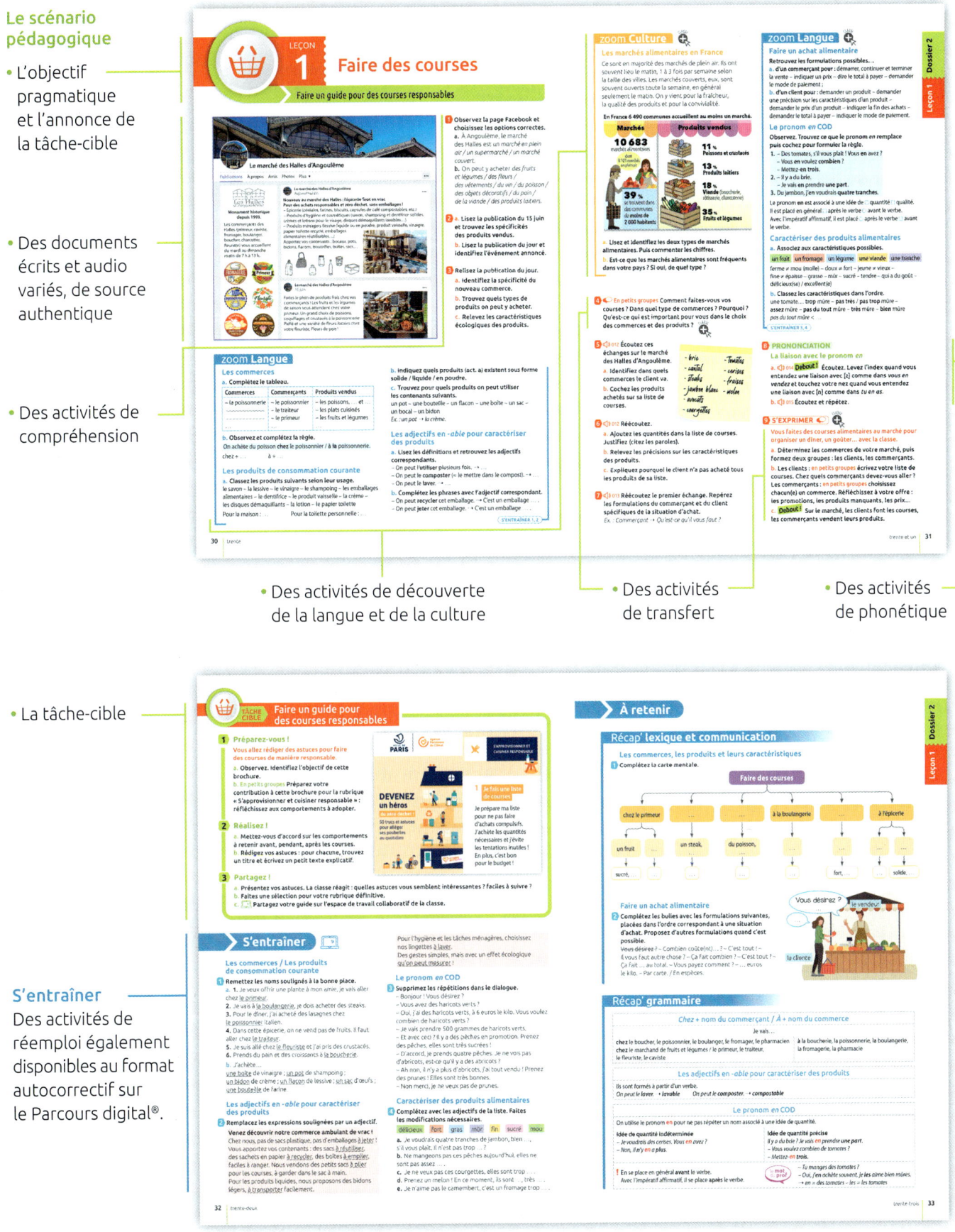

Le scénario pédagogique
- L'objectif pragmatique et l'annonce de la tâche-cible
- Des documents écrits et audio variés, de source authentique
- Des activités de compréhension
- Des activités de découverte de la langue et de la culture
- Des activités de transfert
- Des activités de phonétique

La tâche-cible

S'entraîner
Des activités de réemploi également disponibles au format autocorrectif sur le Parcours digital®.

À retenir
- **Récap'lexique et communication** : des activités visant la vérification des acquis et la mémorisation du lexique et des actes de parole
- **Récap'grammaire** : un aide-mémoire pour ancrer les contenus grammaticaux étudiés

sept **7**

Mode d'emploi

Une double page « Fenêtres sur... »

Des rubriques variées (*Littératures*, *Sociétés*, *Patrimoines*, *Territoires* et *Langages*)

Des documents authentiques dont une vidéo et des activités pour découvrir des aspects culturels

Retrouvez des activités interactives complémentaires en lien avec la vidéo sur le site *Apprendre* de

Une page « Stratégies et outils pour... »

Des activités pour amener l'apprenant à renforcer ses stratégies pour comprendre, mémoriser, communiquer et coopérer en classe.

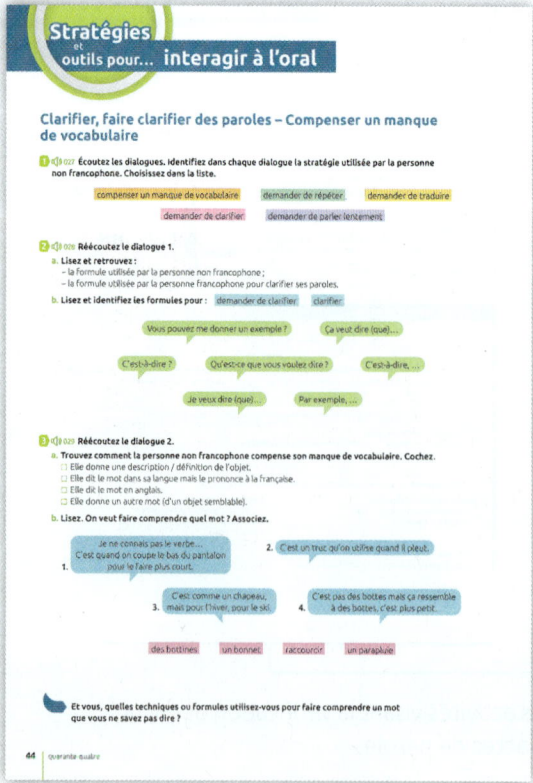

Deux pages « Entraînement DELF A2 »

Tous les deux dossiers, une préparation au DELF A2 avec les différentes activités langagières.

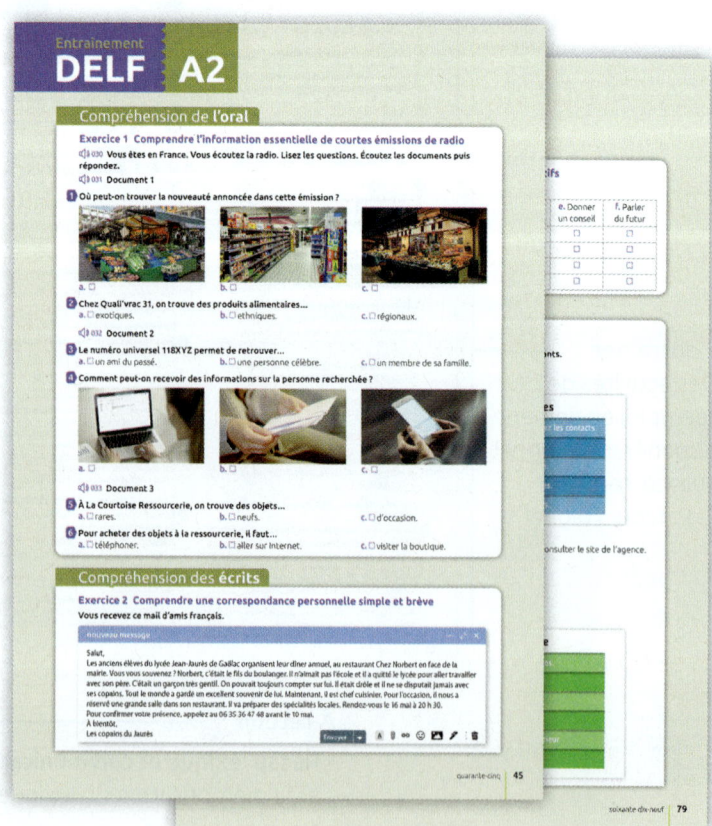

Tableau des contenus

DOSSIER 1 — Être en relation

Besoins / Tâches-cible	Objectifs pragmatiques	Objectifs linguistiques — morphosyntaxiques	Objectifs linguistiques — lexicaux	Objectifs linguistiques — phonétiques
LEÇON 1 — Entretenir des relations amicales — Créer un schéma des cercles de relations	Parler d'une relation amicale — Décrire des relations et des interactions — Caractériser une personne	– Les pronoms personnels COD et COI (synthèse) – Les verbes *écrire*, *lire*, *dire* au présent	– Les interactions – Les qualités – Les relations	– L'élision du *e* avec les pronoms COD ▷ **Phonie-graphie :** L'élision : *le* ou *l'*
LEÇON 2 — Utiliser des moyens de communication — Réaliser une planche de BD sur les modes de communication	Décrire des changements dans la communication — Évoquer le passé et le présent — Évoquer des changements (1)	– L'imparfait (situation / habitude passée) – La négation *ne... plus* et la restriction *ne... que*	– Les indicateurs temporels – Les verbes pour indiquer un changement – La communication et le numérique	**Phonie-graphie :** Les terminaisons de l'imparfait
LEÇON 3 — Faire le point sur ses relations — Écrire un récit à plusieurs mains	Raconter l'histoire d'une relation — Indiquer les étapes d'une relation — Décrire l'évolution d'une relation — Exprimer des ressentis (1)	– Le passé composé (révision) – L'imparfait, le passé composé et le présent pour décrire une évolution	– La relation	– Les sons [e] / [ɛ], la différenciation passé composé / imparfait
Contenus socioculturels	– L'usage du smartphone en France – La scolarité en France		**Fenêtres sur...** – des personnalités du patrimoine artistique et leurs amitiés – le message implicite d'une chanson	
Stratégies et outils pour...	Travailler ensemble → coopérer			

DOSSIER 2 — Agir en consommateur

Besoins / Tâches-cible	Objectifs pragmatiques	Objectifs linguistiques — morphosyntaxiques	Objectifs linguistiques — lexicaux	Objectifs linguistiques — phonétiques
LEÇON 1 — S'approvisionner en produits de consommation courante — Faire un guide pour des courses responsables	Faire des courses — Faire un achat alimentaire — Caractériser des produits alimentaires	– *Chez* + commerçant / *à* + commerce – Les adjectifs en *-able* – Le pronom *en* COD	– Les commerces – Les produits de consommation courante (produits et contenants) – Les caractéristiques des produits alimentaires – Les adverbes pour nuancer (*assez, bien, pas trop, très, pas du tout*)	– La liaison avec le pronom *en*
LEÇON 2 — Faire des choix de consommation — Créer un catalogue d'objets détournés	Acheter / Vendre sur Internet — Décrire des objets (la matière, la forme...) — Indiquer la fonction, l'usage	– *En* + matière – Les pronoms relatifs *qui*, *que* pour donner une précision sur un objet – Structures pour indiquer la fonction d'un objet	– Les achats sur Internet – Les caractéristiques des objets (matière, forme, état, dimensions, poids, âge...) – Quelques noms composés d'objets	– Les sons [b] et [v] ▷ **Phonie-graphie :** Les consonnes muettes en fin de mots et le *e* muet
LEÇON 3 — S'habiller — Composer une tenue	Choisir une tenue vestimentaire — Décrire un vêtement, un accessoire — Faire un achat vestimentaire — Faire une appréciation sur une tenue	– Les pronoms interrogatifs *lequel, laquelle, lesquel(le)s* – Les verbes en *-yer* au présent – Le verbe *voir* au présent	– Les vêtements et les accessoires – Les formes, les motifs et les matières – Quelques formulations de l'appréciation	– Le son [j] ▷ **Phonie-graphie :** Les graphies du son [j] et la prononciation de la lettre *y*
Contenus socioculturels	– Les marchés alimentaires en France – Le mouvement Emmaüs		**Fenêtres sur...** – une tendance de consommation des Français – des objets cultes et leur histoire	
Stratégies et outils pour...	Interagir à l'oral → clarifier, faire clarifier des paroles → compenser un manque de vocabulaire			

Tableau des contenus

DOSSIER 3 — Choisir son cadre de vie

Besoins / Tâches-cible	Objectifs pragmatiques	Objectifs linguistiques		
		morphosyntaxiques	lexicaux	phonétiques
LEÇON 1 — Se loger — Trouver un logement pour quelqu'un	Définir des critères pour le logement – Exprimer une condition – Comparer des logements	– Si + présent (1) – La comparaison (1) (supériorité et infériorité)	– Les caractéristiques d'un logement – Quelques abréviations dans les annonces immobilières	– La prononciation de plus
LEÇON 2 — Choisir un lieu de vie — Attribuer des notes à des villes francophones	Définir des préférences pour le lieu de vie – Parler d'un lieu de vie – Exprimer une hypothèse sur un choix – Comparer des lieux de vie	– Le pronom relatif où – Si + présent (2) – La comparaison (2) (égalité)	– Les caractéristiques d'un lieu de vie	Phonie-graphie : Les deux prononciations de e sans accent
LEÇON 3 — Comprendre et respecter des règles de vie citoyenne / de savoir-vivre — Faire une charte du « bien vivre ensemble »	Indiquer des règles de vie – Faire des recommandations – Exprimer l'obligation, l'autorisation et l'interdiction	– L'impératif (révision) – Il faut (révision) – Structures impersonnelles et nominales pour l'obligation, l'autorisation et l'interdiction – Tout(e), tous, toutes (adjectif et pronom)	– Savoir-vivre et habitat collectif – Quelques verbes de recommandation	– La prononciation de tous – La distinction [u] / [o] / [ɔ] Phonie-graphie : Les graphies de [u], [o] et [ɔ]
Contenus socioculturels	– Les territoires et la population en France	**Fenêtres sur…** – les Français et leur habitat – une représentation de l'exode urbain dans une bande dessinée		
Stratégies et outils pour…	Comprendre un écrit → s'appuyer sur des indices textuels et sur ses connaissances			

DOSSIER 4 — S'insérer dans la vie active

Besoins / Tâches-cible	Objectifs pragmatiques	Objectifs linguistiques		
		morphosyntaxiques	lexicaux	phonétiques
LEÇON 1 — Acquérir une expérience professionnelle — Proposer des missions de service civique	Comprendre / Faire un descriptif de poste – Indiquer des compétences – Décrire une mission	– Les verbes savoir et connaître au présent – Structures verbales + infinitif / + nom (connaître, savoir, maîtriser…) – Le futur simple pour décrire une mission	– L'emploi – Expressions pour dire la compétence	– Les sons [ʀ] et [l] Phonie-graphie : Le e caduc dans les verbes au futur simple
LEÇON 2 — Trouver un emploi — Réaliser un CV vidéo	Postuler à un emploi – Présenter son parcours – Décrire des qualités professionnelles – Exprimer sa motivation pour un poste	– Les marqueurs temporels (1) (pendant, depuis, il y a) – Le passé composé et l'imparfait : complémentarité (1)	– La candidature pour un emploi – Les actions du parcours professionnel / de formation – Les qualités professionnelles – Expressions de la motivation	Le rythme de la phrase et l'intonation Phonie-graphie : Le rythme de la phrase, l'intonation et la ponctuation
LEÇON 3 — Se former — Élaborer des fiches sur les formations en France	(S') Informer sur une formation – Exprimer un souhait – Exprimer un conseil, faire une suggestion – Décrire un parcours de formation	– Vouloir, aimer au conditionnel, je souhaite / je rêve de + infinitif – Devoir, pouvoir au conditionnel, je vous conseille / suggère de + infinitif – Quand et si pour se projeter dans le futur	– Le statut et l'évolution professionnelle – La formation – Les indicateurs chronologiques	
Contenus socioculturels	– L'entrée dans la vie active en France – La formation et les diplômes en France	**Fenêtres sur…** – les études après le bac – les abréviations dans le monde du travail et de la formation		
Stratégies et outils pour…	Comprendre un oral → accepter de ne pas tout comprendre → s'appuyer sur des éléments perçus			

DOSSIER 5 — Se distraire

Besoins Tâches-cible	Objectifs pragmatiques	Objectifs linguistiques		
		morphosyntaxiques	lexicaux	phonétiques
LEÇON 1 Sortir au restaurant Créer la rubrique « Restaurants » d'un webzine	Choisir un restaurant, interagir au restaurant – Présenter et caractériser un restaurant – Interagir au restaurant – Exprimer une appréciation (satisfaction ou mécontentement)	– La phrase exclamative avec *comme, que, que(le)(s)* – *Très* et *beaucoup*	– Termes pour caractériser un restaurant / un plat – Les adverbes pour nuancer une appréciation (*plutôt, vraiment, super…*)	– L'intonation expressive de l'appréciation
LEÇON 2 Choisir un programme de divertissement Proposer une sélection de séries francophones	Comprendre / Émettre un avis sur une œuvre – Rapporter une expérience de spectateur – Demander / Donner un avis – Caractériser une œuvre cinématographique	– La place de l'adverbe au passé composé (*déjà, pas encore, jamais*) – L'accord du participe passé avec le COD – Les pronoms relatifs *qui / que* (révision) + *à qui* pour donner des précisions sur une personne	– Les œuvres cinématographiques – Formulations pour exprimer un avis (*penser que, trouver que, à mon avis, pour moi*) – Adjectifs pour caractériser des œuvres cinématographiques	Phonie-graphie : *qui / qu'il / à qui il*
LEÇON 3 Participer à des manifestations culturelles Créer un événement culturel participatif	Communiquer sur un événement – Annoncer un événement – Expliquer le déroulement d'un projet	– Les marqueurs temporels (2) (*dans, jusqu'à*) – *C'est / Ce sont… qui / que* pour mettre en relief – Les verbes en *-eindre, -aindre* et *-oindre* au présent	– Les projets culturels et artistiques	– Le son [ɲ] Phonie-graphie : Les graphies du son [ɲ]
Contenus socioculturels	– Les types de restaurants en France – Le festival Séries Mania à Lille	**Fenêtres sur…** – des lieux culturels de la métropole européenne de Lille et leur histoire – deux extraits littéraires de R. Barthes et J. Prévert		
Stratégies et outils pour…	Parler en public → planifier et anticiper → accepter la prise de risques → maintenir l'attention du public			

DOSSIER 6 — Découvrir de nouveaux horizons

Besoins Tâches-cible	Objectifs pragmatiques	Objectifs linguistiques		
		morphosyntaxiques	lexicaux	phonétiques
LEÇON 1 Se dépayser, déconnecter Créer un guide d'escapades nature	Choisir / décrire une destination – Décrire un paysage – Exprimer une ressemblance – Suggérer / Réagir à une suggestion	– Les pronoms *en* et *y* compléments de lieu – Structures pour exprimer la ressemblance (*on dirait, ça ressemble à, c'est similaire à / comme…*) – *Si* + imparfait pour faire une suggestion	– Les paysages et leurs caractéristiques – Formulations pour suggérer / réagir à une suggestion – Les hébergements touristiques	– Les liaisons obligatoires, interdites et facultatives entre l'adjectif et le nom
LEÇON 2 Voyager, découvrir des traditions Faire un descriptif pour défendre une pratique culturelle	Préparer / Raconter un voyage – Comprendre / Présenter un programme de voyage – Décrire une tradition	– Le gérondif – Les pronoms indéfinis (*quelqu'un, tout le monde, ne… personne, quelque chose, tout, ne… rien*) – Le pronom *on* (synthèse)	– Les voyages – Le carnaval	
LEÇON 3 Vivre une nouvelle expérience / Relever un défi Créer le numéro « Défis inspirants » d'une revue nature	Raconter un défi, une aventure – Exprimer des ressentis (2), des sensations – Évoquer des difficultés et des solutions	– Les verbes prépositionnels + infinitif (*arriver à, empêcher de, réussir à, éviter de, commencer à, essayer de, décider de, arrêter de…*) – Le passé composé et l'imparfait : complémentarité (2)	– L'aventure, le défi – Expressions liées aux ressentis et aux sensations	– Les consonnes tendues et relâchées Phonie-graphie : Les graphies des sons [k] / [g] ; [ʃ] / [ʒ] ; [s] / [z] (synthèse)
Contenus socioculturels	– Quelques paysages de France – Les Antilles françaises et le carnaval – Les sentiers de grande randonnée (GR)	**Fenêtres sur…** – les outre-mer françaises – les récits d'une exploratrice écrivaine : Sarah Marquis		
Stratégies et outils pour…	Vérifier un écrit → se relire, s'autocorriger			

Tableau des contenus

DOSSIER 7 — S'informer, se cultiver

Besoins / Tâches-cible	Objectifs pragmatiques	Objectifs linguistiques morphosyntaxiques	Objectifs linguistiques lexicaux	Objectifs linguistiques phonétiques
LEÇON 1 Suivre l'actualité Réaliser le *Fil good* de la semaine	(S') Informer sur une actualité – Rapporter un fait d'actualité – Indiquer comment bien s'informer	– Le plus-que-parfait – Les adverbes en *-ment*	– Les médias et l'information – les faits-divers – Le désinformation	– Les adverbes en *-ment* **Phonie-graphie :** Les graphies des adverbes en *-ment*
LEÇON 2 Suivre l'actualité sportive Réaliser une enquête sur l'intérêt pour le sport	(S') Informer sur des manifestations sportives – Questionner / donner des informations sur un événement – Rapporter des paroles, des résultats d'enquête	– La question inversée à l'écrit (avec reprise du sujet, avec *-t-*) – Le discours rapporté au présent	– Le sport et les compétitions – Expressions de la proportion, du pourcentage	– La prononciation de la lettre *x* ▷ **Phonie-graphie :** Les graphies de [ks] et [gz]
LEÇON 3 Choisir un livre Créer un club de lecture	Comprendre / Donner un avis sur un livre – Présenter un livre – Exprimer l'accord / le désaccord – Commenter un livre	– Les pronoms démonstratifs – Le superlatif pour indiquer le caractère exceptionnel	– Les genres de livres – Expressions de l'accord / du désaccord – Les caractéristiques d'une œuvre littéraire	
Contenus socioculturels	– Les médias de service public en France – La pratique sportive en France		**Fenêtres sur…** – Les Français et la lecture – Des expressions imagées venues du sport	
Stratégies et outils pour…	Mémoriser → réviser → utiliser des techniques mnémoniques			

DOSSIER 8 — Se souvenir, transmettre

Besoins / Tâches-cible	Objectifs pragmatiques	Objectifs linguistiques morphosyntaxiques	Objectifs linguistiques lexicaux	Objectifs linguistiques phonétiques
LEÇON 1 Partager l'histoire familiale Participer au prix « Souvenirs familiaux »	Faire une biographie – Évoquer les origines familiales – Résumer les grandes étapes d'une vie	– Les pronoms possessifs – Le genre des noms (*-ment*, *-tion*…)	– les liens familiaux – La transmission – Les étapes de la vie – Expressions pour situer dans le temps et pour indiquer la chronologie	– L'enchaînement vocalique **Phonie-graphie :** La prononciation des mots avec tréma
LEÇON 2 Témoigner d'une époque Créer une capsule temporelle	Décrire l'évolution de la vie quotidienne – Expliquer des habitudes quotidiennes du passé – Évoquer des changements (2)	– Les adjectifs indéfinis (*plusieurs, quelques, certain(e)s*) – Les connecteurs de cause et de conséquence – Les pronoms COI *en* et *y*	– Les objets du quotidien – L'évolution dans le temps	
LEÇON 3 Transmettre des expériences et des valeurs Écrire une lettre à un(e) futur(e) étudiant(e)	Exprimer une vision pour l'avenir – Indiquer la nécessité d'agir – Exposer des problèmes – Exprimer un espoir	– Structures impersonnelles pour indiquer la nécessité – Les verbes en *-uire* au présent	– Les valeurs humaines et morales – Les problèmes de l'humanité	– Les sons [w] et [ɥ] ▷
Contenus socioculturels	– Repères historiques au 20ᵉ siècle en France – La France dans l'Union européenne		**Fenêtres sur…** – un écrivain d'origine libanaise et son roman autobiographique – des périodes et événements majeurs du xxᵉ siècle en France	
Stratégies et outils pour…	Faire le point sur son apprentissage → prendre conscience de son apprentissage et de sa pratique de la langue			

DOSSIER 1
Être en relation

	Vous avez besoin de/d'…	Vous allez apprendre à…	Vous allez…
Leçon 1	entretenir des relations amicales	parler d'une relation amicale	créer un schéma des cercles de relations
Leçon 2	utiliser des moyens de communication	décrire des changements dans la communication	réaliser une planche de BD sur un mode de communication
Leçon 3	faire le point sur vos relations	raconter l'histoire d'une relation	écrire un récit à plusieurs mains

Fenêtres sur…	Stratégies et outils pour…
Patrimoines Découvrir des personnalités du patrimoine artistique et leurs amitiés **Littératures** Décoder le message implicite d'une chanson	**Travailler ensemble** → coopérer

LEÇON 1 — Parler d'une relation amicale

> Créer un schéma des cercles de relations

marie claire
5 choses qu'on fait par amitié

Le 30 juillet, c'est la journée internationale de l'Amitié. C'est l'occasion de s'interroger : qu'est-ce qu'on est prêt(e) à faire pour ses amis proches ?

■ Être joignable à tout moment
On vous téléphone au milieu de la nuit ? Normalement, vous ne répondez pas. Mais quand un(e) ami(e) proche vous appelle, vous lui répondez ; vous l'écoutez, vous lui parlez. Quand il/elle vous écrit un message, vous le lisez immédiatement et vous lui écrivez régulièrement.

■ Garder un secret
Quand un(e) ami(e) intime vous fait une confidence, il/elle peut vous faire confiance : il/elle vous dit un secret et vous ne le répétez pas, même à votre petit(e) ami(e) ou conjoint(e).

■ Lui prêter de l'argent
En général, « les bons comptes font les bons amis » et leur prêter de l'argent, ce n'est pas simple ! Mais votre meilleur(e) ami(e), vous êtes toujours prêt(e) à l'aider.

■ L'accueillir chez vous
Héberger quelqu'un, c'est parfois difficile. Mais votre ami(e), vous le/la logez sans problème en cas de besoin, il/elle peut compter sur vous. Il/Elle peut rester chez vous le temps nécessaire parce qu'il/elle vous connaît bien et vous respecte.

■ Lui dire la vérité
Ce n'est pas toujours facile d'être sincère avec les autres. Nous ne leur disons pas toujours ce que nous pensons : nous avons peur de leur faire de la peine ou de les vexer. Mais à un(e) vrai(e) ami(e), vous lui dites toujours la vérité. Vous pouvez discuter de tout avec lui/elle.

1 Lisez le titre et l'introduction de l'article (doc. 1).
a. Identifiez le contexte. Connaissez-vous cette journée ? Est-ce qu'elle existe dans votre pays ? Quel est son objectif ?
b. Identifiez le thème de l'article.

2 Lisez l'article.
a. Choisissez l'option correcte.
Dans cet article…
– on donne la définition de l'amitié.
– on décrit différents aspects de la relation amicale.
– on décrit la personnalité d'un(e) vrai(e) ami(e).

b. Associez chaque description à un paragraphe.
1. On accepte qu'un(e) ami(e) habite à la maison.
2. On exprime nos vraies pensées.
3. On apporte une aide financière.
4. On répond toujours quand un(e) ami(e) nous contacte.
5. On ne raconte pas la vie intime de notre ami(e).

3 Relisez.
a. Relevez les actions liées à la communication dans une relation amicale.
Ex. : On vous téléphone.

b. Vrai ou faux ? Justifiez (citez le texte).
1. Un(e) vrai(e) ami(e) est certain(e) de votre loyauté.
2. Vous n'êtes pas toujours solidaire d'un(e) ami(e).
3. Il/Elle ne sait pas tout de vous.
4. Il/Elle montre de la considération pour vous.
5. On ne dit pas toujours la vérité aux gens.
6. Entre vrai(e)s ami(e)s, il y a des sujets interdits.

zoom Langue

Décrire des relations et des interactions

› Les interactions

Associez les expressions de sens proche.
appeler (quelqu'un) – discuter (avec qqn) – téléphoner (à qqn) – héberger (qqn) – écrire (à qqn) – faire confiance (à qqn) – parler (à qqn) – accueillir (qqn) – envoyer un message (à qqn) – vexer (qqn) – faire une confidence (à qqn) – faire quelque chose (pour qqn) – faire de la peine (à qqn) – aider (qqn) – dire un secret (à qqn) – compter sur qqn – loger (qqn)

› Les pronoms COD et COI

a. Observez. Que remplacent *le, la, l', les, lui, leur* (act. 3) ?
Un ami **vous** appelle. Il **vous** dit un secret.
L'accueillir chez vous. Vous **le / la** logez sans problème.
Nous avons peur de **leur** faire de la peine ou de **les** vexer.
Vous **lui** dites toujours la vérité.

b. Cochez pour indiquer la construction des verbes.

appeler	☐ quelqu'un	☐ à quelqu'un
dire quelque chose	☐ quelqu'un	☐ à quelqu'un
accueillir	☐ quelqu'un	☐ à quelqu'un
loger	☐ quelqu'un	☐ à quelqu'un
faire de la peine	☐ quelqu'un	☐ à quelqu'un
vexer	☐ quelqu'un	☐ à quelqu'un

c. Associez pour formuler la règle.

le – la – l' – les • • = pronom(s) personnel(s) complément(s) direct(s)
lui – leur •
vous • • = pronom(s) personnel(s) complément(s) indirect(s)

> Les verbes *écrire*, *lire*, *dire* au présent

Écrire et *lire* sont des verbes à deux bases. Complétez les conjugaisons avec les bonnes couleurs.
j'écris – tu écris – il / elle / on … – nous écrivons – vous … – ils / elles …
je lis – tu lis – il / elle / on lit – nous lisons – vous … – ils / elles …
! je dis – tu dis – il / elle / on dit – nous disons – vous dites – ils / elles disent

S'ENTRAÎNER 1, 2, 3

4 PRONONCIATION ▷ 01
L'élision du *e* avec les pronoms COD

a. 🔊 002 Écoutez et indiquez si le nombre de syllabes est identique (=) ou différent (≠).
Ex. : je le dis – je l(e) dis → ≠.

b. 🔊 003 Écoutez : identique (=) ou différent (≠) ?
Ex. : il aime – il l'aime → ≠.

c. 🔊 004 Écoutez et répétez.

5
a. **En petits groupes** Que faites-vous ou qu'êtes-vous prêt(e) à faire pour vos amis proches ?

b. Partagez avec la classe. Êtes-vous d'accord sur les actions que vous êtes prêt(e)s à faire par amitié ?

Doc. 2

Du lundi au vendredi, à 10 h 05 sur France Inter
Questions sociétales, famille, éducation, santé, relations… La vie quotidienne, mode d'emploi.

Ce matin, 30 juillet, c'est la journée internationale de l'Amitié. Qu'est-ce qu'un(e) véritable ami(e) ? Quelles sont les qualités nécessaires en amitié ?

FRANCE INTER
GRAND BIEN VOUS FASSE !
L'amitié, ce lien particulier

6 Lisez cette présentation d'une émission sur le site d'une radio française (doc. 2).

a. Identifiez le nom de la radio, le nom et la fréquence de l'émission, le type de thèmes abordés.

b. Repérez la date de l'émission annoncée, le contexte et le sujet du jour.

7 🔊 005 Écoutez un extrait de l'émission.
a. Identifiez qui parle.

b. Choisissez l'option correcte.
Les deux femmes décrivent…
– la personnalité de leur meilleur(e) ami(e).
– les caractéristiques positives d'un(e) ami(e).
– les caractéristiques qui posent problème dans une relation amicale.

8 🔊 005 Réécoutez.
a. Pour qui est-ce que les caractéristiques suivantes sont essentielles en amitié ? Associez puis justifiez (citez les paroles).

Camille   Anne Fourrier

la disponibilité – la générosité – la tolérance – la fidélité – l'humour – la sincérité – l'attention – la positivité

b. Dites quelle caractéristique (act. 8a) est fréquente en amitié et rare dans les autres relations. Justifiez (citez les paroles).

zoom Langue
Caractériser une personne
> Les qualités

a. Retrouvez les adjectifs correspondant aux qualités suivantes.
la positivité → *positif(ive)* – la fidélité – la disponibilité – l'humour – l'attention – la générosité – la tolérance – la sincérité

b. Associez chaque description à la qualité correspondante (act. a).
faire rire → *drôle*
– écouter, s'intéresser aux autres
– accepter les différences
– dire ce qu'on pense vraiment
– être optimiste
– donner, penser aux autres
– être loyal, tenir ses engagements
– être présent, avoir du temps libre pour ses amis

> Les relations

a. Classez les types de relations amicales dans le tableau. Attention, il y a deux intrus !
~~un(e) ami(e) proche~~ – un(e) ami(e) intime – un(e) conjoint(e) – une connaissance – un(e) pote – un(e) confident(e) – un copain / une copine – un(e) petit(e) ami(e)

+ proche		– proche
un(e) ami(e) proche	…	…
…	…	
…		

b. Les deux intrus correspondent à quel type de relation ? Cochez.
☐ familiale ☐ amoureuse ☐ professionnelle

S'ENTRAÎNER 4

9 S'EXPRIMER ✏
Vous décrivez les caractéristiques d'un(e) véritable ami(e).

a. Vous participez au blog de l'émission *Grand bien vous fasse !* Répondez aux questions : qu'est-ce qu'un(e) véritable ami(e) ? Quelles sont les qualités nécessaires en amitié ?

b. Écrivez votre témoignage et partagez-le avec la classe.

TÂCHE CIBLE — Créer un schéma des cercles de relations

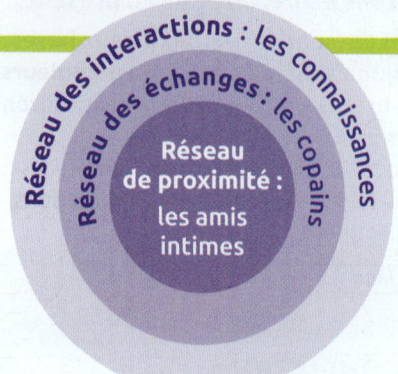

1 Préparez-vous !

Vous allez faire une représentation schématique de vos cercles de relations.

En petits groupes

a. Observez les cercles et réagissez : que pensez-vous de cette hiérarchie des relations amicales ? Selon vous, faut-il ajouter d'autres catégories ? Mettez-vous d'accord sur une hiérarchie pour le groupe.
b. Échangez ! Décrivez vos relations avec les personnes de chaque catégorie : lieux et fréquence des rencontres, activités partagées, ce que vous êtes prêt(e)s à faire pour ces personnes, comment vous communiquez, etc.
c. Pour vos cercles personnels de relations, indiquez le nombre de personnes dans chaque catégorie. Puis faites une moyenne pour votre groupe.

2 Réalisez !

En petits groupes

a. Mettez-vous d'accord sur une forme graphique (carte mentale, grille, diagramme…) pour représenter les cercles de relations de votre groupe.
b. À partir des informations échangées, écrivez une description des relations pour chaque catégorie.
c. Ajoutez ces descriptions à votre schéma.

3 Partagez !

a. Affichez vos schémas. Chaque groupe commente son schéma.
b. Réagissez : avez-vous les mêmes catégories de relations ? Est-ce que le nombre de personnes par catégorie est similaire, etc. ?

S'entraîner

Les interactions

1 Complétez avec les verbes suivants. Faites les modifications nécessaires.

compter sur – faire de la peine – faire une confidence – dire – discuter – faire confiance – aider

> « Jeanne, c'est ma meilleure amie. Avec elle, je passe des heures à … de tous les sujets. Quand j'ai un problème, elle est toujours prête à me … : je peux … elle à toute heure du jour ou de la nuit. Entre nous, il n'y a pas de sujet tabou : on peut tout se …, on n'a pas peur de se … . Et quand j'ai besoin de lui …, je sais qu'elle ne va pas la répéter. Je peux lui … ! »

Les pronoms COD et COI

2 Réécrivez les phrases avec *le, la, l', les, lui* ou *leur* pour éviter les répétitions.

a. Mon amie ne trouve pas de logement alors j'héberge mon amie dans mon appartement.
b. Elle communique beaucoup avec ses potes : elle écrit à ses potes et elle appelle souvent ses potes.
c. Roxane a des problèmes d'argent. Son ami aide Roxane, il prête de l'argent à Roxane.
d. Ne dis pas ça à Caroline, tu vas vexer Caroline !
e. Mon ami Driss vient d'arriver en France, je loge Driss chez moi pendant deux semaines.
f. Quand mes amis m'écrivent des messages, je réponds immédiatement à mes amis.

Les verbes *écrire, lire, dire* au présent

3 Conjuguez les verbes au présent.

a. Avec Lucas, nous ne nous parlons pas beaucoup, mais nous (s'écrire) régulièrement.
b. Qu'est-ce que vous (dire) à vos amis dans cette situation ?
c. Je (lire) un message de Clara : elle (dire) qu'elle ne va pas bien.
d. Ils lui (écrire) pour lui donner des nouvelles.
e. Nous aimons bien discuter ensemble mais nous (ne pas se dire) de choses importantes.
f. Ils (lire) mes messages mais ils ne me répondent pas !

Les qualités

4 Associez les débuts et les fins de phrases.

a. Lorina est très drôle,	1. elle est avec son conjoint depuis vingt ans.
b. Ma pote n'a pas été sincère,	2. elle est prête à donner beaucoup pour ses amis.
c. La tolérance est une grande qualité de Laurence,	3. elle n'a pas écouté mon histoire !
d. Anita est une femme généreuse,	4. on rit beaucoup avec elle !
e. Sylvie est toujours positive,	5. elle ne m'a pas dit la vérité.
f. Mimouna est fidèle en amour,	6. elle comprend et accepte nos différences.
g. Joanne n'est pas très attentive,	7. elle ne répond jamais au téléphone !
h. Jill n'est pas très disponible,	8. elle voit toujours les choses du bon côté !

À retenir

Récap' lexique

Les interactions

1 Classez les verbes suivants dans la carte mentale.

~~faire de la peine (à qqn)~~ – ~~appeler (qqn)~~ – faire quelque chose pour qqn – téléphoner (à qqn) – écrire (à qqn) – compter sur qqn – parler (à qqn) – envoyer un message (à qqn) – faire une confidence (à qqn) – accueillir (qqn) – dire un secret (à qqn) – discuter (avec qqn) – faire confiance (à qqn) – héberger (qqn) – vexer (qqn) – aider (qqn) – loger (qqn)

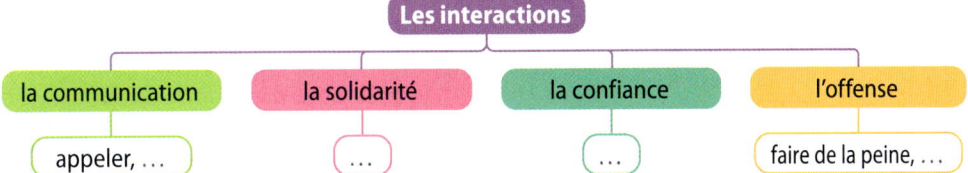

Les qualités

2 a. Retrouvez le maximum de qualités pour parler d'une personne.
Ex. : disponible → la disponibilité.

b. 💬 Partagez vos connaissances ! Connaissez-vous d'autres qualités importantes en amitié ?

c. 💬 Classez ces qualités par ordre d'importance pour vous en amitié. Comparez votre classement avec la classe.

Les relations

3 Associez les noms aux descriptions (plusieurs réponses possibles).

- un(e) ami(e) intime •
- un(e) conjoint(e) •
- une connaissance •
- un(e) pote •
- un(e) confident(e) •
- un copain / une copine •
- un(e) ami(e) proche •
- un(e) petit(e) ami(e) •

- • On le / la connaît peu.
- • On est en couple avec lui / elle.
- • On le / la connaît très bien et on lui dit tout.
- • On le / la connaît bien mais on ne lui dit pas tout.

Récap' grammaire

Les pronoms COD et COI

Les pronoms COD le, la, l', les

On utilise les pronoms compléments **le, la, l', les** avec des verbes comme *écouter, appeler, aider, accueillir, respecter… quelqu'un*.

❗ Les pronoms **le, la, l', les** peuvent remplacer des personnes ou des choses.

Les pronoms COI lui, leur

On utilise les pronoms compléments **lui, leur** avec des verbes comme *parler, dire, répondre, écrire, téléphoner… à quelqu'un*.

❗ Les pronoms **lui, leur** remplacent seulement des personnes.

Rappel : les pronoms **me, te, nous, vous** sont COD et COI.
Votre ami vous appelle.
Il vous écrit un message.

Les verbes *écrire, lire, dire* au présent 🔊 006

Écrire et **lire** sont des verbes à deux bases.

Écrire			Lire			Dire	
j'	écris	Verbes similaires : *décrire, inscrire, prescrire…*	je	lis	Verbe similaire : *élire*	je	dis
tu	écris		tu	lis		tu	dis
il / elle / on	écrit		il / elle / on	lit		il / elle / on	dit
nous	écrivons		nous	lisons		nous	disons
vous	écrivez		vous	lisez		vous	dites
ils / elles	écrivent		ils / elles	lisent		ils / elles	disent

LEÇON 2 — Décrire des changements dans la communication

> Réaliser une planche de BD sur un mode de communication

Doc. 1

Manu Posta
@manu_posta – 3 sept • Suivre

[Thread* 1/3] Je vois passer cette image, devenue virale…
Mais vous souvenez-vous de la vie avant les smartphones ? Était-on vraiment libres ? À l'époque, pour se voir entre amis, ce n'était pas simple comme maintenant. On prenait rendez-vous et quand notre ami ne venait pas, on perdait un après-midi. 😊

Quand le téléphone était attaché à un fil, les humains étaient libres…

♡ 824   💬 Répondre   ↥ Partager

Manu Posta
@manu_posta – 3 sept • Suivre

[Thread 2/3]
Bien sûr, avant, il y avait des cabines téléphoniques dans les rues, mais vous deviez connaître par cœur le numéro de votre ami pour pouvoir l'appeler. Ou avoir un répertoire téléphonique sur vous… ☹

Manu Posta
@manu_posta – 3 sept • Suivre

[Thread 3/3]
Et puis à la maison, nos parents entendaient toutes nos conversations téléphoniques parce que l'unique téléphone fixe de la famille était dans le couloir…
Et nous ne pouvions pas parler trop longtemps : nous faisions attention parce que ça coûtait cher de téléphoner. Aujourd'hui, on peut appeler qui on veut quand on veut. Ça, c'est la liberté !

*Thread : fil de discussion.

1 Observez le document 1. Identifiez sa nature et son auteur.

2 Lisez (doc. 1).
   a. Quel est le sens du message sur la photo ? Choisissez.
   1. Avant, les gens étaient dépendants du téléphone.
   2. Aujourd'hui, les gens sont dépendants du téléphone.

   b. Est-ce que l'auteur du message est d'accord avec l'affirmation sur la photo ? Justifiez (citez le texte).

3 Relisez et trouvez dans quel *thread* l'auteur évoque les problèmes suivants. Justifiez (citez le texte).
le coût élevé des communications – le temps perdu – l'impossibilité d'avoir une conversation privée – la difficulté pour se contacter

zoom Langue

Évoquer le passé et le présent
> **L'imparfait pour parler du passé**

a. Observez puis cochez.

> Quand un ami ne **venait** pas, on **perdait** un après-midi.
> Il y **avait** des cabines téléphoniques mais vous **deviez** connaître le numéro de votre ami.
> Nos parents **entendaient** toutes nos conversations.
> Le téléphone **était** dans le couloir.
> Nous ne **pouvions** pas parler trop longtemps : nous **faisions** attention.

Dans ces phrases, on décrit ☐ des événements passés ponctuels ☐ des situations et des habitudes du passé.

b. Complétez les terminaisons de l'imparfait.
je : -ais   tu : -ais   il / elle / on : -…
nous : -…   vous : -…   ils / elles : -…

c. Cochez.
La base de l'imparfait = la base de ☐ **nous** ☐ **vous** ☐ **ils** au présent.
❗ Il y a un seul verbe irrégulier à l'imparfait : le verbe *être* (base = *ét-*).

d. Complétez la conjugaison des verbes *être* et *faire* à l'imparfait.
j'étais – tu … – il / elle / on … – nous … – vous … – ils / elles …
je … – tu … – il / elle / on … – nous … – vous … – ils / elles …

> **Les indicateurs temporels**

Classez les expressions.
avant (+ nom) – **à l'époque** – **maintenant** – **quand** + imparfait – **aujourd'hui**
À l'époque actuelle : …   Dans le passé : …

(S'ENTRAÎNER 1, 2)

4 💬 **En petits groupes** Avez-vous connu la vie avant les téléphones portables ? Expliquez ou imaginez comment c'était.

Doc. 2

Charline Favre @chafavre – 4 sept • Suivre

Mais aujourd'hui, on ne peut plus vivre sans notre smartphone ! Bien sûr, c'est pratique, on n'a qu'un seul objet dans la poche et il peut tout faire. Mais sans lui, nous sommes perdus : nous n'avons plus de contacts, plus de photos, plus d'agenda… et peut-être même plus d'amis ! Ce n'est pas une dépendance, ça ? À écouter sur ce sujet 👇

TOUS DÉPENDANTS AU SMARTPHONE ?
LE MICRO-TROTTOIR DE RADIO PRÉVERT — PODCASTS
20 avril

💬 1   🔁 4   ♡ 30

5 a. Lisez ce *tweet* (doc. 2) en réaction au *thread* de Manu Posta. Dites si Charline Favre est d'accord avec Manu Posta. Qu'est-ce qu'elle partage pour compléter son message ?

b. Vrai ou faux ? Justifiez (citez le texte).
Selon Charline…
1. les gens peuvent choisir de vivre sans smartphone ;
2. les téléphones portables actuels offrent beaucoup d'avantages ;
3. aujourd'hui, quand on perd son téléphone, on perd des choses importantes.

6 🔊 007 Observez l'annonce du micro-trottoir (doc. 2) et écoutez.

a. Identifiez les deux questions posées aux passants.

b. Trouvez dans quel ordre les thèmes suivants sont abordés.
les nouveaux modes de rencontres – l'accès à l'information et aux médias – la manière d'échanger des nouvelles personnelles – l'évolution de la communication

7 🔊 007 Réécoutez.

a. Pour chaque thème (act. 6b), relevez la description des activités numériques.
Ex. : l'accès à l'information et aux médias → « La première chose que je fais le matin, c'est regarder des applis d'actualité. »

b. Trouvez dans les quatre témoignages les changements apportés par le smartphone dans la vie quotidienne.
Ex. : personne 1 → « Ma relation aux médias s'est transformée. Je n'écoute plus la radio comme avant… »

zoom Langue

Évoquer des changements

> Les verbes pour indiquer un changement

Complétez avec les mots suivants.
(se) développer – diminuer – (se) modifier – (se) transformer
changer = … = …
augmenter = … ≠ …

> La communication et le numérique

a. Associez pour reconstituer les expressions (act. 7a).

~~poster~~   écrire   se connecter   suivre
jouer à des jeux   publier   mettre   se réunir
en visio   en ligne   un mail / un SMS   un *like*
~~une photo / une vidéo~~   un contact / un ami
sur une appli / sur un réseau social   une actualité

Ex. : poster une photo / une vidéo.

b. Complétez avec des mots de même sens ou de sens contraire.
un smartphone = … = …
de manière réelle ≠ de manière …

> La négation *ne… plus* et la restriction *ne… que*

a. Observez puis cochez la phrase équivalente.
Je **n'**écoute **plus** la radio.
☐ Je continue à écouter la radio.
☐ Avant, j'écoutais la radio et j'ai arrêté.
Je **ne** m'informe **qu'**avec mon téléphone.
☐ Je m'informe seulement avec mon téléphone.
☐ Je ne m'informe jamais avec mon téléphone.

b. Observez. Quelle différence remarquez-vous avec la première phrase de l'activité a ? Complétez la règle.
On donne **plus** de nos nouvelles en direct.
On leur demande **pas** comment ils vont.

À l'oral, en général, on ne dit pas … dans les phrases négatives.

S'ENTRAÎNER 3, 4

zoom Culture

L'usage du smartphone en France

a. Lisez ces résultats d'une enquête. Associez chaque information à un visuel.

84 % des Français de plus de 12 ans ont un smartphone.
Le smartphone est le premier compagnon de **6 Français sur 10** au réveil.
Les Français passent plus de **3 heures** sur leur smartphone **chaque jour**.
50 % des Français consultent leur portable toutes les 10 minutes.
Les Français passent **plus d'une heure et demie par jour** sur les réseaux sociaux.

Source : *We Are Social* / Hootsuite, 2022

1. 1 h 46 min   2. 61 %   3. 50 %   4. 3 h 33 min   5. 8 / 10

b. Comparez votre usage du smartphone avec ces données sur les Français.

8 S'EXPRIMER

Vous réalisez un micro-trottoir sur la dépendance au smartphone.

a. En petits groupes Répondez aux questions du micro-trottoir (act. 6a). Enregistrez-vous.

b. Écoutez tous les micro-trottoirs. Est-ce que les réponses sont très différentes ?

TÂCHE CIBLE : Réaliser une planche de BD sur un mode de communication

1 Préparez-vous !

Vous allez réaliser une planche de bande dessinée sur les modes de communication du passé.

a. Observez cette planche de BD. Qu'est-ce qu'elle décrit ?
b. En petits groupes Faites une liste d'objets qu'on n'utilise plus (ou presque plus) aujourd'hui pour communiquer.
c. Mettez en commun avec la classe puis choisissez un objet par groupe : c'est le titre de votre planche de BD.

2 Réalisez !

En petits groupes

a. Réfléchissez à l'utilisation de votre objet dans le passé (son fonctionnement, ses particularités) et aux comportements des utilisateurs.
b. Élaborez le scénario de votre planche de BD (nombre de vignettes, scènes à représenter). Puis écrivez les textes.
c. Déterminez le rôle de chacun(e) dans la conception de la planche puis réalisez-la.

3 Partagez !

a. Présentez votre planche de BD à la classe. Les autres réagissent : utilisaient-ils cet objet avant ? Correspond-elle à leurs souvenirs ? Répondez aux questions des personnes qui n'ont pas connu cet objet.
b. Faites un recueil intitulé *Comment c'était avant* avec toutes vos planches.

Hervé Eparvier, Soledad Bravi, *C'était mieux avant*, p. 50-51, Rue de Sèvres, 2020

S'entraîner

L'imparfait pour parler du passé

1 Conjuguez les verbes à l'imparfait.

a. À l'époque, pour aller sur Internet, nous … (utiliser) l'ordinateur de la maison. La connexion … (être) mauvaise, nous ne … (pouvoir) pas regarder des vidéos.
b. Avant, le GPS ne … (exister) pas, alors pour se repérer dans une ville, on … (demander) son chemin. En voiture, mes parents … (avoir) toujours une carte routière.
c. Quand je … (être) enfant, quand nous … (partir) en vacances, je … (écrire) des cartes postales à mes amis. Je ne … (pouvoir) pas leur envoyer de photos.
d. Enfant, est-ce que tu … (jouer) aux jeux vidéo avec tes amis ? Vous … (avoir) des consoles de jeux ?

2 Qu'est-ce qu'on faisait ou ne faisait pas avant ? Transformez comme dans l'exemple.

Ex. : Maintenant, nous n'achetons pas le journal tous les matins, nous le lisons sur Internet. → Avant, nous achetions le journal tous les matins, nous ne le lisions pas sur Internet.

a. À l'époque actuelle, nos téléphones sont nos compagnons de tous les jours. → Avant, …
b. Aujourd'hui, je rencontre des amis via Internet.
c. Maintenant, nous faisons nos achats sur Internet, nous n'allons pas toujours dans les magasins.
d. Aujourd'hui, quand tu manges au restaurant, tu prends ton assiette en photo !
e. Maintenant, on ne se réunit pas, on fait des visios.
f. Aujourd'hui, quand vous voulez contacter plusieurs amis, vous créez un groupe Whatsapp.

La communication et le numérique

3 Complétez avec les mots suivants.

connecter – suivre – poster – en ligne – *likes* – réseaux – smartphone

> L'année dernière, j'ai décidé de vivre sans … parce que je devenais dépendant. La journée, au boulot, je passais mon temps à me … sur les … sociaux, à … des photos et des vidéos, à compter les … de mes *followers* et à … leur actualité. Et la nuit, je faisais des jeux … . Je n'avais plus de vie sociale, je ne dormais plus. Alors j'ai décidé de tout arrêter.
>
> Luc, 37 ans

La négation *ne… plus* et la restriction *ne… que*

4 Reformulez les phrases avec *ne… plus* ou *ne… que*.

Ex. : Aujourd'hui, je n'utilise pas Facebook, c'est fini !
→ Aujourd'hui, je n'utilise plus Facebook !

a. Léonore utilise seulement TikTok, comme réseau social.
b. Maintenant, les jeunes ne regardent pas la télévision, c'est terminé !
c. Au boulot, on se réunit uniquement en visio.
d. On n'écrit pas de lettres à ses amis, maintenant. Ça, c'était à l'époque !
e. Tu as seulement trois amis sur les réseaux sociaux ?

À retenir

Récap' lexique et communication

Les indicateurs temporels

1 Complétez avec des indicateurs temporels.

| Pour situer dans le passé | → | … – … – … |

| Pour situer à l'époque actuelle | → | … – … |

Les verbes pour indiquer un changement

2 Classez les mots suivants.
(se) modifier – augmenter – (se) transformer – diminuer – (se) développer

⇔	↗	↘
changer	....	....

La communication et le numérique

3 Classez les actions suivantes dans les catégories.
mettre un *like* – écrire un mail, un SMS – jouer à des jeux en ligne – suivre un ami / un contact – se réunir en visio – poster / publier une vidéo, une actualité – se connecter à des applis

- La communication
- Les activités de loisirs
- Les réseaux sociaux

Récap' grammaire

L'imparfait pour parler du passé 🔊 008

On utilise l'imparfait pour décrire des situations ou des habitudes du passé.
Formation : base de la première personne pluriel au présent + terminaisons
Ex. : avoir *au présent :* nous **av**ons

→ à l'imparfait :
j'   **av**ais
tu   **av**ais
il / elle / on   **av**ait
nous   **av**ions
vous   **av**iez
ils / elles **av**aient

! Une exception : le verbe être → j'**étais**, tu **étais**, il / elle / on **était**, nous **étions**, vous **étiez**, ils / elles **étaient**.

le mot du prof

- Pour les verbes en **-ger**
→ *e* devant le *a* : *j'échangeais*.
- Pour les verbes en **-cer**
→ *ç* devant le *a* : *je me déplaçais*.
! Pour les verbes en **-ier**
→ base + terminaison : *nous étudiions, vous étudiiez*.

La négation *ne… plus* et la restriction *ne… que*

Pour exprimer un changement : ne… plus	**Pour exprimer une restriction : ne… que**
Je **ne** lis **plus** de livres. = Avant, je lisais des livres, mais maintenant, c'est fini.	On **ne** communique **que** de manière virtuelle. = On communique seulement de manière virtuelle.

le mot du prof

L'élision de *ne* dans les phrases négatives est habituelle à l'oral :
On leur demande pas comment ils vont.
On donne plus de nos nouvelles en direct.
Mais à l'écrit, *ne* est obligatoire :
*On **ne** leur demande pas comment ils vont.*
*On **ne** donne plus de nos nouvelles en direct.*

le mot du prof

Attention à la place de *que* !
J'ai seulement deux amis virtuels.
→ *Je n'ai **que** deux amis virtuels.*
Je rencontre ces amis seulement sur Internet.
→ *Je ne rencontre ces amis **que** sur Internet.*

LEÇON 3 — Raconter l'histoire d'une relation

> Écrire un récit à plusieurs mains

Podcast – Transfert

Transfert vous raconte des histoires passionnantes et émouvantes. Des histoires de vie, de relations, des histoires toujours vraies !

Aujourd'hui, vous allez entendre l'histoire de Sarah, de sa relation avec son amie d'enfance.
Sarah et Clémence se sont connues à six ans à l'école. Toutes les deux passionnées de sport, elles se sont bien entendues et très vite, elles sont devenues les meilleures amies du monde ! Elles se sont disputées une fois, à propos d'une compétition sportive, mais tout de suite elles se sont réconciliées. Elles ont fait toute leur scolarité ensemble : elles ont été dans la même classe au collège puis pendant les trois années du lycée ; jusqu'au baccalauréat elles n'ont jamais été séparées… Mais quand Sarah a eu un petit ami à l'université, leur relation a changé. Puis, en 3ᵉ année de licence, Clémence est partie aux Pays-Bas pour un séjour Erasmus et elle a pris de la distance. Sarah n'a plus eu de nouvelles de son amie, elle n'a pas compris pourquoi… Elles se sont retrouvées deux ans après, quand Clémence est revenue vers Sarah à son retour en France…

S'ABONNER

1 a. Observez le document et lisez l'introduction. *Transfert*, qu'est-ce que c'est ?

b. Lisez le texte. Choisissez l'option correcte.
1. Dans cet épisode, on parle d'une relation *de travail / amoureuse / amicale*.
2. La relation a commencé *pendant l'enfance / à l'adolescence / à l'âge adulte*.
3. La relation *s'est modifiée / s'est améliorée / n'a pas changé*.

2 Relisez.
a. Repérez les étapes de la relation : lieux et moments-clés.
Ex. : à l'école.
b. Pour chaque étape, relevez les événements.
c. Dites quel événement est à l'origine de la transformation de la relation. Puis faites des hypothèses sur la suite de cette relation.

zoom Langue

Indiquer les étapes d'une relation

> **La relation**

Pour chaque groupe de verbes, indiquez l'ordre chronologique des événements.
a. bien s'entendre – se connaître – devenir ami(e)s
 → *se connaître…*
b. se réconcilier – se disputer
c. se séparer / être séparé(e)s – se retrouver
d. revenir vers quelqu'un – prendre de la distance
e. rentrer / revenir – partir

> **Le passé composé pour indiquer une chronologie d'événements**

a. Observez les phrases puis trouvez les infinitifs des verbes.

> Sarah et Clémence **se sont connues** et **sont devenues** amies.
> Elles **ont été** dans la même classe au collège.
> Clémence **est partie** et elle **a pris** de la distance.
> Sarah n'**a** plus **eu** de nouvelles. Clémence **est revenue**.
> Elles **se sont retrouvées**.

b. Complétez la règle du passé composé.
– Formation du passé composé : auxiliaire … ou … + …
– Avec … → 15 verbes (*partir*, …) et tous les verbes …
  on accorde le participe passé avec le …

c. Quelle est la place de la négation au passé composé ?

S'ENTRAÎNER 1, 2

zoom Culture

La scolarité en France

a. Trouvez l'ordre des établissements scolaires en France.
l'université – le collège – l'école primaire – le lycée

b. Associez chaque établissement (act. a) à la tranche d'âge et au cycle correspondants.

| 11-15 ans | 18 ans et plus | 3-11 ans | 15-18 ans |

| enseignement primaire | enseignement secondaire |
| enseignement supérieur |

c. Associez.
- le baccalauréat • • diplôme universitaire
- la licence • • diplôme de fin d'études secondaires

d. Échangez ! Quelles sont les principales différences avec le système scolaire dans votre pays ?

3 💬 **En petits groupes**

a. Chacun(e) votre tour, racontez une amitié d'enfance. Indiquez les différentes étapes de la relation : la rencontre, les disputes, les réconciliations éventuelles…

b. Sélectionnez une histoire et racontez-la à la classe.

4 🔊 009 Écoutez trois extraits d'épisodes du podcast *Transfert*.

a. Chaque extrait correspond à quel épisode ? Choisissez dans la liste d'épisodes ci-dessous.

b. Identifiez le point commun entre ces trois histoires. Puis retrouvez laquelle correspond à l'histoire évoquée dans la présentation du podcast page 22.

1 — Podcast – Transfert S01E01 : Comment briser la glace avec ses voisins ?

2 — Podcast – Transfert S01E02 : L'art difficile du dialogue amoureux

3 — Podcast – Transfert S01E03 : Peut-on aimer quelqu'un sans le connaître ?

4 — Podcast – Transfert S01E04 : De meilleurs amis à amoureux

5 — Podcast – Transfert S01E05 : Pourquoi prolonger une relation qui fait souffrir ?

6 — Podcast – Transfert S01E06 : Quand l'amitié devient compliquée

5 🔊 009 Réécoutez.

a. Pour chaque extrait, repérez les informations sur la relation :
– la situation initiale (au début de la relation) ;
– la situation actuelle.

b. Identifiez à quel moment s'est produit le changement dans la relation et quel événement l'a provoqué. Justifiez (citez les paroles).

6 🔊 009 Réécoutez. Associez les ressentis aux personnes. Justifiez (citez les paroles).
Julie – Gaëtan – Clémence – Sarah – Florence

la joie   la tristesse, le regret
la colère, l'agacement   la peur

zoom Langue

L'imparfait, le passé composé et le présent pour décrire une évolution

a. Observez puis associez.

À l'époque, ils répondaient à peine à mon bonjour.
Un jour, on est restées bloquées dans l'ascenseur.
Alors on a fait connaissance.
Maintenant, Yannick et Aïssa sont des amis.

On utilise…

l'imparfait •   • pour indiquer l'événement qui a changé la situation.
le passé composé •   • pour décrire la situation actuelle.
le présent •   • pour décrire la situation ancienne.

b. Associez les expressions suivantes à leur(s) équivalent(s) (act. a).

aujourd'hui   à cette époque-là   ce jour-là / à ce moment-là

Exprimer des ressentis

Classez les expressions suivantes.
avoir peur – être content(e) – c'est dommage / trouver dommage – regretter – être triste – être déprimé(e) – être en colère – se sentir seul(e) – en avoir marre – être heureux(se) – c'est chouette

Ressenti positif : …   Ressenti négatif : …

▶ S'ENTRAÎNER 3, 4

7 **PRONONCIATION**

Les sons [e] / [ɛ], la différenciation passé composé / imparfait

a. 🔊 010 Écoutez. Quel son entendez-vous : [e] ou [ɛ] ?
Ex. : transfert → [ɛ].

b. 🔊 011 Écoutez et indiquez dans quel ordre vous entendez le passé composé et l'imparfait.
Ex. : on restait – on est restées → imparfait – passé composé.

c. 🔊 011 Réécoutez et répétez avec les gestes correspondants.

[e] comme dans *soirée* :

[ɛ] comme dans *transfert* :

8 **S'EXPRIMER** ✏️

Vous participez à un appel à témoignages.

Un journal publie un article intitulé « Comment les applis de rencontre ont changé notre vie » et fait appel au témoignage des lecteurs. Racontez une expérience de rencontre par l'intermédiaire d'une appli de ce type.

– Décrivez la situation initiale.
– Expliquez comment la situation a changé grâce à cette appli de rencontres.
– Donnez des informations sur la situation actuelle.

TÂCHE CIBLE : Écrire un récit à plusieurs mains

LES FABULATIONS
ATELIERS D'EXPRESSION CRÉATIVE

Atelier d'écriture

L'Amour à distance

Atelier d'écriture à distance - Médiathèque L'Alpha Angoulême - Sujet 4

Les Fabulations proposent des ateliers d'écriture. Les participants reçoivent le sujet d'écriture le lundi, puis le vendredi, ils partagent leurs textes lors d'une séance de lecture. Cette semaine, nous proposons d'écrire un récit sur le thème : **l'amour à distance**.

Pour pimenter un peu le jeu, voici les contraintes :
- écrire un texte à trois mains ;
- une demi-page par personne : une page et demie pour le récit complet.

1 Préparez-vous !

Vous allez participer à un atelier d'écriture et écrire un récit à plusieurs mains.
a. Lisez cette page d'un site d'écriture créative. Identifiez la proposition d'écriture et les contraintes imposées. À votre avis, qu'est-ce qu'un récit à plusieurs mains ?
b. Divisez la classe en trois groupes. Réfléchissez aux éléments de votre récit dans le respect du thème (personnages, type de relation, lieu(x), époque…).

2 Réalisez !

En petits groupes
a. Rédigez la situation initiale du récit (présentation des personnages, contexte de leur relation, nature de leur lien). Écrivez une demi-page. Passez votre texte à un autre groupe.
b. Lisez le texte reçu et imaginez la suite. Commencez par « Un jour ». Racontez les événements qui ont fait évoluer la situation (une demi-page). Passez votre texte au troisième groupe.
c. Lisez le texte reçu. Imaginez la fin de l'histoire. Commencez par « Maintenant ». Décrivez la situation actuelle et donnez des précisions sur les ressentis des personnages (une demi-page).

3 Partagez !

a. Partagez vos récits sur votre Espace de Travail Collaboratif.
b. Découvrez les récits. Que pensez-vous des suites imaginées ?

S'entraîner

La relation

1 Écrivez des légendes avec les verbes suivants.
~~se réconcilier~~ – s'entendre bien – se séparer, prendre de la distance – se disputer – se retrouver

Ex. : *Elles se réconcilient.*

a.

b. c. d.

Le passé composé pour indiquer une chronologie d'événements

2 Réécrivez le synopsis au passé composé.

> *Jules et Jim*, de François Truffaut, à 21 h sur France 2.
>
> Jules, autrichien, et Jim, français, se rencontrent à Paris en 1912. Ils deviennent amis. Un jour, ils rencontrent Catherine et ils tombent amoureux d'elle tous les deux. Peu de temps après, Jules se marie avec elle. Puis la guerre commence et sépare les deux amis. Quand ils rentrent de la guerre, ils se retrouvent tous les trois. Jim revoit Catherine, ses sentiments n'ont pas changé. Alors la relation entre Jules et Jim devient compliquée…

L'imparfait, le passé composé et le présent pour décrire une évolution

3 Écrivez les récits comme dans l'exemple.
Ex. : Mathieu : seul, pas d'amis – inscription sur un site de rencontre – beaucoup d'amis → Avant, Mathieu était seul, il n'avait pas d'amis. Un jour, il s'est inscrit sur un site de rencontres. Maintenant, il a beaucoup d'amis.

a. voisins sympathiques, discussions fréquentes – déménagement – mes nouveaux voisins : froids, pas de relation. → Avant, mes voisins…
b. Laïla : à l'école primaire, bonne entente avec ses copains de classe – changement d'école – plus d'amis dans sa classe, triste → À l'école primaire, Laïla…
c. Kader et Amélie : dans la même université mais ne se connaissent pas – rencontre chez un ami, longue discussion – très bons amis, sorties ensemble → Kader et Amélie…
d. Sylvia et moi : collègues, travail dans le même service – participation à un séminaire, découverte de passions communes – vie en couple → Sylvia et moi, nous…

Exprimer des ressentis

4 Exprimez le ressenti des personnes avec :
regretter (qqch.) – être déprimé(e) – être en colère – se sentir seul(e) – en avoir marre

a. Malik a fait de la peine à sa meilleure amie, il a peur de perdre son amitié. → Il…
b. Antoine vient de perdre son travail. → Il…
c. Mon amie m'a vexé, je ne veux plus lui parler. → Je…
d. Dans son groupe de potes, Fabrice est toujours le seul à organiser des sorties. → Il…
e. Mylène n'a pas beaucoup d'amis. → Elle…

À retenir

Récap' lexique et communication

La relation

1 Associez les expressions de même sens.

se retrouver   se séparer / être séparé(e)s   se disputer   devenir ami(e)s   se réconcilier
se connaître   bien s'entendre   prendre de la distance
faire connaissance   commencer une relation amicale   s'éloigner   avoir un conflit
arrêter de se voir   reprendre une relation interrompue   oublier un conflit   avoir une bonne relation

Exprimer des ressentis

2 Associez les ressentis proches.

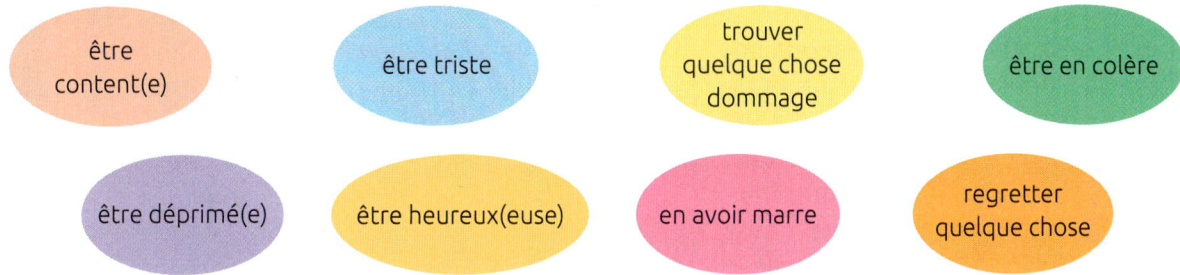

- être content(e)
- être triste
- trouver quelque chose dommage
- être en colère
- être déprimé(e)
- être heureux(euse)
- en avoir marre
- regretter quelque chose

Récap' grammaire

Le passé composé

Auxiliaire *être* + participe passé → Avec 15 verbes : *partir, arriver, aller, venir, devenir, monter, descendre, entrer, sortir, naître, mourir, passer, rester, retourner, tomber.* → Avec les verbes pronominaux.	**Auxiliaire *avoir* + participe passé** → Avec tous les autres verbes.
Le participe passé s'accorde avec le sujet. *Elle **est** reven**ue** vers moi.* *Elles se **sont** disput**ées**.*	Le participe passé ne s'accorde pas avec le sujet. *Elle n'**a** plus donné de nouvelles.* *Elles **ont** été dans la même classe.*

Le participe passé

Verbes en -*er* : -*é* → *parlé – resté – allé…*
Verbes en -*ir* : -*i* → *parti – choisi – sorti…*
Majorité des verbes en -*dre* : -*du* → *descendu – répondu…*

Principaux participes passés irréguliers :
-*is* → **pris** *(prendre)* – **mis** *(mettre)*
-*t* → **fait** *(faire)* – **mort** *(mourir)* – **écrit** *(écrire)* – **dit** *(dire)*
-*u* → **eu** *(avoir)* – **venu** *(venir)* – **vu** *(voir)* – **pu** *(pouvoir)* – **lu** *(lire)* – **vécu** *(vivre)* – **connu** *(connaître)* – **dû** *(devoir)*
! *été (être)*

Attention à la place de la négation :
ne / n' + auxiliaire + *pas / plus / jamais* + participe passé.

L'imparfait, le passé composé et le présent pour décrire une évolution

L'imparfait	**Le passé composé**	**Le présent**
→ pour décrire la situation ancienne	→ pour indiquer l'événement qui a changé la situation	→ pour décrire la situation actuelle
*À l'époque, on **était** vraiment les meilleures amies. On **passait** beaucoup de temps ensemble.*	*Mais à l'université, Clémence **est partie** à Amsterdam. Et là, elle ne m'a plus **donné** de nouvelles.*	*Maintenant, on **se voit** de temps en temps. Notre amitié n'**est** plus la même.*

Patrimoines

Yves Saint-Laurent (1936-2008) et Catherine Deneuve (1943-).

Jean Cocteau (1889-1963) et Édith Piaf (1915-1963).

1.
Il était déjà célèbre quand il a rencontré « la Môme », en 1940. Il a tout de suite aimé sa voix et ses chansons. Elle, elle l'admirait déjà : elle connaissait tous ses livres. Ils se sont appréciés immédiatement. Le « Prince des poètes » lui a même demandé de le tutoyer, privilège rare ! Peu de temps après, il lui a proposé une pièce de théâtre. Le spectacle a eu un énorme succès et cela a été le début d'une amitié durable. Le 11 octobre 1963, il a appris la mort de son amie. Quelques heures après, cet artiste aux multiples talents, poète, peintre, dramaturge et cinéaste est mort à son tour.

2.
Elle avait vingt-deux ans quand elle l'a rencontré. Mariée à un photographe britannique, la jeune femme a demandé au couturier de lui créer une tenue pour une cérémonie de présentation à la reine d'Angleterre. Puis elle lui a commandé une autre robe à l'occasion de la sortie du film *Les Demoiselles de Rochefort*. Elle a ensuite proposé au réalisateur Luis Buñuel que le créateur de mode dessine ses tenues pour son rôle dans le film *Belle de jour*. C'est ainsi qu'a commencé leur longue et profonde amitié.

Fenêtre sur...

1 Observez les photos. Connaissez-vous ces artistes français célèbres ? À votre avis, quelle est la nature de leur relation ?

2 Lisez les textes.
   a. Trouvez de qui on parle : associez chaque texte à la photo correspondante.
   b. Vérifiez vos hypothèses (act. 1) sur la nature de chaque relation.
   c. Associez chaque personnalité à un / des domaine(s).

   la peinture — la littérature — la chanson — la mode — le cinéma — le théâtre

3 ▷ 02 Regardez la vidéo.
   a. Nommez les deux artistes présentés et trouvez leur domaine de création.
   b. Identifiez le destinataire et le thème de leur lettre commune.
   c. Dites en quoi la relation entre ces deux artistes est différente de la relation entre Piaf et Cocteau et de celle entre Deneuve et Saint-Laurent.

Littératures

Fenêtres sur…

Dossier 1

Soprano, pseudonyme de Saïd M'Roumbaba, est né le 14 janvier 1979 à Marseille. C'est un rappeur, chanteur et compositeur français.

1 Échangez ! Connaissez-vous Soprano ? Connaissez-vous d'autres rappeurs français ou francophones ? Est-ce que vous écoutez ce genre de musique ?

2 Écoutez sur Internet la chanson *Mon Précieux* de Soprano.
  a. À votre avis, le chanteur s'adresse à qui ? Qui est « mon précieux » ?
  b. Quel type de relation est décrite ?

3 Réécoutez la chanson et lisez les paroles.
  a. Vérifiez vos réponses (act. 2a). Puis repérez ce que Soprano fait avec son « précieux ».
  b. Trouvez ce qui a changé dans la vie de Soprano depuis qu'il est avec son « précieux ». Dites si les changements sont positifs ou négatifs.

Mon précieux

Ta douce mélodie me réveille chaque matin
Avant même d'embrasser ma femme, je te prends par la main
Puis, je te caresse le visage pour voir si tout va bien
Tellement inséparables qu'on part ensemble
au petit coin[1]
Mon café, mon jus d'orange, on le partage aux amis
En voiture, mes yeux sont dans les tiens,
donc quelques feux je grille
Au boulot, on parle tellement ensemble que
des dossiers j'oublie
Au dîner, vu le silence, tout le monde t'aime
dans ma famille, *baby*

Je te partage ma vie, au lieu de la vivre
Tu me partages la vie des autres pour me divertir
Je ne regarde plus le ciel depuis que tu m'as pris
Mes yeux dans tes applis, *baby*
Je ne sais plus vivre sans toi à mes côtés
Ton regard pixelisé m'a envoûté
Toi, mon précieux, mon précieux, mon précieux
Mon précieux, mon précieux, mon précieux
Quand tu sonnes ou quand tu commences à vibrer
Je perds la tête, comment pourrais-je te quitter ?
Toi, mon précieux, mon précieux, mon précieux
Mon précieux, mon précieux, mon précieux

Tu es ma secrétaire, tu gères mon organisation
Tu allèges mes neurones grâce à tes notifications
Plus besoin d'aller voir la famille, vu que tu me les *follow*
Pour leur prouver que j'les aime, je n'ai qu'à *liker* leurs photos
Pourquoi aller en concert ? Tu m'as tout mis sur YouTube
Tu m'aides à consommer, car tu ne me parles qu'avec des pubs[2]
J'fais plus gaffe[3] à l'orthographe depuis que j'te parle avec mes doigts
Mes gosses[4] font plus de toboggan, ils préfèrent jouer avec toi, *baby*

Je te partage ma vie, au lieu de la vivre
Tu me partages la vie des autres pour me divertir
Je ne regarde plus le ciel depuis que tu m'as pris
Mes yeux dans tes applis, *baby*
Je ne sais plus vivre sans toi à mes côtés
Ton regard pixelisé m'a envoûté
Toi, mon précieux, mon précieux, mon précieux
Mon précieux, mon précieux, mon précieux

Quand tu sonnes ou quand tu commences à vibrer
Je perds la tête, comment pourrais-je te quitter ?
Toi, mon précieux, mon précieux, mon précieux […]

Source : « Mon précieux », *L'Everest*, Musixmatch – Paroliers : Abdel Djalil Haddad, Soprano.

1 aux toilettes – **2** publicités – **3** je ne fais plus attention – **4** mes enfants

4 Quel est le message de cette chanson ?

Stratégies et outils pour... travailler ensemble

Coopérer

1 **En petits groupes** Selon vous, qu'est-ce qui est important pour coopérer, pour bien travailler ensemble ?

2 Lisez et associez chaque consigne à une / des action(s) caractéristique(s) du travail collaboratif.

prendre la parole, garantir la prise de parole de tous   négocier pour se mettre d'accord   se répartir les tâches

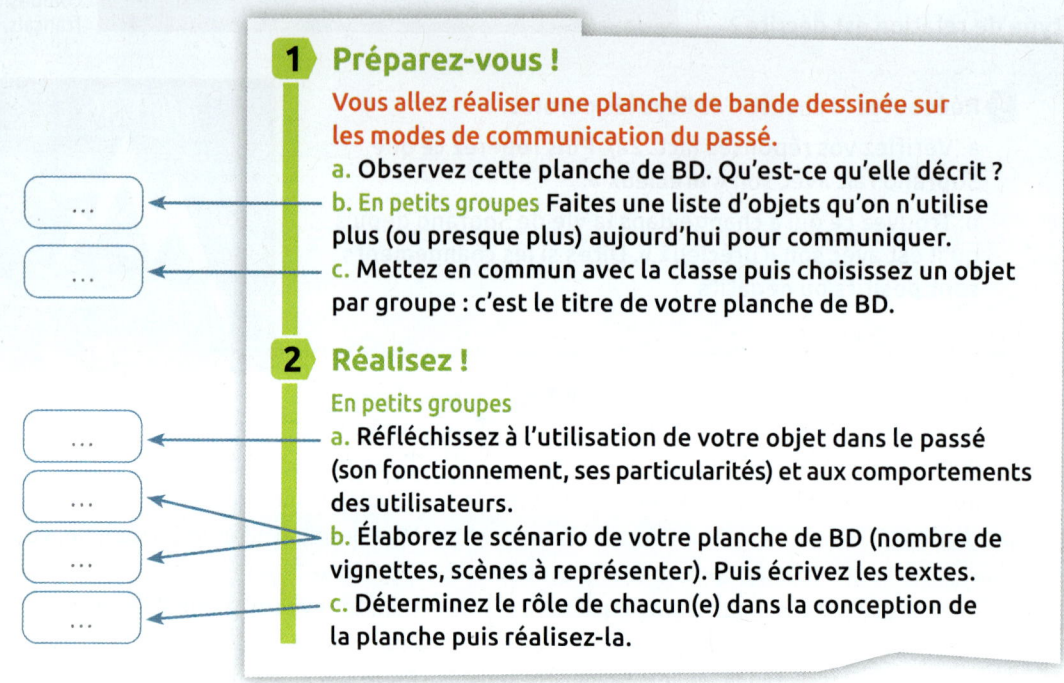

1 Préparez-vous !
Vous allez réaliser une planche de bande dessinée sur les modes de communication du passé.
a. Observez cette planche de BD. Qu'est-ce qu'elle décrit ?
b. **En petits groupes** Faites une liste d'objets qu'on n'utilise plus (ou presque plus) aujourd'hui pour communiquer.
c. Mettez en commun avec la classe puis choisissez un objet par groupe : c'est le titre de votre planche de BD.

2 Réalisez !
En petits groupes
a. Réfléchissez à l'utilisation de votre objet dans le passé (son fonctionnement, ses particularités) et aux comportements des utilisateurs.
b. Élaborez le scénario de votre planche de BD (nombre de vignettes, scènes à représenter). Puis écrivez les textes.
c. Déterminez le rôle de chacun(e) dans la conception de la planche puis réalisez-la.

3 a. Trouvez à quelle(s) action(s) correspondent les interventions suivantes.

prendre la parole, garantir la prise de parole de tous   négocier pour se mettre d'accord   se répartir les tâches

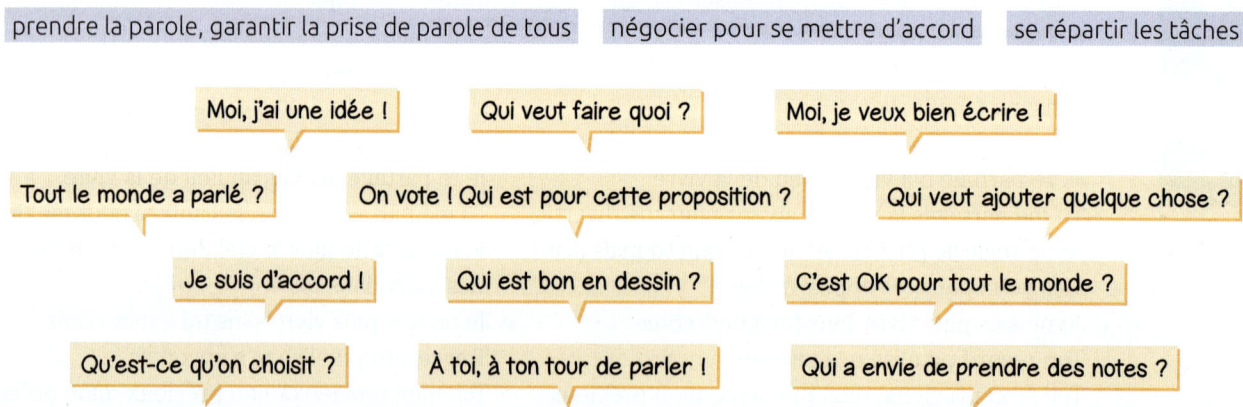

Moi, j'ai une idée !   Qui veut faire quoi ?   Moi, je veux bien écrire !
Tout le monde a parlé ?   On vote ! Qui est pour cette proposition ?   Qui veut ajouter quelque chose ?
Je suis d'accord !   Qui est bon en dessin ?   C'est OK pour tout le monde ?
Qu'est-ce qu'on choisit ?   À toi, à ton tour de parler !   Qui a envie de prendre des notes ?

b. Proposez d'autres formulations possibles pour ces interventions.
c. Dites quelles interventions correspondent à la fin d'une étape de travail.

4 Pendant un travail en groupe, les participants peuvent être :

animateur   organisateur   secrétaire   rapporteur

À votre avis, que font-ils ? Trouvez qui s'occupe de chaque action caractéristique du travail collaboratif (act. 2 et 3a).

Dans un travail collaboratif, quel rôle préférez-vous assurer ?

DOSSIER 2
Agir en consommateur

	Vous avez besoin de...	Vous allez apprendre à...	Vous allez...
Leçon 1	vous approvisionner en produits de consommation courante	faire des courses	faire un guide pour des courses responsables
Leçon 2	faire des choix de consommation	acheter / vendre sur Internet	créer un catalogue d'objets détournés
Leçon 3	vous habiller	choisir une tenue vestimentaire	composer une tenue

Fenêtres sur...	Stratégies et outils pour...
Sociétés Découvrir une tendance de consommation des Français Patrimoines Identifier des objets cultes et leur histoire	Interagir à l'oral → Clarifier, faire clarifier → Compenser

LEÇON 1 — Faire des courses

Faire un guide pour des courses responsables

1 Observez la page Facebook et choisissez les options correctes.
a. À Angoulême, le marché des Halles est *un marché en plein air / un supermarché / un marché couvert*.
b. On peut y acheter *des fruits et légumes / des fleurs / des vêtements / du vin / du poisson / des objets décoratifs / du pain / de la viande / des produits laitiers*.

2 a. Lisez la publication du 15 juin et trouvez les spécificités des produits vendus.
b. Lisez la publication du jour et identifiez l'événement annoncé.

3 Relisez la publication du jour.
a. Identifiez la spécificité du nouveau commerce.
b. Trouvez quels types de produits on peut y acheter.
c. Relevez les caractéristiques écologiques des produits.

zoom Langue

Les commerces

a. Complétez le tableau.

Commerces	Commerçants	Produits vendus
– la poissonnerie	– le poissonnier – le traiteur	– les poissons, … et … – les plats cuisinés
———	– le primeur	– les fruits et légumes
…	…	…

b. Observez et complétez la règle.
On achète du poisson **chez** le poissonnier / **à la** poissonnerie.
chez + …   à + …

Les produits de consommation courante

a. Classez les produits suivants selon leur usage.
le savon – la lessive – le vinaigre – le shampoing – les emballages alimentaires – le dentifrice – le produit vaisselle – la crème – les disques démaquillants – la lotion – le papier toilette
Pour la maison : …   Pour la toilette personnelle : …

b. Indiquez quels produits (act. a) existent sous forme solide / liquide / en poudre.

c. Trouvez pour quels produits on peut utiliser les contenants suivants.
un pot – une bouteille – un flacon – une boîte – un sac – un bocal – un bidon
Ex. : un pot → la crème.

Les adjectifs en *-able* pour caractériser des produits

a. Lisez les définitions et retrouvez les adjectifs correspondants.
– On peut l'**utiliser** plusieurs fois. → …
– On peut le **composter** (= le mettre dans le compost). → …
– On peut le **laver**. → …

b. Complétez les phrases avec l'adjectif correspondant.
– On peut **recycler** cet emballage. → C'est un emballage ….
– On peut **jeter** cet emballage. → C'est un emballage ….

S'ENTRAÎNER 1, 2

zoom Culture

Les marchés alimentaires en France

Ce sont en majorité des marchés de plein air. Ils ont souvent lieu le matin, 1 à 3 fois par semaine selon la taille des villes. Les marchés couverts, eux, sont souvent ouverts toute la semaine, en général seulement le matin. On y vient pour la fraîcheur, la qualité des produits et pour la convivialité.

En France 6 490 communes accueillent au moins un marché.

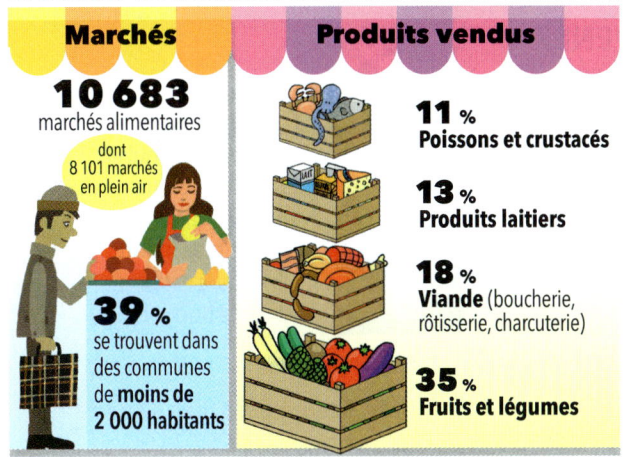

Marchés
- 10 683 marchés alimentaires dont 8 101 marchés en plein air
- 39 % se trouvent dans des communes de moins de 2 000 habitants

Produits vendus
- 11 % Poissons et crustacés
- 13 % Produits laitiers
- 18 % Viande (boucherie, rôtisserie, charcuterie)
- 35 % Fruits et légumes

a. Lisez et identifiez les deux types de marchés alimentaires. Puis commentez les chiffres.

b. Est-ce que les marchés alimentaires sont fréquents dans votre pays ? Si oui, de quel type ?

4 💬 **En petits groupes** Comment faites-vous vos courses ? Dans quel type de commerces ? Pourquoi ? Qu'est-ce qui est important pour vous dans le choix des commerces et des produits ?

5 🔊 012 Écoutez ces échanges sur le marché des Halles d'Angoulême.

- brie
- cantal
- steaks
- jambon blanc
- avocats
- courgettes
- Tomates
- cerises
- fraises
- melon

a. Identifiez dans quels commerces le client va.

b. Cochez les produits achetés sur sa liste de courses.

6 🔊 012 Réécoutez.

a. Ajoutez les quantités dans la liste de courses. Justifiez (citez les paroles).

b. Relevez les précisions sur les caractéristiques des produits.

c. Expliquez pourquoi le client n'a pas acheté tous les produits de sa liste.

7 🔊 013 Réécoutez le premier échange. Repérez les formulations du commerçant et du client spécifiques de la situation d'achat.
Ex. : Commerçant → Qu'est-ce qu'il vous faut ?

zoom Langue

Faire un achat alimentaire

Retrouvez les formulations possibles…
a. d'un commerçant pour : démarrer, continuer et terminer la vente – indiquer un prix – dire le total à payer – demander le mode de paiement ;
b. d'un client pour : demander un produit – demander une précision sur les caractéristiques d'un produit – demander le prix d'un produit – indiquer la fin des achats – demander le total à payer – indiquer le mode de paiement.

Le pronom *en* COD

Observez. Trouvez ce que le pronom *en* remplace puis cochez pour formuler la règle.
1. – Des tomates, s'il vous plaît ! Vous **en** avez ?
   – Vous **en** voulez **combien** ?
   – Mettez-**en trois**.
2. – Il y a du brie.
   – Je vais **en** prendre **une part**.
3. Du jambon, j'**en** voudrais **quatre tranches**.

Le pronom **en** est associé à une idée de ☐ quantité ☐ qualité.
Il est placé en général ☐ après le verbe ☐ avant le verbe.
Avec l'impératif affirmatif, il est placé ☐ après le verbe ☐ avant le verbe.

Caractériser des produits alimentaires

a. Associez aux caractéristiques possibles.

un fruit — un fromage — un légume — une viande — une tranche

ferme ≠ mou (molle) – doux ≠ fort – jeune ≠ vieux – fine ≠ épaisse – grasse – mûr – sucré – tendre – qui a du goût – délicieux(se) / excellent(e)

b. Classez les caractéristiques dans l'ordre.
une tomate… **trop** mûre – **pas très / pas trop** mûre – **assez** mûre – **pas du tout** mûre – **très** mûre – **bien** mûre
pas du tout mûre < …

(S'ENTRAÎNER 3, 4)

8 PRONONCIATION

La liaison avec le pronom *en*

a. 🔊 014 **Debout !** Écoutez. Levez l'index quand vous entendez une liaison avec [z] comme dans *vous en vendez* et touchez votre nez quand vous entendez une liaison avec [n] comme dans *tu en as*.

b. 🔊 015 Écoutez et répétez.

9 S'EXPRIMER 💬

Vous faites des courses alimentaires au marché pour organiser un dîner, un goûter… avec la classe.

a. Déterminez les commerces de votre marché, puis formez deux groupes : les clients, les commerçants.

b. Les clients : **en petits groupes** écrivez votre liste de courses. Chez quels commerçants devez-vous aller ? Les commerçants : **en petits groupes** choisissez chacun(e) un commerce. Réfléchissez à votre offre : les promotions, les produits manquants, les prix…

c. **Debout !** Sur le marché, les clients font les courses, les commerçants vendent leurs produits.

TÂCHE CIBLE : Faire un guide pour des courses responsables

1 Préparez-vous !

Vous allez rédiger des astuces pour faire des courses de manière responsable.

a. Observez. Identifiez l'objectif de cette brochure.

b. **En petits groupes** Préparez votre contribution à cette brochure pour la rubrique « S'approvisionner et cuisiner responsable » : réfléchissez aux comportements à adopter.

2 Réalisez !

a. Mettez-vous d'accord sur les comportements à retenir avant, pendant, après les courses.

b. Rédigez vos astuces : pour chacune, trouvez un titre et écrivez un petit texte explicatif.

3 Partagez !

a. Présentez vos astuces. La classe réagit : quelles astuces vous semblent intéressantes ? faciles à suivre ?

b. Faites une sélection pour votre rubrique définitive.

c. Partagez votre guide sur l'espace de travail collaboratif de la classe.

S'entraîner

Les commerces / Les produits de consommation courante

1 Remettez les noms soulignés à la bonne place.

a. 1. Je veux offrir une plante à mon amie, je vais aller chez <u>le primeur</u>.
2. Je vais à <u>la boulangerie</u>, je dois acheter des steaks.
3. Pour le dîner, j'ai acheté des lasagnes chez <u>le poissonnier</u> italien.
4. Dans cette épicerie, on ne vend pas de fruits. Il faut aller chez <u>le traiteur</u>.
5. Je suis allé chez <u>le fleuriste</u> et j'ai pris des crustacés.
6. Prends du pain et des croissants à <u>la boucherie</u>.

b. J'achète…
<u>une boîte</u> de vinaigre ; <u>un pot</u> de shampoing ; <u>un bidon</u> de crème ; <u>un flacon</u> de lessive ; <u>un sac</u> d'œufs ; <u>une bouteille</u> de farine.

Les adjectifs en -able pour caractériser des produits

2 Remplacez les expressions soulignées par un adjectif.

Venez découvrir notre commerce ambulant de vrac !
Chez nous, pas de sacs plastique, pas d'emballages <u>à jeter</u> ! Vous apportez vos contenants : des sacs <u>à réutiliser</u>, des sachets en papier <u>à recycler</u>, des boîtes <u>à empiler</u>, faciles à ranger. Nous vendons des petits sacs <u>à plier</u> pour les courses, à garder dans le sac à main.
Pour les produits liquides, nous proposons des bidons légers, <u>à transporter</u> facilement.
Pour l'hygiène et les tâches ménagères, choisissez nos lingettes <u>à laver</u>.
Des gestes simples, mais avec un effet écologique <u>qu'on peut mesurer</u> !

Le pronom *en* COD

3 Supprimez les répétitions dans le dialogue.

– Bonjour ! Vous désirez ?
– Vous avez des haricots verts ?
– Oui, j'ai des haricots verts, à 6 euros le kilo. Vous voulez combien de haricots verts ?
– Je vais prendre 500 grammes de haricots verts.
– Et avec ceci ? Il y a des pêches en promotion. Prenez des pêches, elles sont très sucrées !
– D'accord, je prends quatre pêches. Je ne vois pas d'abricots, est-ce qu'il y a des abricots ?
– Ah non, il n'y a plus d'abricots, j'ai tout vendu ! Prenez des prunes ! Elles sont très bonnes.
– Non merci, je ne veux pas de prunes.

Caractériser des produits alimentaires

4 Complétez avec les adjectifs de la liste. Faites les modifications nécessaires.

délicieux · fort · gras · mûr · fin · sucré · mou

a. Je voudrais quatre tranches de jambon, bien …, s'il vous plaît. Il n'est pas trop … ?
b. Ne mangeons pas ces pêches aujourd'hui, elles ne sont pas assez … .
c. Je ne veux pas ces courgettes, elles sont trop … .
d. Prenez un melon ! En ce moment, ils sont …, très … .
e. Je n'aime pas le camembert, c'est un fromage trop … .

À retenir

Récap' lexique et communication

Les commerces, les produits et leurs caractéristiques

1 Complétez la carte mentale.

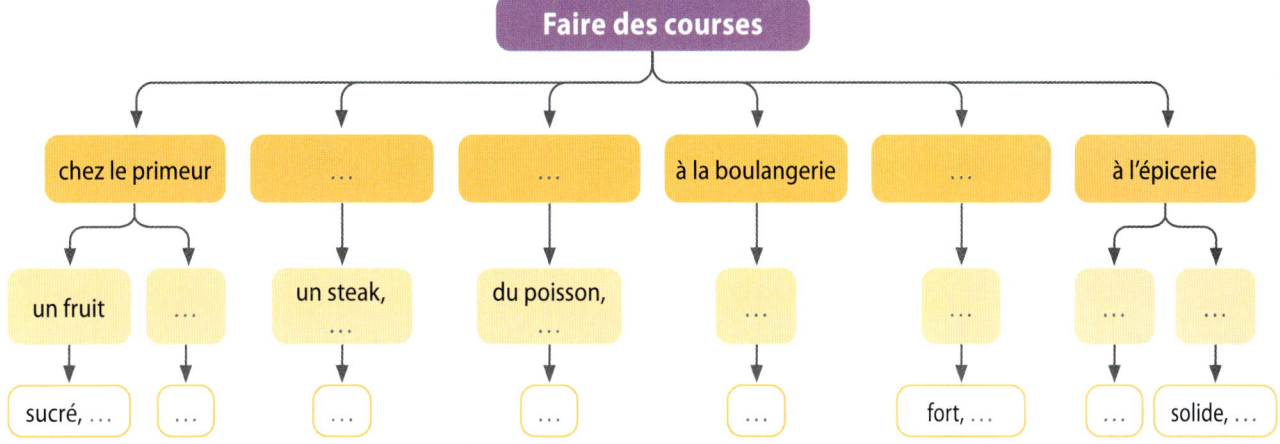

Faire un achat alimentaire

2 Complétez les bulles avec les formulations suivantes, placées dans l'ordre correspondant à une situation d'achat. Proposez d'autres formulations quand c'est possible.
~~Vous désirez ?~~ – Combien coûte(nt)… ? – C'est tout ! – Il vous faut autre chose ? – Ça fait combien ? – C'est tout ? – Ça fait … au total. – Vous payez comment ? – … euros le kilo. – Par carte. / En espèces.

Récap' grammaire

Chez + nom du commerçant / *À* + nom du commerce	
Je vais…	
chez le boucher, le poissonnier, le boulanger, le fromager, le pharmacien **chez** le marchand de fruits et légumes / le primeur, le traiteur, le fleuriste, le caviste	**à** la boucherie, la poissonnerie, la boulangerie, la fromagerie, la pharmacie

Les adjectifs en *-able* pour caractériser des produits
Ils sont formés à partir d'un verbe. *On peut le laver.* → *lavable*   *On peut le composter.* → *compostable*

Le pronom *en* COD
On utilise le pronom **en** pour ne pas répéter un nom associé à une idée de quantité.

Idée de quantité indéterminée
– *Je voudrais des cerises. Vous **en** avez ?*
– *Non, il **n'y en** a plus.*

Idée de quantité précise
*Il y a du brie ? Je vais **en** prendre **une part**.*
– *Vous voulez combien de tomates ?*
– *Mettez-**en** trois.*

! **En** se place en général **avant** le verbe.
Avec l'impératif affirmatif, il se place **après** le verbe.

le mot du prof
– *Tu manges des tomates ?*
– *Oui, j'**en** achète souvent, je **les** aime bien mûres.*
→ *en = des tomates – les = les tomates*

LEÇON 2 — Acheter / Vendre sur Internet

> Créer un catalogue d'objets détournés

Doc. 1

labelemmaüs
e-shop militant   Rechercher   Maison Mode Librairie Loisirs High-Tech Objets de collection

À Label Emmaüs, vous achetez solidaire

♡ Votre achat engagé
Achetez des produits de seconde main et participez à l'insertion sociale des personnes sans emploi.

Votre achat sécurisé
Paiement en ligne sécurisé avec la technologie Hipay.

La livraison
Livraison à domicile ou retrait en boutique, au choix.

✓ Satisfait ou remboursé
Remboursement possible dans un délai de 14 jours après réception de votre commande.

Notre sélection

  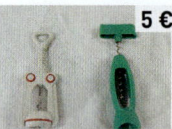   

40 €	12 €	5 €	17 €	61 €	4 €
Portemanteau en fer forgé et miroir rond	Vase rectangulaire en verre	2 tire-bouchons en plastique	Bouteille chauffe-pied vintage en céramique	Encrier ancien dans son étui de forme cylindrique, en cuir et métal	Presse-citron en bois en forme de fusée

---

1 Observez la page du site (doc. 1).
 a. Label Emmaüs, qu'est-ce que c'est ?
 b. Indiquez où sont les informations sur la page.
 un choix d'objets à vendre – le fonctionnement des achats – les catégories d'objets à vendre

2 Lisez la partie sur le fonctionnement des achats.
 a. Pourquoi acheter sur ce site est un acte solidaire ?
 b. Relevez les trois garanties de Label Emmaüs pour satisfaire ses clients.

zoom Culture

Le mouvement Emmaüs

> Pour lutter contre la pauvreté et l'exclusion sociale, l'abbé Pierre a fondé la première communauté Emmaüs en 1954, en France. Dans ces communautés, on récupère des objets donnés, on les remet en état et on les revend.

Lisez. Identifiez le nom du créateur d'Emmaüs, la date de création d'Emmaüs, son but et ses actions.

3 Observez les photos (doc. 1).
 a. Associez chaque objet à l'une des six catégories.
 b. Quelles précisions sont données pour chaque objet ? Choisissez et justifiez.

 la couleur — le prix — les dimensions — la matière — la forme — l'état — la fonction — le poids

Ex. : le portemanteau / miroir → la matière : en fer forgé – la forme : rond – le prix : 40 €.

zoom Langue

Les achats sur Internet

Mettez dans l'ordre les étapes d'un achat en ligne.
la livraison – la réception / le retrait en boutique – le paiement – la commande – le remboursement

Décrire des objets (1)

▸ **Décrire la matière**

a. Classez les matières.
le bois – le verre – la céramique – le métal – le plastique – le cuir – le fer

| issu du pétrole | d'origine animale |
| d'origine végétale | d'origine minérale |

b. Complétez la règle.
Pour décrire la matière : … + matière.

▸ **Décrire la forme**

a. Associez.
~~carré(e)~~ – rond(e) – rectangulaire – ovale – cylindrique

1.  2.   3.   4.  5. ⬭

Ex. : 1. carré(e).

b. Cochez.
de forme + ☐ nom ☐ adjectif   en forme de + ☐ nom ☐ adjectif

S'ENTRAÎNER 1

4 💬 En petits groupes a. Est-ce qu'un objet du site Label Emmaüs vous intéresse ? Pourquoi ?
b. Achetez-vous des objets de seconde main ? De quel type ? Comment (en ligne, dans des boutiques…) ?

Mon panier

Bon état
Bouteille chauffe-pied vintage en céramique
Objet vintage que les gens utilisaient autrefois et qui permettait de réchauffer un lit. Bouchon manquant mais bouteille en bon état : peu abîmée. Dimensions : 9 cm de diamètre – 29 cm de longueur. Poids : 1,383 kg.

× 1  **17,60 €**

État correct
Encrier ancien dans son étui de forme cylindrique, en cuir et métal
Encrier de la fin du XIXᵉ siècle qu'on utilisait en voyage. L'objet est dans un état correct, le couvercle est un peu usé à l'intérieur. Petite tache sur le cuir. Pour les collectionneurs ou pour une décoration *vintage*. Dimensions : 4,3 cm de hauteur – 4,5 cm de diamètre.

× 1 **61,00 €**

5 Observez le panier d'un acheteur du site Label Emmaüs (**doc. 2**).

a. Trouvez le point commun entre les deux objets choisis.

b. Quelles nouvelles informations avez-vous sur ces deux objets ? Justifiez (citez le texte).
Ex. : la fonction : « Objet vintage que les gens utilisaient autrefois et qui permettait de réchauffer un lit. »

6 🔊 016 Écoutez le dialogue. Identifiez la situation.

7 🔊 016 Réécoutez.

a. Relevez les autres précisions sur la fonction de chaque objet.

b. Vrai ou faux ? Justifiez (citez les paroles).
1. Selon l'homme, les deux objets ne sont plus utiles aujourd'hui.
2. L'ami de la femme collectionne des objets qui ont une utilité aujourd'hui.
3. Ils choisissent l'encrier pour son aspect décoratif.

zoom Langue

Décrire des objets (2)

a. Complétez le tableau.

État	++	+	–
	en …	dans un …	en mauvais état, …, …, taché

b. Mettez à la bonne place les mots pour indiquer la dimension.
– la hauteur
– la longueur
– le diamètre

la largeur

c. Associez chaque caractéristique au type d'information correspondant.
Pour indiquer… **l'âge** **le poids** **les qualités**

utile ; de seconde main = d'occasion ; pratique ; rare ; lourd(e) ≠ léger(ère) ; original(e) ; ancien(ne) = vintage ≠ actuel(le)

Les pronoms relatifs *qui* et *que* pour donner une précision sur un objet

a. Observez et cochez pour formuler la règle.
C'est un objet **que** les gens utilisaient autrefois et **qui** permettait de réchauffer un lit.
C'est un objet **qu'**on utilisait en voyage.

On utilise les pronoms relatifs **qui** et **que / qu'** pour relier deux phrases entre elles et éviter les répétitions.
Qui est ☐ sujet ☐ COD du verbe qui suit.
Que / Qu' est ☐ sujet ☐ COD du verbe qui suit.

b. Reformulez les phrases pour éviter les répétitions.
C'est un encrier. Cet encrier date du XIXᵉ siècle.
Mon ami aime les objets. On n'utilise plus ces objets.
C'est un chauffe-pied. J'achète ce chauffe-pied pour mon ami.

Indiquer la fonction, l'usage

a. Associez pour retrouver les structures.
À quoi ça sert ?
ça sert •   • à + *infinitif*
ça permet •   • pour + *infinitif*
on utilise cet objet • • de + *infinitif*
                    • de + *nom*

b. Indiquez la fonction de ces objets puis complétez la règle des noms composés.
un chauffe-pied – un tire-bouchon – un portemanteau – un presse-citron
Ex. : Un chauffe-pied, ça sert à chauffer les pieds.

Ces noms d'objets sont des noms composés : avec un … et un … .
On les écrit avec un trait d'union. Exception : … .
! Au pluriel, le verbe ne prend pas de **s** : *des tire-bouchons*.

(S'ENTRAÎNER 2, 3, 4)

8 **PRONONCIATION** ▷ 03

Les sons [b] et [v]

a. 🔊 017 Écoutez : identique ou différent ?
b. 🔊 018 Écoutez : vous entendez [v] comme dans *vase* ou [b] comme dans *boire* ?
c. 🔊 019 Écoutez et répétez.

9 **S'EXPRIMER** ✏️

Vous rédigez une annonce pour vendre un objet.

Vous souhaitez vendre un objet sur le site Label Emmaüs. Écrivez votre annonce : précisez la matière, la forme, les dimensions, le poids, l'état et les caractéristiques spéciales de l'objet. Indiquez son prix. Ajoutez une photo.

TÂCHE CIBLE — Créer un catalogue d'objets détournés

1 Préparez-vous !

Vous allez créer un catalogue d'idées pour donner une seconde vie à des objets.

a. Lisez la page du magazine *Elle* et identifiez la nouvelle tendance décrite.
b. Observez les photos. Identifiez les objets détournés et leur nouvelle fonction.
c. **En petits groupes** Faites une liste d'objets que vous avez chez vous et que vous n'utilisez plus. Sélectionnez cinq objets et imaginez comment les détourner.

2 Réalisez !

En petits groupes Pour chaque objet sélectionné, préparez une fiche pour présenter une idée de détournement.
a. Collez la photo de l'objet « avant », dessinez-le « maintenant » et trouvez-lui un nom.
b. Décrivez l'objet. Indiquez sa fonction passée et actuelle.

3 Partagez !

a. Présentez vos idées d'objets détournés. La classe réagit : quelles idées trouvez-vous originales ? faciles ou difficiles à réaliser ?
b. Sélectionnez les meilleures idées et réalisez votre catalogue : mettez vos fiches sur l'espace de travail collaboratif de la classe.

Elle > Déco > Conseils pratiques > Astuces déco

Donnez une seconde vie à vos objets !

Vous ne comptez plus le nombre d'objets que vous avez chez vous. Abîmés ou passés de mode, aujourd'hui il existe une solution pour les réutiliser : l'*upcycling* ! Cette nouvelle tendance vous propose de récupérer vos vieux objets et de les détourner de leur fonction initiale. Découvrez vite nos idées créatives pour donner une seconde vie à tous les objets de votre maison.

S'entraîner

Décrire des objets (1)

1 Indiquez la forme et la matière des objets suivants.

Ex. : des lunettes rondes en métal

a.   b.   c.   d.   e.

Décrire des objets (2)

2 Complétez l'annonce avec les mots suivants. Faites les modifications nécessaires.

longueur – état – usé – largeur – léger – *vintage* – pratique

Bon état
Belle valise en simili cuir orange   30,00 €

Objet … datant des années 1970. … correct : intérieur un peu … . La valise est … pour partir en voyage car elle est … (poids : 500 g).
Dimensions : … 28 cm – … 44 cm.

Les pronoms relatifs *qui* et *que*

3 Complétez avec *qui*, *que* ou *qu'* puis devinez l'objet.
Ex. : C'est un contenant **qu'**on utilise pour mettre des légumes secs et **qui** est en général en verre. → un bocal

a. C'est un meuble … tout le monde a dans sa chambre et … permet de s'allonger. → …
b. C'est un ustensile … coupe et … nous utilisons souvent pour cuisiner. → …
c. C'est un accessoire … on met sur son nez et … permet de bien voir. → …
d. C'est un produit cosmétique … il faut utiliser pour se protéger du soleil. → …
e. C'est un contenant … sert à transporter de l'eau et … peut être en métal, en plastique ou en verre. → …
f. C'est un objet … a quatre pieds et … est nécessaire pour s'asseoir. → …

Indiquer la fonction, l'usage

4 Indiquez la fonction des objets suivants. Variez les formulations.

un porte-monnaie   un marque-page   un sèche-cheveux
un lave-vaisselle   un casse-noix   un porte-clés

Ex. : un porte-monnaie → On l'utilise pour porter des pièces de monnaie.

À retenir

Récap' lexique et communication

Les achats sur Internet

1 Complétez avec les noms correspondants.

commander	payer	recevoir	retirer	livrer	rembourser
la commande	…	…	…	…	…

Décrire des objets

2 **En petits groupes** Complétez la carte mentale avec le maximum de mots ou d'expressions.

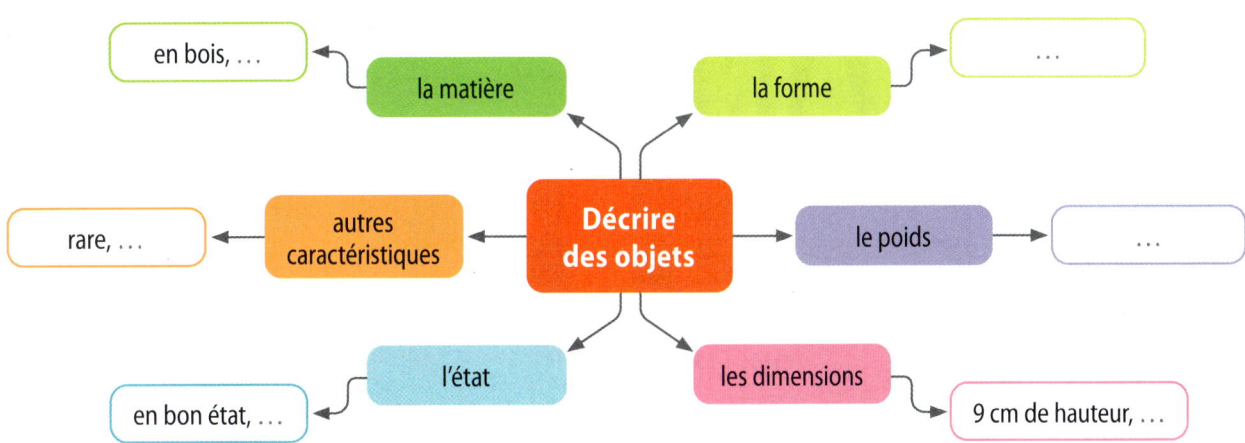

Récap' grammaire

Les pronoms relatifs *qui* et *que*

On utilise les pronoms **qui** et **que** pour éviter les répétitions et donner une précision.

Qui est **sujet** du verbe qui suit.	**Que** est **COD** du verbe qui suit.
Mon ami aime bien <u>les objets</u>. <u>Ces objets</u> ont une histoire.	C'est <u>un objet</u>. On remplissait <u>cet objet</u> d'eau bouillante et les gens mettaient <u>cet objet</u> dans leur lit.
→ Mon ami aime bien <u>les objets</u> *qui* ont une histoire.	→ C'est <u>un objet</u> *qu'*on remplissait d'eau bouillante et *que* les gens mettaient dans leur lit.

! On utilise aussi les pronoms **qui** et **que** pour donner une précision sur une personne.
Je cherche un objet pour un ami qui est collectionneur.
Je cherche un objet pour un ami que tu ne connais pas.

 Que devient **qu'** devant une voyelle ; **qui** ne change jamais.

Structures pour indiquer la fonction d'un objet

servir { **à** + infinitif → *Ça sert **à** mettre de l'encre.*
{ **de** + nom → *Ça sert **de** bouillotte.*
permettre **de** + infinitif → *Ça permet **de** réchauffer un lit.*
utiliser quelque chose **pour** + infinitif → *On utilise cet objet **pour** réchauffer un lit.*

LEÇON 3 — Choisir une tenue vestimentaire

> Composer une tenue

1 Observez le flyer.

a. Identifiez l'événement annoncé, son objectif, le lieu et les dates. Comment comprenez-vous le jeu de mots dans le logo « Oullins of courses » ?

b. Repérez les modalités pour :
– vendre des articles et obtenir l'argent des ventes ;
– acheter des articles.

2 🔊 020 Écoutez le dialogue et identifiez la situation : ça se passe où ? Qui sont les personnes ? Que font-elles ?

3 🔊 020 Réécoutez.

a. Vrai ou faux ? Justifiez.
La boutique accepte les dépôts…
– d'articles pour hommes et pour femmes ;
– de vêtements pour la nuit ;
– de chaussettes et de slips ;
– de vêtements pour la course et le fitness.

b. Quelles informations sont données sur les articles de la cliente ? Choisissez dans la liste.
le type d'article – la marque – la matière – le motif – le prix

4 🔊 020 Réécoutez.

a. Complétez la liste de dépôt de la cliente.

LISTE DE DÉPÔT Nom : …

Catégorie	Type	Description	H / F	Prix
Manteaux, vestes, blousons	– veste de costume – … – …	en lin, à rayures … …	H … …	 … …
Chemises, pulls, sweats, T-shirts	– … – … – …	… … …, …	… … …	
Jupes, robes, pantalons	– pantalon de costume – …	… …	H …	
Accessoires	– … – …	… …	… …	
Chaussures, bottes, sandales	– …	…	…	

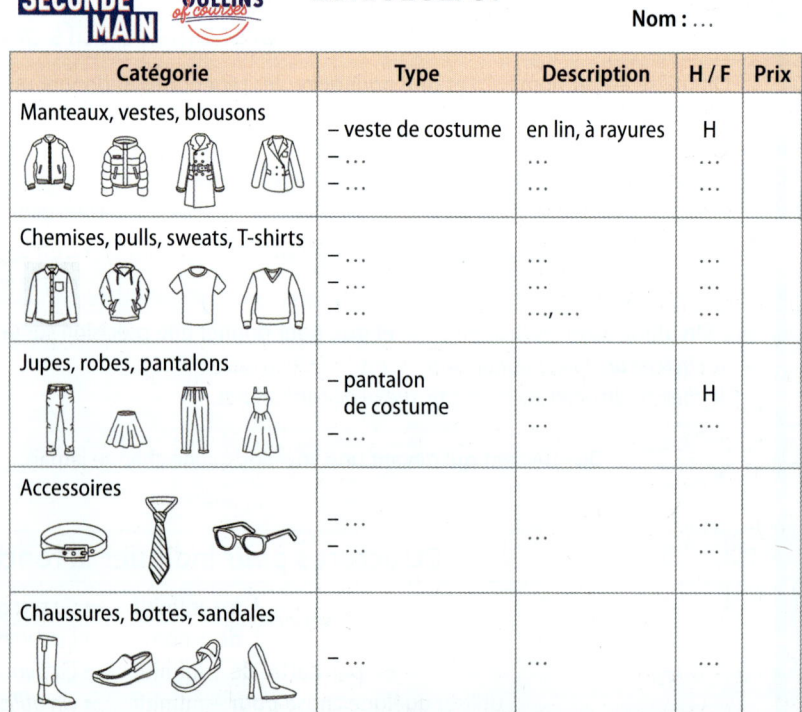

b. Identifiez les articles refusés par le vendeur et la raison du refus.

zoom Langue

Décrire un vêtement, un accessoire

> Les vêtements et les accessoires

Classez les vêtements et les accessoires.
un costume – un manteau – un blouson – un slip – une jupe – des chaussettes – une veste – un pyjama – un sweat – une chemise – des bottines – une cravate – des sandales – une robe – un foulard – un pull – une ceinture – un chemisier – des bottes

- vêtements pour l'extérieur
- vêtements pour dormir
- sous-vêtements
- hauts
- bas
- accessoires
- chaussures
- tenues complètes

> Les formes, les motifs et les matières

a. Dites quels vêtements ou accessoires peuvent être…
à manches longues (≠ courtes) – à talon (≠ plates) – à capuche

b. Complétez le motif correspondant.
à pois – ~~uni(e)~~ – à carreaux – à paillettes – à rayures

a. uni(e)   b. …   c. …   d. rayé / …   e. …

c. Indiquez l'origine de ces matières (animale ou végétale).
le jean – le lin – la laine – le coton – la soie

> S'ENTRAÎNER 1

5 Debout !

a. Circulez dans la classe et observez la tenue de chaque personne.

b. En cercle. Fermez les yeux. À votre tour, décrivez une personne de mémoire. Les autres devinent qui c'est.
Ex. : Cette personne porte une jupe en jean, une chemise à pois et une ceinture en cuir rouge. → C'est Sandra !

6 🔊 021
Écoutez ce dialogue dans la même boutique. Identifiez la situation : qui parle ? que font-ils ?

7 🔊 021
Réécoutez.

a. Trouvez quels articles la cliente regarde. Dites lesquels elle essaie. Justifiez (citez les paroles).

b. Relevez les appréciations sur chaque article regardé. Puis dites quels articles elle achète finalement.

8 🔊 021
Réécoutez. Relevez les questions du vendeur pour… accueillir les clientes – demander la taille / la pointure – connaître le choix des clientes – demander le mode de paiement

zoom Langue

Faire un achat vestimentaire

Complétez les interactions.

Vendeur(euse)	Client(e)s
… ? / Vous cherchez quelque chose ?	→ Je cherche … .
… ?	→ Je fais du … .
… ?	→ Je fais / chausse du … .
… ?	→ Par carte.

Faire une appréciation sur une tenue

a. Complétez avec les mots équivalents ou contraires.
classique – mignon(ne) – pas mal *(fam.)* – élégant(e) – classe *(fam.)*
joli(e) = … ≠ moche *(fam.)* – bien = … – chic = … = … – original(e) ≠ …

b. Classez les appréciations.
C'est dans le style de… – Ça me va vraiment bien / parfaitement. – C'est assorti à… – Ça ne me plaît pas (trop). – Ce n'est pas mon style.

Pour dire que / qu'…
- deux articles vont ensemble. → …, …
- un article est adapté à la personne. → …
- un article n'est pas adapté à la personne. → …
- on n'aime pas un article. → …

Les pronoms interrogatifs *lequel, laquelle, lesquel(le)s*

a. Observez. Que remplacent *laquelle, lesquelles* et *lequel* ? Associez.

Laquelle vous choisissez ?   • Quel sac à main ?
Lesquelles voulez-vous essayer ?   • Quelle robe ?
Lequel voulez-vous voir ?   • Quelles chaussures ?

b. Complétez le tableau.

	Masculin	Féminin
Singulier	…	…
Pluriel	lesquels	…

Les verbes en -*yer* et le verbe *voir* au présent

a. Ce sont des verbes à deux bases. Observez et complétez.
J'**essaie** la robe en soie. Les chaussures sont ici, vous **voyez** ?

Essayer	Voir
j' …	je …
tu …	tu **voi**s
il / elle / on **essaie**	il / elle / on …
nous **essay**ons	nous **voy**ons
vous …	vous …
ils / elles **essai**ent	ils / elles **voi**ent

b. Conjuguez le verbe *payer* au présent.

> S'ENTRAÎNER 2, 3, 4

9 PRONONCIATION ▷ 04
Le son [j]

a. 🔊 022 Écoutez : vous entendez [j] dans le premier ou le deuxième mot ?

b. 🔊 023 **Debout !** Écoutez : vous entendez [j] dans quel mot ? Faites le geste correspondant.

Premier mot → 👆   Deuxième mot → ✌️

Ex. : rayures – rainures →

c. 🔊 024 Écoutez et répétez.

10 S'EXPRIMER ✏️

Vous organisez un vide-dressing.

a. Listez vos vêtements ou vos accessoires à donner. Préparez une fiche par article avec sa description et le prix que vous demandez.

b. En petits groupes Présentez vos articles et faites des échanges équitables : quels articles vous intéressent ? Contre quoi pouvez-vous les échanger ?

TÂCHE CIBLE : Composer une tenue

LA MALLE FRANÇAISE — CONCEPT ENGAGEMENTS SECONDE MAIN

Optez pour la malle de seconde main !
Nous vous offrons la possibilité de recevoir une box de vêtements de seconde main, contenant 4-5 articles sélectionnés sur-mesure pour chaque cliente.
Votre styliste personnel(le) sélectionne pour vous les vêtements et vérifie l'état et les mesures de chaque article.
Avant envoi, les vêtements sont lavés et repassés. Une expérience comme neuve !

1 *Parlez avec votre styliste personnel(le)*
Créez votre profil et répondez à un questionnaire avant le rendez-vous téléphonique avec votre styliste.

2 *Recevez votre box de vêtements*
Recevez 4 à 5 articles de seconde main (vêtements, chaussures et accessoires), sélectionnés exclusivement pour vous selon votre style et votre morphologie.

3 *Essayez et achetez*
Essayez les pièces tranquillement chez vous sous 7 jours et gardez les pièces que vous préférez. Retournez les articles que vous n'aimez pas gratuitement avec une étiquette prépayée.

1 Préparez-vous !
Vous allez choisir des articles de seconde main pour composer une tenue.
a. Lisez. Identifiez ce que La Malle française propose et les étapes à suivre.
b. En petits groupes Imaginez un questionnaire pour obtenir des informations avant de composer une tenue (occasion pour la porter, style de la personne, taille et pointure, préférences sur les matières, les motifs...).
c. Partagez vos propositions avec la classe pour établir un questionnaire commun.
d. Répondez individuellement au questionnaire.

2 Réalisez !
a. En petits groupes Tirez au sort deux questionnaires complétés. Imaginez une tenue pour chaque personne en fonction de ses réponses : le type de vêtements, le style...
b. Sur des sites de vêtements de seconde main, choisissez des articles pour composer la tenue.
c. Réalisez une fiche pour présenter la tenue. Décrivez chaque article, indiquez son prix et le site d'origine. Ajoutez des photos.

3 Partagez !
a. Présentez vos propositions de tenues et dites à qui elles sont destinées.
b. Réagissez : les tenues correspondent-elles à la demande ? Est-ce qu'elles vous plaisent ?

S'entraîner

Décrire un vêtement, un accessoire

1 Décrivez les vêtements ou les accessoires des deux personnes (matière, motif, forme).

a.   b.

Faire un achat vestimentaire – Les pronoms interrogatifs *lequel, laquelle, lesquel(le)s*

2 Complétez avec *lequel, laquelle* ou *lesquel(le)s*. Puis reconstituez le dialogue.
La vendeuse :
a. Alors, ces bottines ? ... préférez-vous ? –
b. Quelle pointure faites-vous ? – **c.** Il y a ces trois couleurs. ... préférez-vous ? – **d.** Bien sûr ! Quelle est votre taille ? – **e.** Nous avons différents modèles. ... voulez-vous essayer ? – **f.** Vous cherchez autre chose ?
La cliente :
g. ~~Bonjour, je cherche des bottines.~~ – **h.** Oui, un pull en laine. Il y a d'autres couleurs pour ce modèle ? – **i.** Je chausse du 39. – **j.** Ces bottines plates et ce modèle à talon. – **k.** Les plates. Les autres ne me vont pas. – **l.** J'aime bien le bleu et le vert. Je peux les essayer ? – **m.** Je fais du 38.
– *Bonjour, je cherche des bottines.*
– ...

Faire une appréciation sur une tenue

3 Associez pour reconstituer les appréciations.
a. Ce pantalon est parfait pour une soirée chic,
b. Tu es superbe avec ce manteau,
c. Ce pull ne me plaît pas,
d. Le foulard est assorti à la robe,
e. Le chemisier n'est pas très original,
f. Ce sac est mignon,

1. il a de jolis motifs.
2. il est très élégant !
3. c'est un style assez classique.
4. il est dans le même style.
5. je le trouve moche !
6. il te va vraiment bien !

Les verbes en *-yer* et le verbe *voir* au présent

4 Complétez avec *essayer, payer* ou *voir* au présent.
a. Vous ... comment, par carte ou en espèces ?
b. Tu ... les bottes pour voir si elles te vont ?
c. Tu ... cette petite robe noire, là-bas ? Elle est mignonne !
d. Nous ne ... pas les pantalons. Où sont-ils ?
e. Emma et Doria sont en cabine : elles ... des vêtements.
f. Il y a une petite tache sur ce chemisier, vous ... ?

À retenir

Récap' lexique et communication

Les vêtements et les accessoires

1 En petits groupes

a. Complétez avec les mots de la leçon.

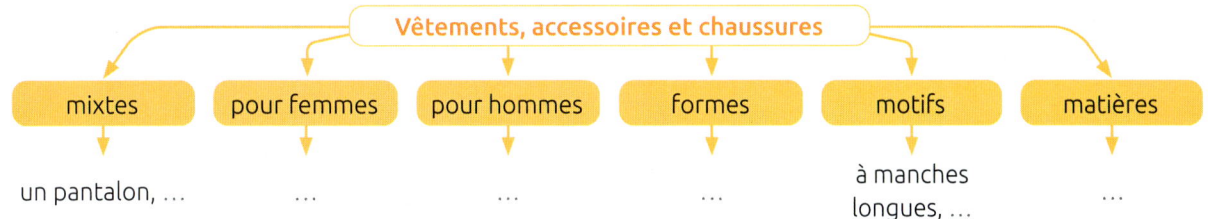

un pantalon, … … … … à manches longues, … …

b. Partagez vos connaissances ! Ajoutez d'autres mots dans les catégories.

Faire un achat vestimentaire

2 Complétez la grille.

Demander / dire…	
l'article recherché	*Vous cherchez quelque chose en particulier ? / Je cherche…*
la taille	…
la pointure	…
le mode de paiement	…

Faire une appréciation sur une tenue

3 Classez les appréciations.

Appréciations positives : …   Appréciations négatives : …

Récap' grammaire

Les pronoms interrogatifs *lequel, laquelle, lesquel(le)s*

Ils remplacent **quel(le)(s)** + nom.

	Masculin	Féminin
Singulier	lequel	laquelle
Pluriel	lesquels	lesquelles

Les verbes en *-yer* au présent 🔊 025

j'	essaie
tu	essaies
il / elle / on	essaie
nous	essayons
vous	essayez
ils / elles	essaient

 **le mot du prof**
- Autre verbe comme *essayer* : *payer*.
- Les verbes comme *envoyer, nettoyer* et *tutoyer* se conjuguent comme *essayer* : *j'envoie, nous nettoyons*…

Le verbe *voir* au présent 🔊 026

je	vois
tu	vois
il / elle / on	voit
nous	voyons
vous	voyez
ils / elles	voient

quarante et un | 41

Sociétés

Les vide-greniers, une passion française

○ **50 000.** C'est l'estimation du nombre de vide-greniers organisés chaque année en France. Un chiffre en hausse depuis dix ans.

Brocantes, vide-greniers… Chaque week-end en France, les marchés occasionnels qui proposent bibelots, mobilier, vêtements de seconde main rencontrent un grand succès. Une grande partie de la population française fréquente ces lieux de ventes entre particuliers, même si les raisons de s'y rendre sont très diverses. Pour certains, ces brocantes en plein air sont avant tout un prétexte à la balade ; pour d'autres, ils représentent une vraie chasse au trésor, avec l'espoir de trouver l'objet recherché ou la perle rare.

○ **Plus d'un Français sur deux se prête au jeu**

54 % des Français ont acheté ou vendu au moins un objet en brocante dans l'année.
12 % de la population fréquente les vide-greniers chaque mois.
5 % y va toutes les semaines.

○ **2 stands par an au maximum**

C'est la limite imposée aux particuliers pour ne pas concurrencer les brocanteurs professionnels. La location de l'emplacement coûte entre 3 et 20 euros le mètre linéaire.

○ **Que vient-on y chercher ?**

– Des vêtements et des accessoires de mode
– Des jouets et des jeux de société
– Des objets de décoration
– Des livres
– Des outils
– De la vaisselle

1 Observez les affiches.
   a. Identifiez les événements annoncés.
   b. Un vide-grenier, qu'est-ce que c'est ? Faites des hypothèses.

2 Lisez l'article.
   a. Vérifiez vos hypothèses.
   b. Trouvez dans l'article des informations qui justifient le titre *Les vide-greniers, une passion française*.
   c. Identifiez les motivations des gens qui vont dans les vide-greniers et le type d'objets recherchés.

3 ▷ 05 Regardez la vidéo. Retrouvez les informations déjà données dans l'article et identifiez les informations supplémentaires.

4 Échangez ! Est-ce que ce phénomène connaît le même succès dans votre pays ? Est-ce que vous avez déjà acheté ou vendu dans un vide-grenier ?

Fenêtre sur…

Patrimoines

1 Observez la couverture de ce livre.

a. Connaissez-vous ces objets ? Pouvez-vous les nommer ?

b. Connaissez-vous d'autres objets typiquement français ?

2 Lisez le résumé de la quatrième de couverture et donnez la définition d'un « objet culte ».

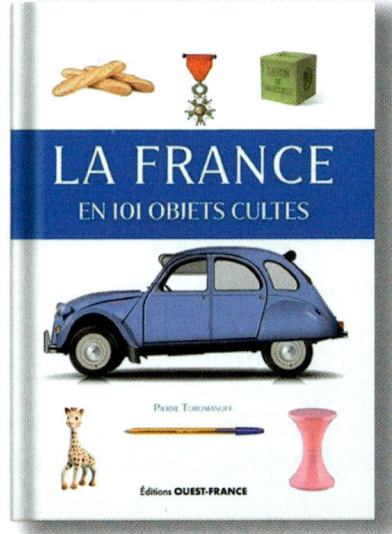

De la baguette au K-Way et de la boule de pétanque à l'Opinel, les cent un objets rassemblés dans cet ouvrage font partie de notre vie quotidienne ou de notre mémoire nationale. Produits du génie français, ils sont devenus des objets cultes qui traversent les générations : ils reflètent l'art de vivre à la française ou sont emblématiques de l'histoire de France. Chacun peut y trouver son objet fétiche qui réveille bien des souvenirs.

Dossier 2 — Fenêtres sur…

Fenêtres sur…

L'OPINEL

L'Opinel est bien plus qu'un couteau de poche classique. Joseph Opinel n'avait que 18 ans quand il l'a créé, en 1890. Le succès de ce couteau, léger, maniable, pratique et élégant, a été immédiat : en 1897, il existait déjà dans une douzaine de tailles différentes, qui sont encore au catalogue aujourd'hui. Vendu à un million d'exemplaires chaque année, l'Opinel est réputé pour sa solidité : la lame en acier au carbone offre une qualité de coupe exceptionnelle et ne se casse presque jamais. Il est le compagnon idéal des jardiniers, des cuisiniers, des campeurs, des artistes…

La chaise MULLCA 510

Elle rappelle les années d'école, de collège et de lycée : la chaise Mullca 510 a été LA chaise des élèves pendant des décennies. Dessinée par Robert Müller et Gaston Cabaillon, c'est un modèle de design industriel en métal et en bois. Très légère, elle est empilable et très solide. Les pieds en plastique glissent facilement sur le sol et le dossier courbé permet aux élèves de garder le dos droit. Tous ces avantages ont fait de la Mullca 510 l'incontournable chaise d'écolier de 1964 à la fin des années 1990. Les nostalgiques la trouvent facilement dans les brocantes, mais on en voit encore beaucoup dans les écoles et autres lieux publics.

Les sandales MÉDUSE®

Après la Seconde Guerre mondiale, l'industrie de la chaussure manquait de cuir et de toile. C'est dans ce contexte que Jean Dauphant a imaginé une sandale en plastique souple et solide. Son surnom, la « méduse », vient de son apparence douce et transparente et de sa présence massive sur les plages françaises au début des années 1950. Sa semelle à crampons permettait de marcher sur les rochers. C'était un article abordable et durable qui a connu un succès immédiat. Après un déclin dans les années 1990, les sandales « Méduse® » ont fait un retour au début des années 2000. Le modèle est toujours produit actuellement.

3 Découvrez l'histoire de trois objets cultes.

a. Trouvez ce qui a fait le succès de ces objets et dites s'ils sont encore utilisés de nos jours.

b. Identifiez l'histoire de leur création.

4 Regardez la liste suivante d'objets cultes.

a. Retrouvez les objets illustrés sur la couverture du livre.

b. **En petits groupes** Choisissez deux objets de la liste. Faites des recherches et expliquez leur histoire.

- le stylo Bic
- le tabouret Tam-Tam
- la cocotte Le Creuset
- Sophie la girafe
- la charentaise
- l'économe
- la marinière
- le bol breton
- le savon de Marseille
- le K-Way
- la 2CV (deux-chevaux)

Stratégies et outils pour... interagir à l'oral

Clarifier, faire clarifier des paroles – Compenser un manque de vocabulaire

1 🔊 027 **Écoutez les dialogues. Identifiez dans chaque dialogue la stratégie utilisée par la personne non francophone. Choisissez dans la liste.**

- compenser un manque de vocabulaire
- demander de répéter
- demander de traduire
- demander de clarifier
- demander de parler lentement

2 🔊 028 **Réécoutez le dialogue 1.**

a. Lisez et retrouvez :
– la formule utilisée par la personne non francophone ;
– la formule utilisée par la personne francophone pour clarifier ses paroles.

b. Lisez et identifiez les formules pour : demander de clarifier | clarifier

- Vous pouvez me donner un exemple ?
- Ça veut dire (que)…
- C'est-à-dire ?
- Qu'est-ce que vous voulez dire ?
- C'est-à-dire, …
- Je veux dire (que)…
- Par exemple, …

3 🔊 029 **Réécoutez le dialogue 2.**

a. Trouvez comment la personne non francophone compense son manque de vocabulaire. Cochez.
☐ Elle donne une description / définition de l'objet.
☐ Elle dit le mot dans sa langue mais le prononce à la française.
☐ Elle dit le mot en anglais.
☐ Elle donne un autre mot (d'un objet semblable).

b. Lisez. On veut faire comprendre quel mot ? Associez.

des bottines | un bonnet | raccourcir | un parapluie

1. Je ne connais pas le verbe… C'est quand on coupe le bas du pantalon pour le faire plus court.
2. C'est un truc qu'on utilise quand il pleut.
3. C'est comme un chapeau, mais pour l'hiver, pour le ski.
4. C'est pas des bottes mais ça ressemble à des bottes, c'est plus petit.

Et vous, quelles techniques ou formules utilisez-vous pour faire comprendre un mot que vous ne savez pas dire ?

Entraînement DELF A2

Compréhension de l'oral

Exercice 1 Comprendre l'information essentielle de courtes émissions de radio

🔊 030 Vous êtes en France. Vous écoutez la radio. Lisez les questions. Écoutez les documents puis répondez.

🔊 031 **Document 1**

1 Où peut-on trouver la nouveauté annoncée dans cette émission ?

a. ☐   b. ☐   c. ☐

2 Chez Quali'vrac 31, on trouve des produits alimentaires…
a. ☐ exotiques.   b. ☐ ethniques.   c. ☐ régionaux.

🔊 032 **Document 2**

3 Le numéro universel 118XYZ permet de retrouver…
a. ☐ un ami du passé.   b. ☐ une personne célèbre.   c. ☐ un membre de sa famille.

4 Comment peut-on recevoir des informations sur la personne recherchée ?

a. ☐   b. ☐   c. ☐

🔊 033 **Document 3**

5 À La Courtoise Ressourcerie, on trouve des objets…
a. ☐ rares.   b. ☐ neufs.   c. ☐ d'occasion.

6 Pour acheter des objets à la ressourcerie, il faut…
a. ☐ téléphoner.   b. ☐ aller sur Internet.   c. ☐ visiter la boutique.

Compréhension des écrits

Exercice 2 Comprendre une correspondance personnelle simple et brève

Vous recevez ce mail d'amis français.

nouveau message

Salut,
Les anciens élèves du lycée Jean-Jaurès de Gaillac organisent leur dîner annuel, au restaurant Chez Norbert en face de la mairie. Vous vous souvenez ? Norbert, c'était le fils du boulanger. Il n'aimait pas l'école et il a quitté le lycée pour aller travailler avec son père. C'était un garçon très gentil. On pouvait toujours compter sur lui. Il était drôle et il ne se disputait jamais avec ses copains. Tout le monde a gardé un excellent souvenir de lui. Maintenant, il est chef cuisinier. Pour l'occasion, il nous a réservé une grande salle dans son restaurant. Il va préparer des spécialités locales. Rendez-vous le 16 mai à 20 h 30.
Pour confirmer votre présence, appelez au 06 35 36 47 48 avant le 10 mai.
À bientôt,
Les copains du Jaurès

Entraînement DELF A2

Pour répondre aux questions, cochez (✗) la bonne réponse.

1 Vous êtes invité à quel événement ?

a. ☐

b. ☐

c. ☐

2 Norbert a quitté l'école parce que / qu'…
a. ☐ il n'aimait pas étudier.
b. ☐ il voulait devenir cuisinier.
c. ☐ son père voulait qu'il travaille.

3 Quel a été le premier métier de Norbert ?

a. ☐

b. ☐

c. ☐

4 Quand il allait au lycée, Norbert…
a. ☐ détestait ses amis.
b. ☐ était souvent triste.
c. ☐ était toujours disponible.

5 Pour le dîner, Norbert a proposé une salle…
a. ☐ chez lui.
b. ☐ à la mairie.
c. ☐ dans son restaurant.

6 Pour participer, il faut…
a. ☐ téléphoner.
b. ☐ écrire un mail.
c. ☐ envoyer un SMS.

Production écrite

Exercice 1 Décrire un événement ou raconter une expérience personnelle

Vous recevez ce mail de votre professeur de français. Vous rédigez votre texte. (60 mots minimum)

> **nouveau message**
>
> Chers élèves,
> Pour notre prochaine leçon en ligne, écrivez, sur l'ETC de la classe, un texte sur votre meilleur(e) ami(e). Parlez de ses qualités. Dites comment vous vous êtes rencontrés et décrivez votre relation avec cette personne.
> Morgane

Production orale

Exercice 2 Monologue suivi

Vous vous exprimez sur le sujet suivant.

Objet préféré
Quel objet préférez-vous dans votre habitation ? Pourquoi ? Décrivez-le. Où l'avez-vous acheté ?

DOSSIER 3
Choisir son cadre de vie

	Vous avez besoin de…	Vous allez apprendre à…	Vous allez…
Leçon 1	vous loger	définir des critères pour le logement	trouver un logement pour quelqu'un
Leçon 2	choisir un lieu de vie	définir des préférences pour le lieu de vie	attribuer des notes à des villes francophones
Leçon 3	comprendre et respecter des règles de vie citoyenne / de savoir-vivre	indiquer des règles de vie	faire une charte du « bien vivre ensemble »

Fenêtres sur…
- **Sociétés** Commenter des chiffres sur les Français et leur habitat
- **Littératures** Découvrir une représentation de l'exode urbain dans une bande dessinée

Stratégies et outils pour…
Comprendre un écrit
→ s'appuyer sur des indices textuels et sur ses connaissances

LEÇON 1 : Définir des critères pour le logement

> Trouver un logement pour quelqu'un

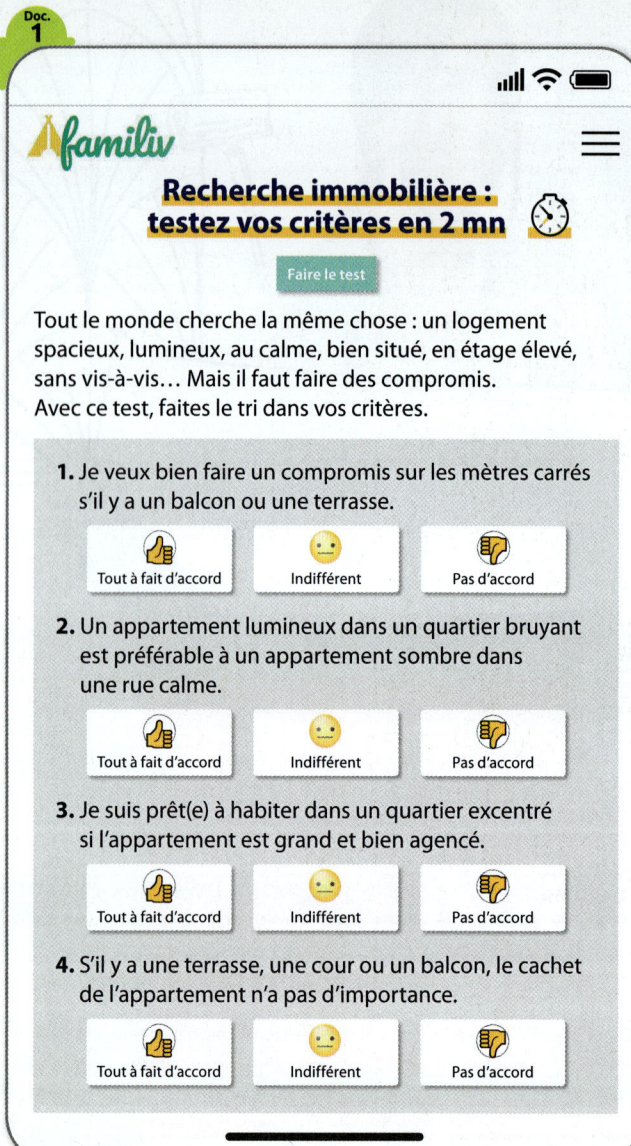

Doc. 1

Familiv

Recherche immobilière : testez vos critères en 2 mn

Faire le test

Tout le monde cherche la même chose : un logement spacieux, lumineux, au calme, bien situé, en étage élevé, sans vis-à-vis… Mais il faut faire des compromis. Avec ce test, faites le tri dans vos critères.

1. Je veux bien faire un compromis sur les mètres carrés s'il y a un balcon ou une terrasse.
   - Tout à fait d'accord / Indifférent / Pas d'accord

2. Un appartement lumineux dans un quartier bruyant est préférable à un appartement sombre dans une rue calme.
   - Tout à fait d'accord / Indifférent / Pas d'accord

3. Je suis prêt(e) à habiter dans un quartier excentré si l'appartement est grand et bien agencé.
   - Tout à fait d'accord / Indifférent / Pas d'accord

4. S'il y a une terrasse, une cour ou un balcon, le cachet de l'appartement n'a pas d'importance.
   - Tout à fait d'accord / Indifférent / Pas d'accord

1 a. Observez la page du site Familiv (doc. 1) et identifiez l'objectif du test.

b. Lisez l'introduction au test. En général, quels sont les critères de choix d'un logement ? Choisissez dans la liste et justifiez.
l'emplacement – le calme – la proximité des transports – le charme du logement – la surface – l'organisation des pièces – la luminosité – l'étage – la vue – le prix – la présence d'un espace extérieur

2 Lisez le test (doc. 1).

a. Identifiez quels critères de l'activité 1b sont évoqués dans les quatre affirmations. Justifiez (citez le texte).

b. Trouvez quels sont les critères prioritaires. Justifiez (citez le texte).

3 🔊 034 Écoutez le dialogue.

a. Identifiez la situation : qui sont les personnes ? De quoi parlent-elles ?

b. Trouvez le lien avec le test (doc. 1).

4 🔊 034 Réécoutez.

a. Identifiez dans la liste de l'activité 1b les critères importants pour Géraldine. Relevez les précisions qu'elle donne pour chaque critère.

b. Trouvez pour quels critères Géraldine est prête à faire un compromis et à quelle condition. Puis relisez le test (doc. 1) et cochez ses réponses.

zoom Langue

Les caractéristiques d'un logement (1)

Complétez le tableau avec les mots suivants.
cour – spacieux – bien agencé – animé – bien exposé – cachet – bruyant – balcon – excentré – exposé au sud – vis-à-vis

Critères	Un appartement…
l'emplacement	bien situé – dans le centre ≠ … – dans un quartier … ≠ calme
la surface	petit ≠ grand = …
l'organisation des pièces	…
la luminosité et l'exposition	lumineux – …, …
la vue	avec / sans …
le charme	charmant = avec du …
le calme	au calme ≠ …
l'espace extérieur	avec un …, une terrasse, une …

Exprimer une condition

a. **Observez. Dans chaque phrase, trouvez quelle partie indique une condition.**

> Je suis prêt à habiter dans un quartier excentré **si** l'appartement est grand.
> **S'**il y a un balcon, je veux bien prendre un appartement pas très grand.

b. **Complétez la règle.**
Pour exprimer une condition, on utilise **si** + verbe au … . Dans l'autre partie de la phrase, le verbe est au … .
! Devant **il**, **si** devient … .

> S'ENTRAÎNER 1, 2

5. **En petits groupes** À quelle(s) condition(s) êtes-vous prêt(e) à faire les choses suivantes ?

changer de logement   changer de ville
partir vivre à l'étranger   changer de travail

6. 🔊 035 Écoutez cette autre conversation entre les deux amis. Dites comment Géraldine a progressé dans sa recherche d'appartement et si elle veut acheter ou louer un appartement.

Doc. 2

leboncoin   ➕ Déposer une annonce   🔍 Rechercher

1 Appartement 3 pièces – 90 m²
935 € CC

Grenoble hypercentre, proche commerces et vieille ville. Appartement à louer de type T3, au 3ᵉ étage avec ascenseur. Grand séjour avec balcon, cuisine, deux chambres et une petite salle de bain. Chauffage individuel électrique. Cheminée, parquet, charme de l'ancien. Peintures à rafraîchir. Cave privative. Loyer 935 € charges comprises…
Voir plus

2 Appartement 3 pièces – 80 m²
862 €

Grenoble centre-ville proche gare. Appartement refait à neuf au 2ᵉ étage sans asc. Cuisine équipée, deux chambres, grande salle de bain. Chauf. indiv. élect. Petite cour intérieure commune, local à vélos. Loyer 862 € + 50 € de charges…
Voir plus

7. 🔊 035 Lisez les annonces (**doc. 2**) et réécoutez.

a. Associez chaque annonce à la localisation de l'appartement. Justifiez (citez les paroles).

boulevard Gambetta   cours Jean-Jaurès

b. Relevez les informations données par Géraldine et Arthur sur chaque appartement. Puis trouvez dans les annonces les précisions supplémentaires.

8. 🔊 035 Réécoutez.

a. Dites quel appartement Arthur préfère. Justifiez (citez les paroles).

b. Complétez les notes de Géraldine. Quel appartement correspond mieux à ses critères (act. 4b) ?

Appartement cours Jean-Jaurès		Appartement boulevard Gambetta	
Avantages	Inconvénients	Avantages	Inconvénients
…	…	- meilleur emplacement : plus près de la vieille ville que le premier - …	…

zoom Langue
Comparer des logements

> Les caractéristiques d'un logement (2)

a. Associez les termes aux critères suivants.

le type d'appartement   l'état   le charme   le prix
les équipements de l'appartement / de l'immeuble

~~trois pièces~~ – refait à neuf – cheminée – loyer – parquet – cave (privative) – bien isolé – chauffage individuel (électrique) – local à vélos – peintures à rafraîchir – charges (comprises) – ascenseur
Ex. : trois pièces → le type d'appartement.

b. Retrouvez la signification des abréviations suivantes.
T3 – CC – chauf. indiv. élec. – asc.

> La comparaison (supériorité et infériorité)

a. Observez. Dans quelles phrases est-ce que la comparaison porte sur la qualité (comment ?) ? sur la quantité (combien ?) ?

Je l'aime **moins** (que l'autre appartement).
Il est **plus** près de la vieille ville que le premier.
Il est **plus** beau (que l'autre).
L'appartement cours Jean-Jaurès a **moins d'**inconvénients (que l'autre).

b. Complétez avec *nom, adverbe, verbe, adjectif*.

La comparaison porte sur la qualité. { **plus / moins** + … ou … (+ que)

La comparaison porte sur la quantité. { – **plus / moins de** + … (+ que)
– … + **plus / moins** (+ que)

c. Observez puis cochez.
C'est un **meilleur** emplacement.
L'appartement est **mieux** situé.

Meilleur(e) est le comparatif (+) de ☐ bien ☐ bon(ne).
Mieux est le comparatif (+) de ☐ bien ☐ bon(ne).

(S'ENTRAÎNER 3, 4)

9 PRONONCIATION
La prononciation de *plus*

a. 🔊 036 Écoutez et dites si vous entendez [ply], [plys] ou [plyz].
Ex. : Il est plus bruyant. → [ply].

b. 🔊 037 Écoutez et répétez.

10 S'EXPRIMER

Vous comparez vos critères de recherche de logement.

a. Faites le test (**doc. 1**).

b. En petits groupes Échangez ! Quels sont vos critères prioritaires ? Justifiez et comparez vos réponses.

Dossier 3 · Leçon 1

TÂCHE CIBLE — Trouver un logement pour quelqu'un

1 Préparez-vous !

Vous allez chercher un logement pour une personne de votre classe qui veut s'installer en France.
a. Identifiez des personnes qui veulent habiter en France. Créez un groupe autour de chaque personne.
b. Observez la page du site Se loger. Identifiez l'objectif de la page et les critères à indiquer.
En petits groupes
c. Interrogez la personne qui veut s'installer en France sur ses préférences :
– le type de logement (maison, appartement…) ;
– la localisation (région, ville, quartier ou type de quartier) ;
– le budget (loyer maximum, charges à prévoir…) ;
– les caractéristiques du logement (surface, luminosité…).
d. Rédigez une liste avec tous les critères de la personne.

SeLoger + Déposer une annonce

Louer le bien qui me ressemble
À la recherche d'un logement pour y vivre ou pour vos études ?
800 000 annonces d'appartements ou de maisons à votre disposition pour répondre à votre besoin.

Pour moi Pour mon entreprise
Localisation — Budget maximum
Ville, quartier, région code postal… — €
☐ Appartement ☐ Maison + 🔍 Rechercher

Louer en France
Top régions : Bourgogne-Franche-Comté, Auvergne-Rhône-Alpes, Bretagne, Centre-Val de Loire, Corse, Grand Est, Hauts-de-France, Île-de-France, Normandie
Top villes : Paris, Lyon, Nantes, La Rochelle, Bordeaux, Montpellier, Rennes, Toulouse, Caen

2 Réalisez !

En petits groupes
a. Échangez votre liste de critères avec un autre groupe.
b. Faites une recherche sur Internet en fonction des critères indiqués sur la liste reçue.
c. Sélectionnez deux ou trois annonces.

3 Partagez !

a. Partagez sur votre ETC chaque liste de critères avec les annonces sélectionnées.
b. Lisez les annonces et réagissez : laquelle correspond mieux aux critères de la liste ?
c. Les personnes concernées par la recherche de logement indiquent leur annonce préférée et justifient.

S'entraîner

Les caractéristiques d'un logement (1)

1 Associez les informations équivalentes.

a. Le studio n'est pas dans le centre.
b. L'appartement a du charme.
c. Le quartier n'est pas calme.
d. Le logement a un espace extérieur.
e. L'appartement est grand.
f. Le soleil entre dans l'appartement.

1. Il est spacieux.
2. Il a un balcon.
3. Il est bruyant.
4. Il est excentré.
5. Il est lumineux.
6. Il a du cachet.

Exprimer une condition

2 Lisez les critères. Dites quel compromis chaque personne accepte de faire.

	Critères prioritaires	Critères secondaires
Ex. Issa	la surface	le cachet de l'appartement
a. Léa	le calme et la présence d'un espace extérieur	l'emplacement
b. Luc	l'emplacement	l'espace extérieur
c. Nour	la luminosité	le calme
d. Ali	l'organisation des pièces	la surface

Ex. : Si l'appartement est spacieux, Issa accepte de faire un compromis sur le cachet. / Si l'appartement est grand, Issa est prêt à prendre un appartement sans cachet.

Les caractéristiques d'un logement (2)

3 Complétez avec les mots suivants.

loyer – cachet – cave – travaux – chauffage – isolé – parquet – peintures – charges

a. – L'appartement est refait à neuf ?
– Non, il y a un peu de … : les … sont à rafraîchir.
b. Le … est de 695 € et les … sont comprises.
c. L'appartement a du … : il y a du … ancien au sol.
d. Il y a une … privative par appartement.
e. L'appart est bien … et il y a un bon … électrique.

La comparaison (supériorité et infériorité)

4 Comparez les deux appartements (emplacement, surface, étage, charme, travaux, pièces, loyer).

Émilie vit dans le quartier Cormontaigne, à 10 minutes à vélo du centre-ville de Lille. Son appartement est un deux pièces de 48 m², situé au 5ᵉ étage d'un immeuble ancien. Il a beaucoup de cachet, mais il n'est pas bien isolé : les fenêtres sont à changer. Émilie a une chambre spacieuse de 15 m² et un salon de 20 m². Elle paie 780 € par mois.

Fernando habite dans le centre-ville de Lille, dans un T2 de 46 m² proche du métro Rihour. Il a un grand séjour-cuisine de 25 m² et une belle salle de bain. Sa chambre est petite, mais bien agencée. C'est un appartement refait à neuf, situé au 3ᵉ étage d'un immeuble moderne. Le loyer est de 890 euros par mois, charges comprises.

À retenir

Récap' lexique

Les caractéristiques d'un logement
Complétez la carte mentale.

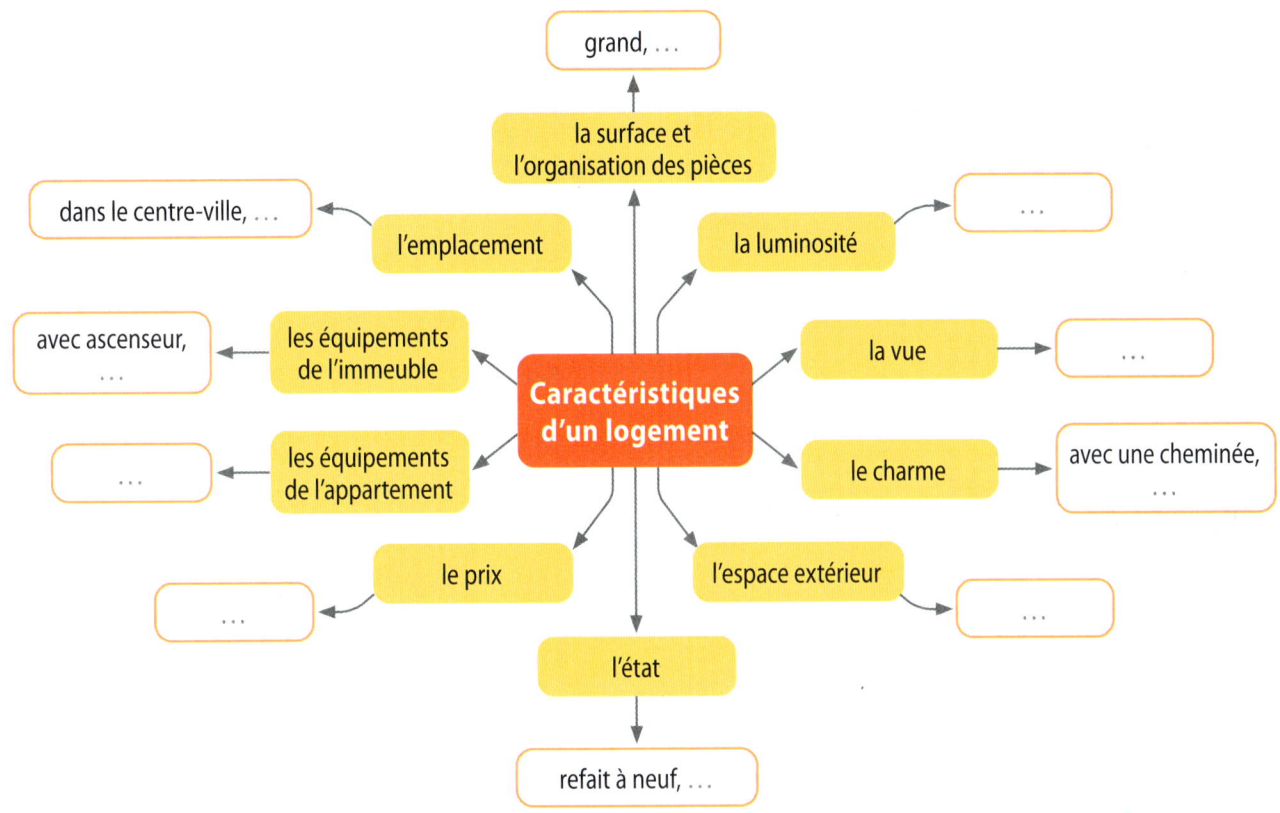

Récap' grammaire

Si + présent pour exprimer une condition

Pour exprimer une condition, on utilise :
Si + verbe au présent de l'indicatif + présent de l'indicatif.
Si l'appart a du charme, je suis prête à faire un compromis sur le balcon.

❗ Devant *il*, **si** devient **s'il** : *S'il y a une terrasse, le cachet de l'appartement n'a pas d'importance.*

On peut dire : *Si l'appart a du charme, je suis prête à faire un compromis sur le balcon.*
OU : *Je suis prête à faire un compromis sur le balcon si l'appart a du charme.*

La comparaison (supériorité et infériorité)

La comparaison porte sur la qualité :
plus / moins + adjectif (+ que…)
plus / moins + adverbe (+ que…)

→ *Il est **plus** près de la vieille ville (**que** l'autre appartement).*
→ *Il est **moins** lumineux.*

❗ Comparatif (+) de l'adjectif *bon(ne)* → *meilleur(e)*
Comparatif (+) de l'adverbe *bien* → *mieux*

→ *C'est un **meilleur** emplacement.*
→ *L'appartement est **mieux** situé.*

La comparaison porte sur la quantité :
verbe + **plus / moins** (+ que…)
plus / moins de / d' + nom (+ que…)

→ *Il me plaît **plus** (**que** l'autre appartement).*
→ *Il a **moins d'**inconvénients.*

LEÇON 2 — Définir des préférences pour le lieu de vie

Attribuer des notes à des villes francophones

Doc. 1

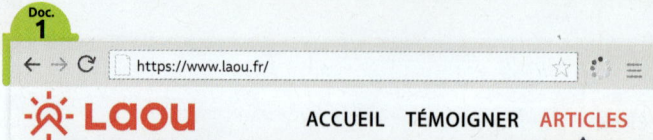

https://www.laou.fr/

☼ **Laou**   ACCUEIL   TÉMOIGNER   **ARTICLES**

QUITTER PARIS : QUELLE VILLE EST FAITE POUR VOUS ?

C'est décidé : cette année, vous quittez Paris ! Finis les embouteillages, les loyers élevés, la pollution, le stress, les foules de touristes, le métro bondé… et les autres mauvais côtés de la vie dans la capitale ! Mais vous n'avez pas encore choisi LA ville où vous allez vivre. Grande métropole ou petit village ? Ville familière ou ville inconnue ? On va vous aider à répondre à toutes ces questions !

LES CHOSES ESSENTIELLES À PRENDRE EN COMPTE

- **Critères personnels.** Déménager dans une ville que vous connaissez peut être plus facile : une ville où vous êtes né(e), où vous avez de la famille, où vous avez fait vos études… Avoir des proches sur place, c'est un avantage !
- **Prix de l'immobilier et coût de la vie.** En fonction de vos projets (achat, location), vous pouvez opter pour une ville où le coût des logements est plus bas. En dehors de Paris, le coût de la vie est moins élevé.
- **Accessibilité et transports.** Un inconvénient majeur de Paris est le temps passé dans les transports. Si vous quittez la capitale, vous allez avoir plus de temps libre pour vous ! Si vous voyagez beaucoup, vous pouvez choisir une grande ville facilement accessible, où il y a une gare TGV ou un aéroport proche. Mais attention, dans les grandes métropoles comme Toulouse, Lyon, Bordeaux, Lille ou Nantes, il y a aussi des embouteillages ! Beaucoup de grandes villes à taille humaine (entre 100 000 et 200 000 habitants) comme Angers, Caen ou Bayonne offrent une meilleure qualité de vie.
- **Environnement naturel et climat.** Mer ou montagne, ce n'est pas la seule alternative ! Il y a beaucoup de régions où les paysages sont remarquables. Et si vous recherchez une ville où le soleil est souvent présent, consultez le classement des villes les plus ensoleillées de France.

QUITTER PARIS POUR UNE VILLE DE PROVINCE DYNAMIQUE

Si, comme la moitié des Franciliens, vous souhaitez quitter Paris pour une ville de province de taille moyenne (jusqu'à 100 000 habitants), vous allez trouver un cadre de vie agréable, où les interactions avec l'entourage sont différentes : proximité des commerces et des services, rapidité pour se déplacer, atmosphère conviviale…
Saint-Malo, Vannes ou Dunkerque sont de bonnes options si vous souhaitez être proche de la mer. À l'intérieur des terres, des villes comme Auxerre, Valence ou Poitiers possèdent de nombreux attraits.

---

1 Regardez la page du site Laou (**doc. 1**). Identifiez les destinataires et l'objectif de la page.

2 Lisez la page.
a. Trouvez pour quelles raisons des Parisiens veulent déménager.
b. Relevez les deux principaux avantages de vivre en dehors de Paris.

3 Relisez.
a. Repérez les trois types de villes citées et classez-les par ordre de taille.
b. Quels sont les critères pour choisir un nouveau lieu de vie ? Choisissez et justifiez (citez le texte).
la qualité des écoles – la facilité pour se déplacer – le budget – la familiarité avec la ville – les activités culturelles – l'environnement – l'ensoleillement
c. Relevez les avantages de chaque type de ville (act. 3a).

zoom Langue

Parler d'un lieu de vie

▸ **Le pronom relatif *où* pour donner une précision sur un lieu**

Observez puis complétez.
Vous pouvez choisir une ville **où** il y a une gare TGV.
Il y a des régions **où** les paysages sont remarquables.

Le pronom **où** permet de réunir deux informations et remplace un complément de … .

▸ **Les caractéristiques d'un lieu de vie (1)**

a. Associez chaque critère à sa définition.

la qualité de vie • • l'aspect du lieu où on vit
le cadre de vie • • le prix des logements et des marchandises
le coût de la vie • • les éléments qui participent au bien-être des personnes

b. Classez les critères dans les catégories suivantes.
critères humains — critères économiques — critères climatiques — critères géographiques — critères pratiques

l'ensoleillement – le coût de l'immobilier / de la vie – la convivialité – l'accessibilité – l'environnement naturel – la proximité des commerces

c. Trouvez les adjectifs correspondant à ces noms.
la proximité – la convivialité – l'accessibilité – le dynamisme – l'ensoleillement

Exprimer une hypothèse sur un choix

a. Observez. Repérez quelle partie de chaque phrase exprime une hypothèse.
1. Si vous voyagez, vous pouvez choisir une grande ville.
2. Si vous quittez la capitale, vous allez avoir plus de temps libre.
3. Si vous recherchez une ville où le soleil est présent, consultez le classement.

b. Trouvez dans quelle(s) phrase(s) :
– on donne une information sur le futur ;
– on fait une suggestion.

S'ENTRAÎNER 1, 2, 3

zoom Culture

Les territoires et la population en France

a. Associez les expressions aux lieux correspondants.

en région parisienne — dans la capitale — en région / en province

hors de Paris et sa région parisienne – à Paris – en Île-de-France

b. Lisez et complétez avec les chiffres correspondants.
< 100 000 • < 2 000 • de 2 000 à 20 000 • > 100 000

Répartition de la population en France
76,5 % de la population française vit en milieu urbain, dans des villes, petites (… habitants), moyennes (… habitants) ou grandes (… habitants). 23,5 % de la population vit en milieu rural, dans des villages (… habitants).

4 💬 **En petits groupes** Expliquez où vous vivez (village ? petite/grande ville ? métropole ?) puis indiquez les avantages et les inconvénients de votre cadre de vie.

Doc. 2

Laou
CIAO PARIS, LE PODCAST DES FUTUR(E)S EX-PARISIEN(NE)S
Ciao Paris, c'est une conversation entre des personnes qui ont quitté Paris et la journaliste Valérie Bauhain.

5 Regardez l'annonce du podcast sur le site Laou (doc. 2).
a. Identifiez son thème et expliquez l'expression *futur ex-parisien(ne)*.
b. 🔊 038 Écoutez un extrait d'un épisode. Identifiez la situation : qui parle ? De quoi ?

6 🔊 038 Réécoutez.
a. Dites dans quelle ville Tiphaine et sa famille se sont installés et repérez un indice du succès de cette ville.
b. Identifiez pour quelles raisons ils ont quitté Paris.
c. Relevez leurs envies et leurs critères de choix.

7 🔊 038 Réécoutez.
a. Identifiez les changements positifs et les aspects négatifs de la vie de Tiphaine. Est-elle satisfaite de son nouveau lieu de vie ?

b. Sur quels aspects il n'y a pas de changement ? Choisissez dans la liste et justifiez (citez les paroles).
le temps passé au travail – les activités de loisirs – le temps passé dans les transports – l'offre de commerces – l'offre culturelle – la taille du logement – le budget pour le logement – la relation avec la famille

zoom Langue

Comparer des lieux de vie

> **La comparaison (égalité)**

a. Observez. Trouvez dans quelles phrases la comparaison porte sur la qualité (comment ?) et sur la quantité (combien ?).
1. Je travaille **autant qu'**avant.
2. Il y a **autant de** commerces **qu'**à Paris.
3. La vie culturelle est **aussi** riche **que** dans la capitale.
4. On voit notre famille **aussi** facilement **qu'**avant.

b. Complétez la règle avec *aussi* ou *autant*.

comparaison sur la qualité	… + adjectif ou adverbe (+ que)
comparaison sur la quantité	– … de + nom (+ que) – verbe + … (+ que)

> **Les caractéristiques d'un lieu de vie (2)**

Complétez les caractéristiques puis identifiez les avantages et les inconvénients d'une ville.
des loyers élevés = des loyers … ≠ bas – des gens ouverts ≠ des gens … – une ville sans espaces verts ≠ une ville … – une vie stressante ≠ une vie … – des embouteillages – une ambiance conviviale – une météo agréable – des transports en commun bondés *(familier)*

S'ENTRAÎNER 4

8 S'EXPRIMER ✏️

Vous écrivez un avis sur votre ville.

a. Lisez cet avis d'un habitant sur sa ville. Choisissez des critères pour évaluer votre ville puis donnez une note pour chaque critère.

b. Rédigez votre avis pour un site de classement des villes : décrivez les avantages et les inconvénients.

NOTEZ ET COMMENTEZ VOTRE VILLE : Maisons-Laffitte — 9.44

Environnement	Transports	Sécurité	Santé	Sports et Loisirs
10	9	9	8	9
Culture	Enseignement	Commerces	Qualité de vie	
9	8	8	10	

Les points positifs : c'est une commune près de Paris où le cadre de vie est agréable, avec le parc et les bords de Seine. Il y a beaucoup de commerces et l'immobilier est de bonne qualité. L'offre culturelle et les activités sportives sont variées.
Les points négatifs : il manque un lycée public. Le coût de la vie et des logements est élevé.

TÂCHE CIBLE : Attribuer des notes à des villes francophones

1 Préparez-vous !

Vous allez attribuer des notes à des villes francophones pour choisir un futur lieu de vie.
a. Observez les photos. Que représentent-elles ? Identifiez les pays.
b. Mettez-vous d'accord sur cinq critères importants pour le choix d'un lieu de vie (paysages, coût de la vie, ensoleillement…).
c. **En petits groupes** Choisissez sur les photos le pays qui vous attire et préparez votre « match » : recherchez des informations sur les deux villes pour les critères retenus (act. 1b).

2 Réalisez !

En petits groupes
a. À partir des informations trouvées, comparez pour chaque critère les attraits des deux villes et identifiez les avantages et les inconvénients.
b. Pour chaque critère, attribuez un point à la ville qui offre plus d'avantages. Écrivez un commentaire pour justifier, puis faites le total des points : quelle ville gagne le match ?

3 Partagez !

a. Présentez votre classement. Comparez vos notes avec les groupes qui ont choisi les mêmes villes.
b. Réagissez aux classements : dans quelle ville avez-vous envie d'aller vivre ?

S'entraîner

Le pronom relatif *où*

1 Transformez les deux phrases en une phrase.
Ex. : J'aime le quartier de Belle-Beille. Tu y habites. → J'aime le quartier de Belle-Beille où tu habites.
a. J'ai grandi dans un village. Il n'y avait que 500 habitants dans ce village.
b. On appelle métropole une très grande ville. Plus de 400 000 personnes y vivent.
c. Je déménage, je vais habiter dans une ville de taille moyenne. La qualité de vie y est meilleure.
d. J'habite sur une place animée. Il y a des cafés sympas sur cette place.
e. On cherche une ville au bord de la mer. On peut y pratiquer le surf.

Les caractéristiques d'un lieu de vie

2 Complétez le texte avec les termes suivants. Faites les modifications nécessaires.
cadre de vie – convivialité – proximité – dynamique – qualité de vie – ensoleillé – coût de la vie – accessible

Vivre à Paris : les bons et les mauvais côtés

Vivre à Paris offre des avantages. Les habitants aiment la … des commerces : il y a toujours une boulangerie, un supermarché pas loin. Tous les lieux de la capitale sont facilement … en transports en commun. C'est une ville …, il se passe toujours quelque chose !
Mais il y a aussi des mauvais côtés. Le … est très élevé. Les gens sont stressés et la … n'est pas toujours garantie. Le … est plus ou moins agréable : il y a de beaux quartiers et d'autres, beaucoup moins ! Enfin, les Parisiens manquent parfois de lumière, la région n'est pas très …. Beaucoup de Parisiens quittent la capitale pour trouver une meilleure ….

Exprimer une hypothèse sur un choix

3 Formulez une hypothèse et une suggestion ou une information sur le futur.
Ex. : quitter la capitale – avoir moins de stress → Si vous quittez la capitale, vous allez avoir moins de stress.
a. aller vivre à la mer → pratiquer des activités nautiques
b. partir au Japon → apprendre d'abord le japonais
c. s'installer à la campagne → profiter de la nature
d. changer de région → choisir une région au climat agréable
e. déménager dans une petite ville → passer moins de temps dans les transports

La comparaison (égalité)

4 Comparez les villes.
Ex. : Il y a beaucoup d'embouteillages à Marseille, comme à Paris. → Il y a autant d'embouteillages à Marseille qu'à Paris.
a. À Bondy, il y a 55 000 habitants et à Maisons-Alfort aussi.
b. On va vite pour faire Paris-Lille et aussi pour faire Paris-Tours : une heure.
c. Marseille est une ville très ensoleillée, comme Toulon (il y a en moyenne 170 jours de soleil par an).
d. Il y a le même nombre de cinémas à Quimper et à Saint-Malo : deux.
e. On paie le même prix pour acheter un logement à Annecy et à Bordeaux.
f. Les loyers sont chers à Marseille, comme à Toulouse.

À retenir

Récap' lexique

Les caractéristiques d'un lieu de vie

1 Complétez avec les critères correspondants.
l'ensoleillement – le prix des loyers – la présence d'espaces verts – les horaires de travail – le prix des sorties – le temps passé dans les transports – la proximité de la nature – le stress / le calme – la beauté des paysages – l'air pur / la pollution

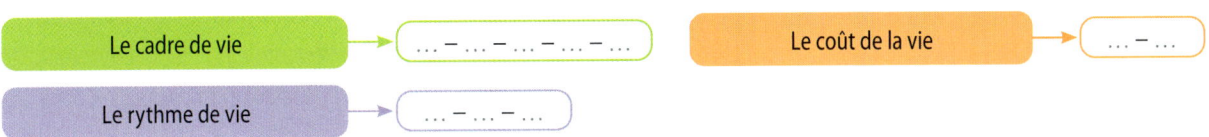

- Le cadre de vie → … – … – … – … – …
- Le coût de la vie → … – …
- Le rythme de vie → … – … – …

2 Faites les associations possibles. Indiquez les contraires.

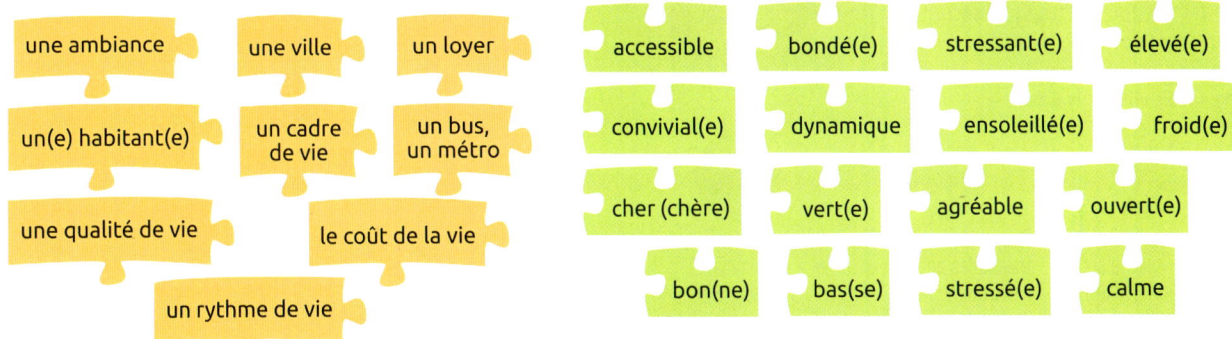

une ambiance – une ville – un loyer – un(e) habitant(e) – un cadre de vie – un bus, un métro – une qualité de vie – le coût de la vie – un rythme de vie

accessible – bondé(e) – stressant(e) – élevé(e) – convivial(e) – dynamique – ensoleillé(e) – froid(e) – cher (chère) – vert(e) – agréable – ouvert(e) – bon(ne) – bas(se) – stressé(e) – calme

Récap' grammaire

Le pronom relatif *où*

On utilise le pronom **où** pour relier deux phrases.
Il remplace **le complément de lieu** de la deuxième phrase.
*Vous recherchez une ville. Le coût des logements est bas **dans cette ville**.*
→ *Vous recherchez une ville **où** le coût des logements est bas.*

 ! *J'aime la région **où** tu habites.* (« la région » : **complément de lieu** du deuxième verbe)
*J'aime la région **que** tu m'as fait visiter.* (« la région » : **COD** du deuxième verbe)

Si + présent pour exprimer une hypothèse

Pour exprimer **une hypothèse**, on utilise **si** + verbe au présent de l'indicatif.
Dans l'autre partie de la phrase, on peut exprimer :

– **une suggestion :**
Si vous voyagez beaucoup, vous pouvez choisir une grande ville.
Si vous recherchez le soleil, consultez le classement.
Vannes ou Dunkerque sont de bonnes options si vous souhaitez être proches de la mer.

– **une information sur le futur :**
Si vous quittez la capitale, vous allez avoir plus de temps.

La comparaison (égalité)

La comparaison porte sur la qualité :
aussi + adjectif (+ que…) → *Le loyer est **aussi** élevé (**qu'**à Paris).*
aussi + adverbe (+ que…) → *On va chez eux **aussi** facilement (**qu'**avant).*

La comparaison porte sur la quantité :
verbe + autant (+ que…) → *Je travaille **autant** (**qu'**avant).*
autant **de / d'** + nom (+ que…) → *Il y a **autant de** commerces (**qu'**à Paris).*

LEÇON 3 : Indiquer des règles de vie

Faire une charte du « bien vivre ensemble »

Doc. 1

CHARTE DE PROXIMITÉ ET DU BIEN VIVRE ENSEMBLE

Bien chez soi bien ensemble

La charte est consultable sur : www.omhgrandnancy.fr

Madame, Monsieur,
Votre résidence est un lieu de vie collectif. Pour votre tranquillité, votre sécurité et le respect des lieux, nous vous invitons à suivre les recommandations et les règles de savoir-vivre suivantes.

Évitez de faire du bruit. Baissez le son de votre télé ou de votre musique. Faites attention à ne pas claquer les portes et soyez attentif à votre chien, ne le laissez pas aboyer.

Respectez le travail des agents d'entretien : merci de ne pas salir et de ne pas détériorer les parties communes.

Pensez à trier et à déposer vos sacs-poubelle dans le local à poubelles, ne les laissez pas sur votre palier. Faites attention à bien fermer les sacs pour ne pas attirer les cafards.

Pour éviter les accidents et pour la propreté des lieux, veillez à ne pas jeter d'objets par les fenêtres : mégots de cigarettes, déchets…

N'entreposez pas vos vélos ou poussettes dans les couloirs, cela gêne l'évacuation en cas d'incendie. Rangez-les dans les locaux prévus.

Merci de respecter votre emplacement de parking pour garer votre véhicule.

Circulez calmement dans les parties communes. Évitez de laisser les enfants courir et crier dans les escaliers et dans le hall d'entrée.

Vous organisez une fête ? Vous faites des travaux ? Pensez à vos voisins ! N'oubliez pas de les prévenir pour éviter les conflits.

---

1 Observez l'affiche (doc. 1) et identifiez le contexte : qui a créé l'affiche ? À qui est-elle destinée ? À votre avis, qu'est-ce qu'une charte de proximité ? Faites des hypothèses.

2 Lisez l'introduction de la charte (doc. 1).
  a. Vérifiez vos hypothèses (act. 1) sur sa fonction.
  b. Trouvez les trois objectifs des recommandations et des règles de savoir-vivre de la charte.

3 Lisez la charte en entier.
  a. Associez chaque recommandation ou règle à un objectif (act. 2b).
  Ex. : → la tranquillité des habitants.
  b. Indiquez ce qu'il faut faire et ne pas faire pour respecter la charte. Justifiez (citez les recommandations).
  Ex. : Il ne faut pas faire de bruit. → Évitez de faire du bruit…

zoom Langue

Savoir-vivre et habitat collectif (1)

a. Classez les actions dans les catégories suivantes.

| faire du bruit | ne pas respecter les lieux | respecter les habitants |

claquer les portes – détériorer le matériel – baisser le son – salir – laisser son chien aboyer – crier – jeter des déchets – prévenir ses voisins

b. Retrouvez le nom des parties communes correspondant aux définitions suivantes.
passage pour circuler entre les appartements – marches pour monter ou descendre – plateforme entre deux niveaux d'un escalier – place pour garer une voiture – lieu pour entreposer les poubelles – espace situé juste après la porte d'entrée

Faire des recommandations

a. Observez puis cochez.
Évitez de faire du bruit.
Soyez attentif à votre chien, **ne le laissez pas** aboyer.
Pour faire des recommandations, on utilise ☐ le présent ☐ l'impératif.
Évitez de faire… =   ☐ Faites… ! ☐ Ne faites pas… !
Pensez à faire… =   ☐ Faites… ! ☐ Ne faites pas… !
N'oubliez pas de faire… = ☐ Faites… ! ☐ Ne faites pas… !

b. Complétez avec des formulations équivalentes.
Faites attention à (ne pas) faire = …, …

c. Associez pour retrouver les structures possibles.
éviter – éviter de – faire attention à / veiller à / être attentif à – penser à – ne pas oublier de

| + verbe à l'infinitif | + ne pas + verbe à l'infinitif | + nom |

! On utilise **merci de** + (ne pas) + verbe à l'infinitif pour une recommandation moins autoritaire.

> S'ENTRAÎNER 1, 2

4 En petits groupes Dans quel type d'habitat vivez-vous : collectif ou individuel ? Est-ce que les gens respectent les règles de savoir-vivre ?

Doc. 2

Terrasses et jardins : les bonnes habitudes

Merci de respecter les règles suivantes concernant les espaces extérieurs.

 Toutes les personnes qui ont un espace vert privatif doivent l'entretenir : il est indispensable de tondre la pelouse et de tailler les arbustes régulièrement. Attention, défense d'utiliser des appareils de jardinage bruyants en dehors des horaires autorisés.

 Les abris de jardin d'une surface maximale de 6 m² sont autorisés. Ils doivent être démontables.

 Il est permis de faire des barbecues sur les terrasses ou les balcons mais il ne faut pas gêner le voisinage avec les fumées. Seuls les barbecues électriques sont autorisés.

 Il est interdit de mettre du linge sur le rebord des balcons et sur les clôtures des jardins.

 Pour la sécurité de toutes et tous, interdiction formelle de placer des jardinières ou pots de fleurs aux fenêtres.

 Tous les propriétaires de chiens doivent ramasser les déjections de leur animal. Il est obligatoire de les tenir en laisse pour les promener dans la résidence.

5 Observez l'affiche (doc. 2) et identifiez le point commun avec le doc. 1. Quelle est sa spécificité ?

6 Lisez.
a. Trouvez quelles règles concernent…
l'entretien et l'aménagement des lieux – la sécurité des habitants – le respect du voisinage – la propreté
b. Quelles règles s'adressent seulement à une catégorie d'habitants ? Justifiez (citez les règles).

7 Relisez.
a. Relevez les interdictions et les obligations.
Ex. : les interdictions → Défense d'utiliser des appareils de jardinage bruyants en dehors des horaires autorisés…
b. Vrai ou faux ? Justifiez (citez le texte)
1. Dans la résidence, on ne peut pas avoir un abri de jardin.
2. Les habitants ont le droit de faire des barbecues.
3. On peut utiliser tous les types de barbecues.

8 🔊 039 Écoutez les quatre dialogues. Identifiez les situations : qui parle ? De quoi ?

9 🔊 039 Réécoutez.
a. Dans chaque dialogue, trouvez la règle évoquée (doc. 2) et dites si elle est respectée.
b. Relevez les rappels des règles et les justifications données.

zoom Langue

Savoir-vivre et habitat collectif (2)

a. Trouvez dans la liste les activités de jardinage.
entretenir un espace vert – tondre la pelouse – ramasser les déjections / les crottes de chien – tailler les arbustes

b. Complétez avec les mots correspondant aux définitions.
un contenant pour planter des végétaux = …, … – un jardin = … – une construction pour ranger les outils de jardin = … – une séparation entre les jardins = … – un petit arbre = … – une surface recouverte d'herbe = …

Exprimer l'obligation, l'autorisation et l'interdiction

a. Complétez les formulations (act. 7a-b et 9b) pour exprimer…
– l'interdiction : il ne faut pas – il n'est pas permis de – il est … / défendu de – interdiction / … de – on n'a pas le … (de) – on ne peut pas
– l'autorisation : il est … de
– l'obligation : il faut – les habitants doivent – il est … / … de – on est … (de)

❗ Ces formulations sont suivies de l'infinitif.
Autre structure possible : verbe à l'infinitif / nom + *est permis / autorisé / interdit / défendu…*

b. Retrouvez une formulation équivalente à l'oral.
Il est interdit de mettre des pots de fleurs aux fenêtres.
Il est permis de tondre la pelouse le samedi.

Tout(e), tous, toutes

a. Complétez le tableau.

	Masculin	Féminin
Singulier	… le monde	… la résidence
Pluriel	tou**s** les gens	… les personnes

b. Observez puis associez chaque phrase à une affirmation.
1. **Tous** les gens qui ont peur des chiens 2. Pour la sécurité de **tous**

Tous est un pronom, il remplace « tous les habitants ».
Tous est un adjectif, il est suivi d'un nom.

c. 🔊 040 Écoutez puis cochez.
On prononce le **s** de **tous** quand c'est ☐ un adjectif ☐ un pronom.

(S'ENTRAÎNER 3, 4)

10 PRONONCIATION ▶ 06
La distinction [u] / [o] / [ɔ]

a. 🔊 041 Écoutez. Vous entendez : [u] comme dans *groupe*, [o] comme dans *nos* ou [ɔ] comme dans *bord* ?
[u] : … [o] : … [ɔ] : 1, …

b. 🔊 042 Écoutez et répétez.

11 S'EXPRIMER

Vous écrivez des règles pour un lieu public.
En petits groupes

a. Mettez-vous d'accord sur un lieu public où il y a des règles de savoir-vivre : une école, un parc, etc.
b. Écrivez les règles de ce lieu (recommandations, interdictions, obligations, autorisations). Puis présentez-les aux autres groupes. Ils devinent le lieu.

TÂCHE CIBLE — Faire une charte du « bien vivre ensemble »

1 Préparez-vous !

Vous allez faire une charte du bien vivre ensemble pour un tiers-lieu.

a. 07 Découvrez cette page de site Internet et regardez la vidéo. Donnez la définition d'un tiers-lieu, puis trouvez les fonctions possibles d'un tiers-lieu et des exemples d'utilisateurs.

En petits groupes

b. Vous créez un tiers-lieu. Mettez-vous d'accord sur ses spécificités : quelles sont les fonctions du lieu ? Qui sont les utilisateurs ?

c. Définissez le fonctionnement du lieu, puis imaginez les règles et les recommandations pour les utilisateurs.

2 Réalisez !

En petits groupes

a. Rédigez une courte introduction pour présenter votre tiers-lieu.

b. Écrivez sa charte avec les règles et recommandations pour les utilisateurs.

3 Partagez !

a. Présentez votre tiers-lieu et sa charte aux autres groupes.

b. Réagissez. Quel(s) tiers-lieu(x) avez-vous envie de fréquenter ? Pour y faire quoi ?

S'entraîner

Savoir-vivre et habitat collectif

1 Complétez avec les mots suivants.

salir – aboyer – escaliers – local à poubelles – crier – palier – détériorer – hall d'entrée

a. Pfff ! Ce chien n'arrête pas d'…, c'est fatigant !
b. Ne laisse pas la poubelle sur le …, mets-la dans le … .
c. Arrête de … ! Tu vas réveiller le bébé de la voisine !
d. Ne mets pas tes doigts sur le miroir de l'ascenseur, tu vas le … !
e. Veillez à ne pas … les murs du … quand vous déménagez des meubles.
f. Il y a du monde dans l'ascenseur, je monte par les … .

Faire des recommandations

2 Formulez les recommandations d'une charte correspondant au comportement de ces personnes. Variez les formulations.

Ex. : Louise écoute de la musique très fort. → Soyez attentifs à vos voisins, pensez à baisser le son.

a. Les enfants de Loris claquent toujours les portes.
b. Johanne fume à sa fenêtre et jette ses mégots de cigarette.
c. Luc laisse ses poubelles sur son palier.
d. Monsieur René gare souvent sa voiture sur l'emplacement de son voisin.
e. Sofiane et Arthur sont entrés dans l'immeuble avec leurs chaussures très sales.
f. Héloïse fait des gros travaux dans son appartement.

Exprimer l'obligation, l'autorisation et l'interdiction

3 Transformez les paroles en règles écrites. Variez les formulations.

Ex. : Vous devez tenir votre chien en laisse. → Il est obligatoire / indispensable de tenir son chien en laisse.

a. Tu n'as pas le droit de courir dans les couloirs !
b. Vous pouvez garer votre véhicule à cet emplacement.
c. Vous ne pouvez pas tondre votre pelouse un dimanche !
d. Vous avez le droit d'organiser une fête si vous prévenez vos voisins !
e. Pour bien vivre ensemble, on est obligés de respecter ces règles.
f. Il ne faut pas mettre des objets sur le rebord des fenêtres, c'est défendu !

Tout(e), tous, toutes

4 Complétez avec *tout*, *toute*, *tous* ou *toutes*.

> À … les vacanciers de la résidence du Soleil
>
> **Pour vivre en bonne entente avec … vos voisins, nous vous invitons à suivre les recommandations suivantes.**
>
> › Veillez à ne pas faire de bruit entre 22 heures et 6 heures du matin, dans … la résidence.
> › Faites attention à circuler lentement dans … le parking.
> › Pensez à … les personnes qui ont peur des chiens : tenez votre animal en laisse !
>
> **Nous vous souhaitons à … et à … un bon séjour dans cet immeuble !**

À retenir

Récap' lexique

Savoir-vivre et habitat collectif

1 **Classez les actions suivantes.**
~~salir les parties communes~~ – prévenir les voisins – jeter des mégots / déchets par la fenêtre – tondre la pelouse – crier – laisser son chien aboyer – tailler les arbustes – détériorer les locaux – claquer les portes – baisser le son

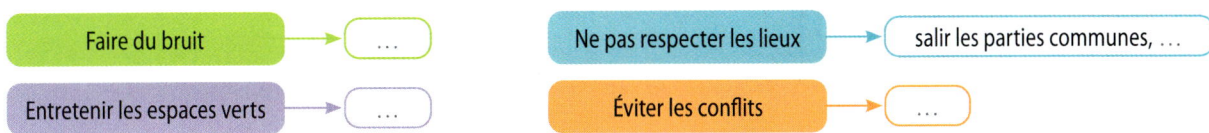

2 **Complétez le schéma avec les mots suivants.**
~~une jardinière~~ – un hall d'entrée – un couloir – un abri de jardin – une clôture – un escalier – un palier – un emplacement de parking – un local à poubelles – un espace vert

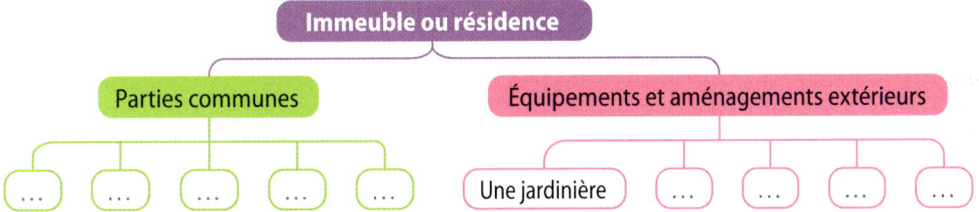

Récap' grammaire

Structures pour faire des recommandations
Pour faire des recommandations, on utilise souvent les verbes suivants à l'impératif : → **ne pas oublier de** – **éviter de** + verbe à l'infinitif → **faire attention à** – **veiller à** – **être attentif à** – **penser à** + verbe à l'infinitif / + nom → **ne pas oublier** – **éviter** + nom

Rappel

Présent :	Impératif :	
Vous circulez calmement.	Circulez calmement.	❗ Être : sois, soyons, soyez.
Tu ne **le** détache**s** pas.	Ne **le** détache pas !	Avoir : aie, ayons, ayez.
Vous **les** rangez dans les locaux prévus.	Rangez-**les** dans les locaux prévus.	

La forme impersonnelle pour exprimer l'obligation, l'autorisation et l'interdiction

il est + adjectif + **de** + verbe à l'infinitif
Il est obligatoire / indispensable / permis / interdit de tondre le gazon.

 À l'oral, on dit :
C'est obligatoire / indispensable / permis / interdit (de).

Rappel
Il faut / Il ne faut pas + *verbe à l'infinitif* exprime l'obligation ou l'interdiction.
Il faut respecter les règles. Il ne faut pas gêner le voisinage.

Tout(e), tous, toutes

Tout(e), **tous**, **toutes** est un adjectif indéfini quand il est suivi d'un nom. **tout** le monde **toute** la résidence **tous** les propriétaires **toutes** les personnes	**Tout(e)**, **tous**, **toutes** est un pronom indéfini quand il remplace un nom. *Pour la sécurité de **toutes** et **tous**. (= pour la sécurité de **toutes** les résidentes et de **tous** les résidents)*

Sociétés

OÙ HABITENT LES FRANÇAIS ?

Les Français **vivent en moyenne dans**
4 logements
pendant leur vie d'adulte.

56 %
des Français vivent dans
une **maison individuelle**.

RETOUR EN ENFANCE

Les Français recherchent souvent le type de logement qu'ils ont connu dans leur enfance.

Les personnes qui ont habité dans une maison veulent, plus que les autres, vivre dans une maison. Les personnes qui ont grandi à la campagne souhaitent retourner vivre en ruralité.

UN RÊVE : ÊTRE PROPRIÉTAIRE D'UNE MAISON À LA CAMPAGNE

JE N'AIME PLUS PARIS

Un Francilien sur deux
dit qu'il veut **quitter l'Île-de-France**
s'il doit déménager.

79 %
des Français souhaitent vivre
dans une **maison individuelle**.

72 %
des locataires veulent
devenir propriétaires.

65 %
des Français qui pensent déménager
veulent aller dans **une commune rurale ou
une petite ville** (moins de 20 000 habitants).

82 %
des habitants de Paris et sa proche
banlieue qui souhaitent déménager
**ne veulent pas aller dans une grande
ville de plus de 100 000 habitants**.

D'après Harris interactive – Procivis.

Fenêtre sur...

1 Lisez l'infographie sur les Français et le logement. Qu'est-ce que vous apprenez ? Est-ce que ces informations sont surprenantes pour vous ?

2 ▷ 08 Regardez la vidéo.

   a. Repérez les informations identiques à l'infographie.

   b. Indiquez les informations supplémentaires.

3 Et vous, où habitez-vous ? Menez l'enquête dans la classe !

   a. **En petits groupes** Indiquez le nombre de logements pendant votre vie adulte, le type de logement où vous vivez maintenant / où vous viviez pendant l'enfance, votre logement rêvé (type de logement et région).

   b. Mettez vos réponses en commun avec les autres groupes puis calculez les pourcentages.

Littératures

Paris, son métro, ses bouchons, ses grèves, ses commerçants pas aimables, pas franchement une vie de rêve ! Alors, un jour, Mademoiselle Caroline prend dans ses bagages son mec et ses enfants pour aller s'installer à la montagne.
Changer de vie. Respirer l'air pur. Trouver le temps de faire des choses. Enfin, ça, c'est pour la carte postale… Parce que la réalité est très différente. Elle a presque regretté le périph'*…
Et puis, finalement, après une période d'adaptation, cette citadine s'est habituée à sa vie « là-bas ». Au point de l'adorer et de ne surtout pas vouloir la quitter.

LES AVENTURES DRÔLES ET TENDRES D'UNE CITADINE EXILÉE VOLONTAIRE À LA MONTAGNE.

* Le périph' : le boulevard périphérique qui fait le tour de Paris.

Dossier 3 — Fenêtres sur…

1 a. Observez la couverture de cette bande dessinée. Identifiez son thème et son auteur.

b. Lisez la présentation de la BD sur la quatrième de couverture. Trouvez les raisons de quitter Paris et l'idéal recherché.

2 Observez la planche ci-contre et identifiez la ville. À partir des commentaires des personnages, que comprenez-vous des inconvénients de la vie à Paris ?

3 Lisez les deux autres planches ci-dessous. Identifiez les deux visions différentes de la vie loin de la capitale.

Stratégies et outils pour... comprendre un écrit

S'appuyer sur des indices textuels et sur ses connaissances

1 **En petits groupes** Réfléchissez à votre manière de lire en français. Dites quelles affirmations correspondent à vos habitudes.
– Vous observez d'abord le texte avant de le lire.
– Vous lisez le texte entier une première fois pour avoir une idée générale.
– Si vous ne comprenez pas des mots, ce n'est pas grave, vous continuez la lecture.
– Si vous ne comprenez pas un mot, vous vous arrêtez pour le chercher dans le dictionnaire.
– Si vous ne comprenez pas un mot, vous cherchez des indices dans le texte pour le comprendre.

SOCIÉTÉ

Pourquoi Angers est en tête du classement des villes où il fait bon vivre

REPORTAGE – Angers détrône Annecy cette année dans le classement de l'Association des villes et villages de France où il fait bon vivre. Et cela est notamment dû à son attractivité immobilière. C'est ce critère qui lui permet de prendre la place d'Annecy.

La première commune verte de France
Depuis quelques années, la ville, située à une heure trente de la capitale en TGV, attire notamment les Parisiens. Comme Juliette, 40 ans, installée en Maine-et-Loire depuis quatre ans. « J'en avais assez des loyers affolants de Paris et du temps perdu dans les transports. Angers, c'est une ville à la campagne, il y a de la nature partout. » Un tiers du territoire est végétalisé, ce qui en fait la première commune verte de France selon l'Observatoire des villes vertes.
À Angers, les maisons sont encore nombreuses, notamment les angevines, ces habitations traditionnelles que l'on retrouve à la Doutre, un quartier central aux allures de petit village.

L'attractivité augmente, les prix de l'immobilier aussi
Ces habitations sont victimes de leur succès. « Il y en a très peu de disponibles aujourd'hui, constate Antoine Charpentier, agent immobilier. Une maison de ce genre se vend aujourd'hui 50 % plus cher qu'il y a six ans. » ■

---

2 Observez l'article. Niels l'a lu et il a surligné des mots et expressions qu'il ne connaissait pas.

a. Voici comment il a fait pour les comprendre. Associez chaque solution de Niels à la / aux stratégie(s) correspondante(s).
1. en tête → Le mot suivant (« classement ») l'a aidé à comprendre le sens de cette expression.
2. classement → Il connaissait un mot de la même famille : le verbe « classer ».
3. détrône Annecy → Il a identifié que « détrône » est un verbe puis il a vu plus loin une expression équivalente : « prend la place d'Annecy ».
4. attractivité → Il a reconnu le mot parce qu'il est similaire en anglais (*attractiveness*).

> s'appuyer sur des connaissances (catégorie grammaticale, mots de la même famille...)
>
> s'appuyer sur la ressemblance avec une autre langue connue   s'appuyer sur le contexte

b. Identifiez les affirmations correspondant à la manière de lire en français de Niels.

> Si je ne comprends pas un mot, je ne peux pas comprendre le texte.
>
> Si je ne comprends pas un mot, ce n'est pas un problème, je vais chercher des indices dans le texte.
>
> Je lis d'abord le texte en entier pour avoir une idée générale.
>
> Je cherche dans le dictionnaire chaque mot que je ne connais pas.

3 **À vous !** Lisez l'article. Expliquez vos stratégies pour comprendre les mots ou expressions que vous ne connaissez pas.

Quelles stratégies allez-vous utiliser pour vos prochaines lectures en français ?

DOSSIER 4
S'insérer dans la vie active

	Vous avez besoin de/d'...	Vous allez apprendre à...	Vous allez...
Leçon 1	acquérir une expérience professionnelle	comprendre / faire un descriptif de poste	proposer des missions de service civique
Leçon 2	trouver un emploi	postuler à un emploi	réaliser un CV vidéo
Leçon 3	vous former	(vous) informer sur une formation	élaborer des fiches sur les formations en France

Fenêtres sur...	Stratégies et outils pour...
Sociétés Identifier les parcours d'études après le bac **Langages** Comprendre et prononcer des abréviations du monde du travail et de la formation	**Comprendre un oral** → accepter de ne pas tout comprendre → s'appuyer sur des éléments perçus

LEÇON 1 — Comprendre / Faire un descriptif de poste

> Proposer des missions de service civique

1 Regardez le site Internet (doc. 1).
a. Identifiez les destinataires et la fonction de la page.
b. Partagez vos connaissances ! Savez-vous à quoi correspondent les différentes solutions annoncées ?

2 🔊 043 Écoutez et identifiez la situation.

3 🔊 043 Réécoutez.
a. Repérez la profession de Nora. Puis repérez celle de Mathias et relevez ses compétences.
b. Expliquez pour qui la situation professionnelle actuelle est positive ou difficile.

4 🔊 043 Réécoutez.
a. Identifiez pour chaque personne les raisons du succès ou des difficultés. Justifiez (citez les paroles).
b. Dites quelle solution Nora propose à Mathias et quels sont les avantages et les inconvénients.

zoom Langue

Indiquer des compétences (1)

Observez puis complétez les structures verbales.
Nous ne **savons** pas comment faire.
Je **sais** créer des sites Internet, je **connais** les logiciels.
savoir (+ comment) + …   connaître + …

Les verbes *savoir* et *connaître* au présent

Ce sont des verbes à deux bases. Complétez les conjugaisons avec les bonnes couleurs.
je … – tu sai**s** – il / elle / on … – nous … – vous sav**ez** – ils / elles …
je … – tu connai**s** – il / elle / on connaî**t** – nous connai**ssons** – vous … – ils / elles …

L'emploi

Complétez avec les termes correspondant aux définitions.
un CDD – un poste – un stage – en alternance – embaucher – un petit boulot – un emploi – un salaire – un job (d') étudiant – une indemnité – recruter – un CDI – un service civique – postuler

– proposer un travail à quelqu'un → … = …
– un contrat de travail limité dans le temps → un … ≠ un …
– une somme d'argent reçue pour un travail effectué → une rémunération, un … ou une …
– un travail régulier dans une entreprise → un …
– une fonction dans une entreprise → un …
– proposer sa candidature pour un emploi → …
– une formation qui alterne des cours et de la pratique → une formation …
– une expérience en entreprise pour compléter une formation → un …
– un travail non qualifié (pendant les études) → un … = un …
– une mission dans une association ou un organisme public pour être utile à la société → un …

S'ENTRAÎNER 1, 2

zoom Culture

L'entrée dans la vie active en France

a. Indiquez quelles activités professionnelles font partie / ne font pas partie d'une formation.
le service civique – l'alternance – le job étudiant – le stage
b. Trouvez les deux activités salariées et les deux qui peuvent donner droit à une indemnité.
c. Échangez ! Est-ce que toutes ces situations existent dans votre pays ? Donnez des exemples.

5 **a. Debout !** Formez deux groupes : les personnes avec une activité professionnelle, les personnes en formation.

b. Échangez !
– Groupe 1 : quelles sont vos compétences ? Comment avez-vous trouvé votre premier emploi ?
– Groupe 2 : comment obtenez-vous de l'expérience pour votre futur métier ? Avez-vous un « petit boulot » ?

Doc. 2

CULTURE ET LOISIRS

L'association Art en Arles recherche un(e) volontaire pour sa communication.

Votre mission   **JE POSTULE**

⊙ Objectifs
Vous intégrerez l'équipe d'une petite association de promotion des arts visuels. Vous découvrirez la vie d'une association d'intérêt général.

≡ Actions
• Vous serez responsable du site Internet et de la communication : relations avec la presse, réseaux sociaux…
• Vous ferez la promotion des actions de l'association et vous défendrez ses valeurs. Vous aurez des contacts avec des publics variés.
• Vous travaillerez en collaboration avec d'autres volontaires.

💡 Capacité d'initiative
Le/La volontaire pourra faire des suggestions d'événements pour enrichir la programmation.

Profil
Vous avez entre 16 et 25 ans. Vous avez une bonne culture générale et des connaissances dans le domaine de l'art. Vous êtes capable de travailler en autonomie mais vous savez aussi travailler en équipe.
Techniquement, vous maîtrisez les logiciels de la suite Adobe. Vous avez de bonnes connaissances en graphisme et vous savez utiliser des logiciels de montage vidéo. Vous êtes à l'aise en anglais, à l'oral.

En pratique
Nous fournirons au/à la volontaire un ordinateur.
Nous lui proposerons des formations en fonction des besoins.
Le/La volontaire recevra l'indemnité légale de 600 € par mois. Des membres de l'association pourront proposer des solutions d'hébergement.
Lieu et durée de la mission : Arles, 10 mois à partir du 2 mai.

6 a. Observez l'annonce (doc. 2) et identifiez sa nature.
b. Lisez et trouvez qui publie l'annonce. Repérez le domaine d'activité de la mission.

7 Relisez.
a. Dites dans quel ordre ces informations sont données.
compétences de la personne recherchée – contexte de la mission – rémunération – période de la mission – futures tâches du/de la volontaire – encadrement prévu

b. Identifiez les compétences recherchées et dites si elles correspondent au profil de Mathias (act. 3). Justifiez (citez le texte).

8 Relisez.
a. Relevez les futures tâches du / de la volontaire.
b. Trouvez les informations sur le contexte de la mission, les aspects matériels et les aides prévues.

zoom Langue

Indiquer des compétences (2)

Complétez avec : *verbe à l'infinitif, nom, article + nom.*

avoir des (bonnes) connaissances { dans le domaine de + …
                                    en + …

être capable de + … ; être à l'aise en + … ; maîtriser + …

Le futur simple pour décrire une mission

a. Observez puis trouvez l'infinitif des verbes au futur.
Le volontaire **pourra** faire des suggestions. Il **recevra** l'indemnité.
Nous **fournirons** un ordinateur et **proposerons** des formations.
Vous **travaillerez** en collaboration.
Vous **ferez** la promotion et vous **défendrez** ses valeurs.
Vous **serez** responsable du site. Vous **aurez** des contacts.
Des membres **pourront** proposer des solutions.

b. Complétez la règle.
Les terminaisons du futur sont **-ai**, **-as**, -…, -…, -…, -… .
Pour les verbes à l'infinitif en **-er** et **-ir**, la base du futur est … .
Pour les verbes à l'infinitif en **-re**, on supprime le … de l'infinitif pour avoir la base du futur.
Bases de quelques verbes irréguliers :
avoir → *aur-* ; être → … ; faire → … ; pouvoir → … ; recevoir, devoir → …, *devr-* ; aller → *ir-* ; venir → *viendr-* ; vouloir → *voudr-* ; voir, envoyer → *verr-*, *enverr-*.

c. Conjuguez les verbes *faire* et *aller* au futur.

d. 🔊 044 **Écrivez le verbe *proposer* au futur. Puis écoutez-le et répétez. Que remarquez-vous ?**

S'ENTRAÎNER 3, 4

9 PRONONCIATION ▷ 09
Les sons [R] et [l]

a. 🔊 045 Écoutez et répétez.
b. 🔊 046 Écoutez. Vous entendez [R] comme dans *rien* ou [l] comme dans *lien* ?
c. 🔊 047 Écoutez et répétez.

10 S'EXPRIMER

Vous organisez un échange de compétences.

a. Listez vos compétences, professionnelles ou non. Lesquelles voulez-vous partager avec la classe ?
Ex. : Je sais cuisiner. Je suis capable de réparer un vélo.

b. Écrivez chaque compétence sur un post-it, avec votre prénom. Présentez vos post-it sur un panneau.

c. Regardez quelles compétences vous intéressent et proposez des échanges de services.

TÂCHE CIBLE : Proposer des missions de service civique

1 Préparez-vous !
Vous allez proposer des missions de service civique pour répondre à des besoins de votre école.
a. Ensemble, listez les besoins de votre école et vos souhaits pour améliorer les services : bibliothèque, ateliers en français, événements culturels, animations sportives, etc.
b. Lisez la présentation des 10 domaines d'action du service civique. Imaginez des missions pour votre école dans différents domaines de cette liste.

2 Réalisez !
En petits groupes
a. Choisissez une idée de mission (act. 1b) et imaginez les détails : quelles seront les tâches du/de la volontaire ? Faut-il un profil particulier ?
b. Rédigez l'offre de mission : domaine d'action, contexte (l'école, le nombre d'étudiants…), descriptif de la mission (objectif, futures actions), profil recherché (compétences), informations pratiques.

DEVENIR VOLONTAIRE EN SERVICE CIVIQUE, UNE EXPÉRIENCE UNIQUE DANS 10 DOMAINES DE MISSIONS

Dix thématiques prioritaires pour la Nation : Solidarité, Santé, Éducation pour tous, Culture et Loisirs, Sport, Environnement, Mémoire et Citoyenneté, Développement international et Action humanitaire, Intervention d'urgence en cas de crise et Citoyenneté européenne. Les missions de service civique s'inscrivent toutes dans une de ces dix thématiques prioritaires.

3 Partagez !
a. Partagez vos offres sur l'ETC.
b. Réagissez et modifiez si nécessaire les descriptifs des missions. Quelles offres de mission vous semblent les plus utiles pour votre école ? Proposez-les à la direction.

S'entraîner

Indiquer des compétences (1)

1 Complétez avec *savoir* ou *connaître* au présent.
a. C'est un bon prof, il … intéresser les élèves.
b. Nous ne … pas l'informatique, nous n'avons pas étudié ça.
c. Ces musiciennes … jouer de plusieurs instruments, elles … tous les styles de musique.
d. Mon ordinateur ne fonctionne plus : vous … comment le réparer ?
e. Tu … les logiciels de comptabilité ? Tu … les utiliser ?
f. Je … parler espagnol mais je ne … pas le portugais.

L'emploi

2 Mettez les mots soulignés à la bonne place. Faites les modifications nécessaires.

> Avant l'université, j'ai fait un <u>salaire</u> dans une association pour la protection des animaux. Quand j'étais étudiant, j'ai fait plusieurs <u>services civiques</u> : des jobs non qualifiés comme serveur, promeneur de chiens, etc. : j'avais besoin d'un <u>stage</u> pour payer mes études. Pendant ma 3e année, j'ai fait un <u>CDI</u> d'un mois dans une banque, sans <u>alternance</u> mais très intéressant. Pour ma dernière année d'études, j'ai fait mon master en <u>rémunération</u> dans la même banque. Après mon diplôme, ils m'ont proposé un <u>petit boulot</u> de six mois et ils ont promis de m'embaucher ensuite définitivement, en <u>CDD</u>.
> Timothée, 25 ans

Indiquer des compétences (2)

3 Reformulez les phrases à l'aide de ces expressions.
être capable de – avoir de bonnes connaissances (en) – maîtriser – être à l'aise
a. Je suis bilingue : <u>je parle parfaitement</u> le français et l'allemand.
b. Manuel s'intéresse beaucoup à l'histoire, <u>il connaît bien l'histoire</u> de France.
c. Stéphanie est diplômée en électronique, <u>elle peut</u> réparer tous les appareils.
d. <u>Il n'a pas de difficulté</u> pour parler en public.
e. Ta culture générale est impressionnante ! <u>Tu connais beaucoup de choses</u> dans tous les domaines.

Le futur simple pour décrire une mission

4 Transformez au futur simple.

Mission à l'Alliance française de Normandie
Le/La volontaire participe aux activités de la structure et fait des propositions d'actions.

Actions Vous mettez en place et animez un programme culturel. Vous recevez et accompagnez les étudiants. Vous êtes en contact permanent avec un tuteur. Pendant la mission, vous avez une formation aux gestes de premiers secours.

Capacité d'initiative Le/La volontaire peut faire évoluer sa mission. Nous organisons son hébergement. Tous les volontaires se réunissent deux fois par mois et nous leur proposons des activités pour découvrir la région. À la fin de la mission, ils réfléchissent à leur avenir avec leurs tuteurs, qui leur écrivent un bilan personnel.

À retenir

Récap' lexique

L'emploi

Complétez la carte mentale avec les mots suivants.
une indemnité – l'alternance – un CDD – embaucher – un petit boulot – un stage – un CDI – un salaire – un job étudiant

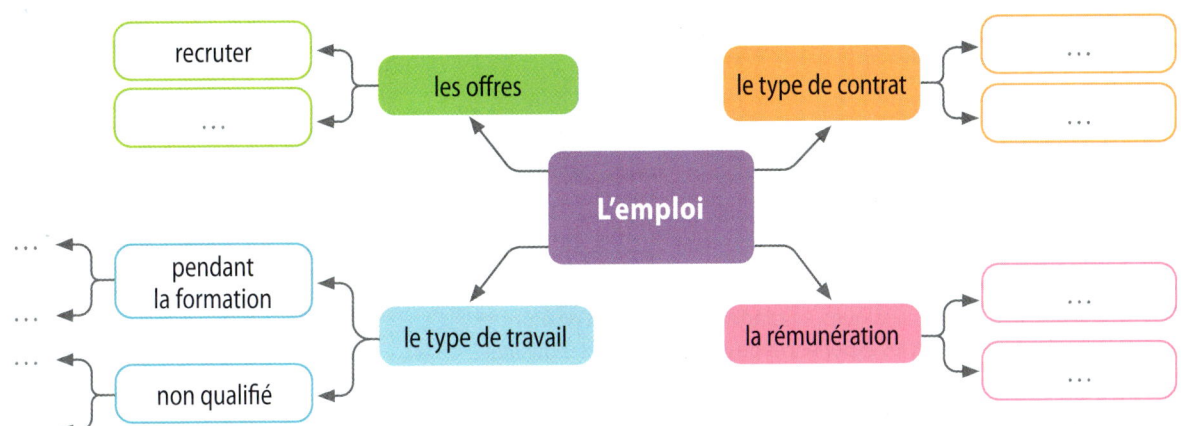

Récap' grammaire

Les verbes *savoir* et *connaître* au présent 🔊 048
Ce sont des verbes à deux bases.

je	sais		je	connais
tu	sais		tu	connais
il / elle / on	sait		il / elle / on	connaît
nous	savons		nous	connaissons
vous	savez		vous	connaissez
ils / elles	savent		ils / elles	connaissent

Indiquer des compétences

savoir (+ comment) + verbe à l'infinitif
être capable de + verbe à l'infinitif
connaître / maîtriser + article + nom
avoir des connaissances en ⎱ + nom
être à l'aise en ⎰

Qu'est-ce que tu sais faire ? Je sais (comment) créer des supports.
Vous êtes capable de travailler en autonomie.
Je connais / maîtrise les logiciels.
Vous avez de bonnes connaissances en graphisme.
Vous êtes à l'aise en anglais.

Le futur simple

Verbes en -*er* et en -*ir* 🔊 049
→ base : infinitif
+ terminaisons

Verbes en -*re* 🔊 050
→ base : infinitif sans *e*
+ terminaisons

Verbes irréguliers 🔊 051
→ base unique, différente de l'infinitif
+ terminaisons

	Travailler	Finir			Défendre		
je	travaillerai	finirai		je	défendrai		
tu	travailleras	finiras		tu	défendras		
il / elle / on	travaillera	finira		il / elle / on	défendra		
nous	travaillerons	finirons		nous	défendrons		
vous	travaillerez	finirez		vous	défendrez		
ils / elles	travailleront	finiront		ils / elles	défendront		

avoir → **aur-**
être → **ser-**
faire → **fer-**
pouvoir → **pourr-**
recevoir, devoir → **recevr-, devr-**
aller → **ir-**
venir → **viendr-**
vouloir → **voudr-**
voir, envoyer → **verr-, enverr-**

LEÇON 2 — Postuler à un emploi

Réaliser un CV vidéo

Doc. 1

talents tube — concept — offres d'emploi — candidatures — recruteurs

Les candidatures en vidéo

Découvrir les candidats d'une autre manière

Depuis quelques années, le profil LinkedIn et la vidéo de motivation sont les nouvelles tendances pour postuler à un emploi. Ils remplacent progressivement le CV et la lettre de motivation classiques. La candidature en vidéo ne montre pas seulement les savoir-faire et les expériences du candidat, mais des qualités qu'on ne voit pas sur le papier : son savoir-être. Talents Tube met en relation les recruteurs et les candidats, avec des vidéos. Un bon moyen de faciliter la sélection pour les entretiens d'embauche.

Exemples de vidéos de motivation
Ils ont postulé aux offres d'emploi vidéo sur Talents Tube.

Doc. 2

Lucille Bold — Journaliste

Expérience
- … web : blog *L'Actu.fr*
  … 2023 – aujourd'hui
- **Stagiaire** : *La Voix du Nord*
  avril – … 2023
- … : journal *La Voix des étudiants de Lille 3*
  2018 – …

Formation
- **ESJ Lille**
  Diplôme général de …
  … – juillet 2023
- **Université Lille 3**
  Licence d'…
  2018-2021
- **Lycée UWC Londres**
  2017-2018

Langues

---

1 a. Observez la page du site (doc. 1). Qu'est-ce qu'elle présente ? Faites des hypothèses sur l'objectif de Talents Tube.
b. Lisez le texte et vérifiez vos hypothèses.
c. Identifiez les nouvelles manières de postuler à un emploi et la manière classique. Trouvez un avantage de cette nouvelle façon de faire.

2 🔊 052 Écoutez un extrait d'une vidéo de motivation.
a. Qui parle ? Quelle est sa situation actuelle ?
b. Qu'est-ce que la personne présente ? Choisissez.
ses expériences professionnelles – sa scolarité et ses études – ses qualités professionnelles – ses engagements personnels – ses loisirs – les langues qu'elle parle – ses compétences – sa motivation pour un poste

3 🔊 052 Lisez le profil LinkedIn (doc. 2) et réécoutez.
a. Identifiez le parcours de formation de Lucille et ses expériences professionnelles. Puis complétez le profil avec ces informations.
b. Ajoutez les dates manquantes. Justifiez (citez les paroles).

4 🔊 052 Réécoutez et relisez.
a. Repérez les autres informations données, puis rédigez la suite du profil LinkedIn de Lucille.

b. Relevez ses précisions ou explications sur :
– ses choix pour les études ;
– son apprentissage du métier ;
– son implication dans une association.

zoom Langue

La candidature pour un emploi

Trouvez les mots correspondant aux définitions.
– les documents qui composent une candidature → un … ou un …, une vidéo de … ou une …
– la personne qui postule à un emploi → le / la …
– la personne qui propose une offre d'emploi → le / la …
– la rencontre entre ces deux personnes → l'…
– les différentes rubriques d'un CV → … (professionnelle), …, langues, …, … personnels

Présenter son parcours

▶ **Les actions du parcours professionnel / de formation**

Complétez avec les verbes possibles.
~~faire~~ – contribuer – effectuer – s'impliquer – s'engager – développer – participer
– faire / … sa scolarité, un stage
– … / … à la création de quelque chose, à un blog
– … / … dans des actions, dans une association
– … des compétences

Les marqueurs temporels

Observez. Trouvez dans quelle(s) phrase(s) : on situe une action passée par rapport au présent – on indique le début d'une situation qui continue dans le présent – on indique une durée, une période de temps.

> **Pendant mes études à la fac**, j'ai participé à un journal.
> J'ai effectué un stage de fin d'études **pendant trois mois**.
> Je suis entrée à l'école de journalisme **il y a deux ans**.
> Je suis diplômée **depuis deux mois**.
> **Depuis juillet dernier, depuis la fin de mes études**, je suis rédactrice web.

Le passé composé et l'imparfait

a. Observez. Identifiez quelle partie de chaque phrase : indique une action du passé ; donne une précision ou une explication.

> Je **suis rentrée** parce que je **voulais** étudier dans ma langue maternelle.
> **J'ai fait** des études qui **correspondaient** à ma passion.

b. Complétez la règle avec le temps correct.
On utilise ... pour indiquer une action passée.
On utilise ... pour donner une explication ou une précision sur cette action passée.

> S'ENTRAÎNER 1, 2, 3

5. 💬 **En petits groupes** Présentez votre parcours d'apprentissage du français : expliquez les étapes (école(s), classe(s) et niveau(x), expériences francophones...), puis donnez des précisions sur ces étapes (durée, début...).

6. 🔊 053 Écoutez la suite de la vidéo de motivation de Lucille. Trouvez dans la liste de l'activité 2b ce qu'elle présente.

7. 🔊 053 Réécoutez.
a. Identifiez quelles caractéristiques de sa personnalité Lucille met en avant.
b. À quelle offre d'emploi est-ce qu'elle postule ? Choisissez puis justifiez (citez les paroles).

1	Journaliste sports (H/F) 💼 CDD Groupe Télégramme 📍 Morlaix, France (sur site et déplacements)
2	Journaliste jeunesse (H/F) 💼 CDD Groupe Bayard Presse – magazine Okapi (10-15 ans) 📍 Montrouge, France (sur site et déplacements en France)
3	Journaliste expérimenté (H/F) 💼 Freelance Brut., média en ligne 📍 Paris, France

c. Vrai ou faux ? Justifiez (citez les paroles).
1. Lucille est très motivée par le poste.
2. Elle préfère ne pas se déplacer.
3. Elle est volontaire pour un rendez-vous.

zoom Langue

Les qualités professionnelles

a. Associez chaque qualité à la description correspondante.

avoir l'esprit d'équipe • être performant(e) • être volontaire
être enthousiaste • être persévérant(e) • être rigoureux(euse)

– être passionné(e) et heureux(euse) de faire quelque chose
– être déterminé(e) et prêt(e) à l'action
– être efficace et rapide
– être très précis(e) dans son travail
– faire des efforts pour accomplir quelque chose
– aimer collaborer avec des collègues

b. En petits groupes Partagez vos connaissances ! Listez d'autres qualités professionnelles. Quelles sont les vôtres ?

Exprimer sa motivation pour un poste

a. Observez puis soulignez les expressions de la motivation.

> Travailler dans votre magazine m'intéresse.
> L'idée de leur donner accès à l'information me motive !
> Votre offre correspond à mes attentes. Bouger me plaît !

b. Retrouvez (act. 7c) deux manières de se montrer disponible pour un rendez-vous.

> S'ENTRAÎNER 4

8 PRONONCIATION

Le rythme de la phrase et l'intonation

a. 🔊 054 Écoutez le rythme des phrases et repérez les groupes de mots. Associez les phrases aux schémas.
Ex. : *J'ai une expérience avec ces publics.* → ⌐⌐
C'est très important de travailler avec d'autres personnes.
→ ⌐⌐⌐⌐
a. ⌐⌐⌐ → ...
b. ⌐⌐⌐⌐ → ... ; ... ; ...
c. ⌐⌐⌐⌐⌐ → ...

b. 🔊 054 Réécoutez. Levez la main quand la voix monte et baissez la main quand la voix descend.

c. 🔊 054 Réécoutez et répétez avec le rythme et l'intonation.

9 S'EXPRIMER

Vous exprimez votre motivation pour un job.

a. Lisez cette offre d'emploi.

>  **Job de rêve :** devenez gardien d'une île déserte en Irlande !
> On recherche deux personnes pour gérer les *cottages* des touristes.
>
> **Votre mission :** entretien des maisons, gestion du *coffee shop* et accueil des visiteurs d'avril à octobre. Le duo de travailleurs sera rémunéré, hébergé et nourri.

b. Par deux Listez vos qualités pour ce poste et partagez vos motivations.

c. Présentez à la classe votre motivation et mettez en avant vos atouts pour le poste.

d. La classe vote pour les meilleur(e)s candidat(e)s.

TÂCHE CIBLE : Réaliser un CV vidéo

 CLASSE

CV VIDÉO, MODE D'EMPLOI

Le CV vidéo permet de montrer votre personnalité et de mettre en avant vos compétences d'une façon originale.

Attirer l'attention des recruteurs

Si vous commencez à avoir quelques années d'expérience, ne vous lancez pas dans la description chronologique de votre parcours professionnel : faites le bilan de vos expériences et regroupez-les. Si vous n'avez pas beaucoup d'expérience, mettez en avant vos engagements personnels, vos qualités et vos compétences !

Écrire son scénario

Vous pouvez construire votre vidéo en trois parties.
- 1 : **qui suis-je**, mes passions, ma formation.
- 2 : **mes principales expériences** et **mes atouts**.
- 3 : **le type d'emploi recherché** et **mes motivations** (type de poste, valeurs de l'entreprise, mobilité géographique…).

Choisir le bon décor

Faites les bons choix : un endroit lumineux, une tenue adaptée et du calme (pas de bruits de rue).

1 Préparez-vous !

Vous allez réaliser le CV vidéo des personnes de votre groupe.

a. Observez cette page du site Talents Tube. Identifiez les trois types de conseils pour un bon CV vidéo.
b. Rédigez votre profil professionnel LinkedIn (act. 3b. p. 68) ou votre CV « classique » avec les rubriques suivantes : expérience, formation, langues, compétences. Si vous le souhaitez, vous pouvez ajouter les rubriques « engagements personnels » et « loisirs ».
c. **En petits groupes** Lisez les profils ou CV. Pour chaque personne, discutez des points à retenir pour son CV vidéo, des atouts ou compétences à mettre en avant.

2 Réalisez !

a. Écrivez le plan de votre CV vidéo.
b. **En petits groupes** À tour de rôle, entraînez-vous ; les autres vous donnent des conseils pour améliorer votre présentation orale.
c. **En petits groupes** Choisissez un décor et filmez vos CV avec vos smartphones.

3 Partagez !

a. Mettez vos CV vidéo sur l'ETC de la classe.
b. Visionnez tous les CV vidéo et réagissez : dans chaque CV, qu'est-ce qui peut attirer les recruteurs ?

S'entraîner

La candidature pour un emploi

1 Associez les informations aux rubriques correspondantes dans un CV.

a. maîtrise des logiciels vidéo
b. master en information et communication
c. responsable de la communication
d. bénévole pour l'association Forum réfugiés
e. bilingue anglais-français
f. stagiaire chez Bayard Presse
g. bonnes connaissances des techniques de marketing

- Expérience professionnelle
- Formation
- Langues
- Compétences
- Engagements personnels

Les marqueurs temporels

2 Complétez avec *pendant*, *il y a* ou *depuis*.

a. Nous sommes en juin et je suis arrivée dans l'entreprise … six mois : en janvier dernier.
b. J'ai effectué un stage … huit mois : de janvier à août. Maintenant, je suis à la recherche d'un emploi … septembre.
c. J'ai terminé mes études … quatre ans : en 2019.
d. … mes études, j'ai été bénévole dans une association.
e. Je travaille … l'âge de vingt ans.
f. J'ai étudié aux États-Unis … une longue période.

Le passé composé et l'imparfait

3 Lisez le témoignage de Julie et conjuguez les verbes.

"Je (faire) des études d'ingénieure puis je (partir) en Angleterre parce que je (avoir) envie d'apprendre l'anglais. Là-bas, je (prendre) des cours et je (faire) des petits boulots. À mon retour, je (chercher) du travail. Je (trouver) une offre dans une entreprise qui (correspondre) à mes valeurs et je (postuler). Mais ils (préférer) embaucher une personne qui (avoir) plus d'expérience. Je (continuer) à chercher et après trois mois, on me (proposer) un stage. Je (accepter) et c'(être) super ! Je (apprendre) le métier avec des personnes qui (aimer) travailler en équipe. Après ça, je (avoir) un CDD : je (obtenir) le poste que je (vouloir) parce qu'on me (connaître) bien ! "

Parler des qualités professionnelles

4 Choisissez l'option correcte.

a. Elle est très *enthousiaste / rapide*, elle est heureuse de s'impliquer dans des projets !
b. Je suis *volontaire / rigoureux* : j'aime le travail bien fait et je suis attentif aux détails.
c. Pour cette mission, il faut travailler ensemble : vous avez *l'esprit d'équipe / de la persévérance* ?
d. Ce matin, nous n'avons pas été *efficaces / volontaires* : nous n'avons pas avancé dans notre projet.
e. C'est un travail long et difficile, mais je suis *rigoureuse / persévérante* : je ne vais pas abandonner !

À retenir

Récap' lexique

La candidature pour un emploi

1 Complétez le schéma.

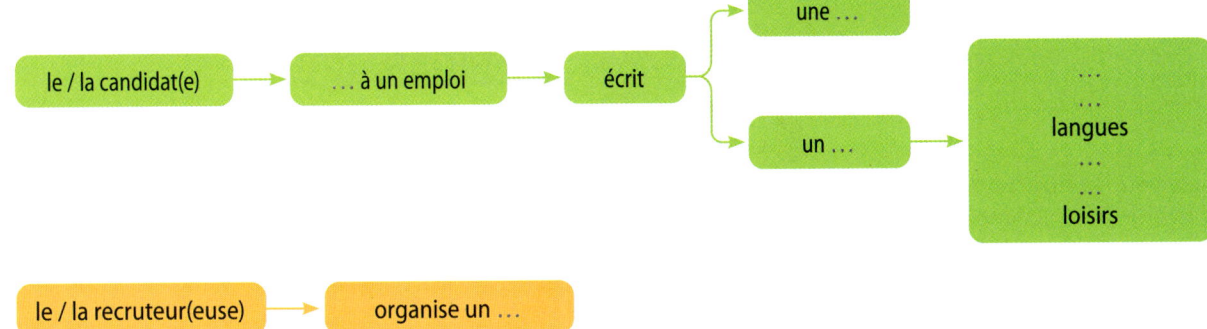

Les qualités professionnelles

2 a. Complétez avec les noms ou les adjectifs correspondants.

la performance	l'…	la …	l'enthousiasme	la persévérance	la volonté	la rigueur
…	efficace	rapide	…	…	…	…

b. Complétez le tableau avec d'autres qualités professionnelles.

Récap' grammaire

Les marqueurs temporels

Pour exprimer une durée, une période de temps	**pendant** + durée / + moment / événement	*J'ai effectué un stage **pendant trois mois**.* ***Pendant mes études**, j'ai été rédactrice en chef.*
Pour situer une action / situation dans le passé par rapport au présent	**il y a** + durée passé → présent	*Je suis entrée à l'école de journalisme **il y a deux ans**.*
Pour indiquer le début d'une action / situation qui continue dans le présent	**depuis** + durée / + moment / événement / + date passé → présent	*Je suis diplômée **depuis deux mois**.* ***Depuis la fin de mes études**, je suis rédactrice web.* ***Depuis juillet 2022**, je suis rédactrice web.*

Le passé composé et l'imparfait

Pour présenter son parcours ou parler d'expériences passées, on utilise :

le **passé composé** pour indiquer une action ou un événement du passé. | l'**imparfait** pour donner une précision ou une explication.

J'ai fait des études qui correspondaient à ma passion.
Je suis rentrée en France parce que je voulais étudier dans ma langue maternelle.

LEÇON 3 — (S') Informer sur une formation

> Élaborer des fiches sur les formations en France

1. a. Observez la page du site. Repérez le nom du service proposé.
b. Lisez. Trouvez pour quelles raisons les personnes utilisent ce service.

2. 🔊 055 Écoutez les quatre dialogues.
a. Identifiez le point commun entre les situations : qui sont les interlocuteurs ? que font-ils ?
b. Retrouvez sur le site l'objectif correspondant à chaque dialogue.

3. 🔊 055 Réécoutez.
a. Pour chaque dialogue, identifiez la situation professionnelle actuelle et le ressenti de la personne.
b. Relevez les souhaits exprimés et trouvez la correspondance avec l'exemple décrit sur le site.

4. 🔊 055 Réécoutez. Trouvez à qui le conseiller fait les suggestions suivantes. Justifiez (citez les paroles).
clarifier son besoin de formation et faire la demande à son patron – lister des métiers correspondant à ses goûts et à ses rêves – trouver ensemble des missions professionnelles motivantes – faire une étude de marché pour définir le projet

zoom Langue

Le statut et l'évolution professionnelle

a. Complétez avec le statut professionnel correspondant : *indépendant(e)* ou *salarié(e)*.
être employé dans une entreprise = être …
être son propre patron = être …

b. Associez les expressions de sens proche.

– lancer son activité • • démissionner
– vivre des changements positifs dans son activité professionnelle • • se reconvertir
• créer son entreprise
– quitter son emploi • • évoluer dans son métier
– rester « à la page » •
– changer de voie, d'activité • • actualiser ses compétences

Exprimer un souhait

Observez puis complétez la règle.

> Vous souhaitez quitter votre emploi ? – Je voudrais changer de voie.
> Vous rêvez de devenir votre propre patron ? – J'aimerais créer ma propre entreprise.
> Vous voudriez rester à la page ? – J'aimerais actualiser mes compétences.
> Vous aimeriez avoir plus de responsabilités ? – Je rêve d'un nouveau challenge.

Pour exprimer un souhait, on utilise :
– les verbes **rêver de**, … + infinitif (ou nom) ;
– les verbes … ou … au **conditionnel** + infinitif : j'aimerais, vous … ; je v…, vous … .

Exprimer un conseil, faire une suggestion

a. Observez et soulignez les formes verbales qui expriment un conseil ou une suggestion.

> Je vous conseille de déterminer les nouvelles tâches.
> Vous devriez d'abord faire une liste.
> Je vous suggère d'aborder le sujet.
> On pourrait définir ensemble le secteur d'activité.
> Nous pourrions peut-être déterminer votre besoin.

b. Complétez la règle.
Pour donner un conseil ou faire une suggestion, on utilise :
– les verbes … / … { + … + infinitif / + nom
– les verbes … et … au **conditionnel** + infinitif : tu devrais, on devrait, nous devrions, vous … ; tu pourrais, on …, nous …, vous … .

S'ENTRAÎNER 1, 2

5. En petits groupes Parlez de vos souhaits pour la suite de votre formation en français : quel niveau voudriez-vous obtenir ? Dans quel(s) contexte(s) souhaitez-vous utiliser le français (profession, études, vie personnelle) ? Les autres font des suggestions pour réaliser vos souhaits.

6. 056 Écoutez le dialogue.
a. Identifiez la situation : le conseiller parle avec qui (act. 3) ?
b. Quel est l'objectif de cet entretien ? Que fait le conseiller ?

7. 056 Réécoutez.
a. Complétez la première partie du document de synthèse suivant : situation actuelle et objectifs.
b. Relevez les explications de la femme sur son parcours de formation passé et identifiez les raisons de son projet.

MON CONSEIL EN ÉVOLUTION PROFESSIONNELLE

Document de synthèse suite aux entretiens avec votre conseiller

Situation professionnelle actuelle
☐ Sans emploi   ☐ En poste → poste occupé : …

Objectifs et projet professionnel
☐ Formation initiale
☐ Reconversion → domaine / profession : …

Plan d'action
› Déroulé du parcours de formation proposé :
1/ Stage d'initiation (4 jours)
2/ …
3/ …
› Actions à mener :
1/ …   2/ …

8. 056 Réécoutez.
a. Complétez la suite du document de synthèse (act. 7b) avec les éléments suivants. Justifiez (citez les paroles).

  brevet de maîtrise   demande de financement CPF
  CAP   demande de congé de formation

b. Relevez les précisions sur le parcours de formation : durée et objectif des trois étapes du parcours.
c. Repérez les modalités possibles pour préparer le CAP et le brevet de maîtrise.

zoom Langue

Décrire un parcours de formation

› La formation
a. Indiquez l'ordre chronologique dans chaque série.
1. passer   préparer   réussir   un concours, un examen
2. avoir   obtenir   un diplôme
3. avoir une qualification   suivre une formation / un cursus universitaire   obtenir une qualification

b. Complétez.
La formation … permet d'évoluer dans son métier.

› Les indicateurs chronologiques
Complétez avec les autres expressions pour indiquer une suite chronologique d'actions ou de situations.
dans un premier temps = d'abord, … –
deuxièmement = …, …, … – pour finir = enfin, …

Quand et *si* pour se projeter dans le futur

a. Observez puis trouvez dans quelle(s) phrase(s) on indique une condition nécessaire pour une situation future.

Quand vous aurez votre CAP, vous serez pâtissière.
Quand vous aurez assez d'expérience, vous pourrez passer le brevet.
Si vous avez ce brevet, vous serez maître pâtissière.

b. Associez puis complétez la règle avec *présent* ou *futur simple*.

Pour indiquer :   on utilise :
une condition nécessaire pour
une action ou situation future   • **quand** + …, …
deux actions successives ou
simultanées dans le futur   • **si** + …, …

(S'ENTRAÎNER 3, 4)

zoom Culture

La formation et les diplômes en France

a. Dans la liste ci-dessous, trouvez le(s) diplôme(s) :
– de la fin du lycée (études secondaires) ;
– de la formation professionnelle ;
– d'un cursus universitaire (études supérieures).

  le bac   la licence   le CAP   le master

b. Nommez le dispositif de formation continue qui permet de financer des formations.

9. S'EXPRIMER

Vous réalisez des entretiens de conseil en évolution professionnelle.

a. Individuellement, listez vos souhaits professionnels (changement de voie, évolution dans votre travail, futur métier…).

b. Par deux Échangez vos listes et réfléchissez aux questions à poser à votre partenaire sur son parcours, ses préférences, ses motivations…

c. Par deux Jouez la scène. La personne qui demande conseil présente sa situation, son parcours et ses souhaits. Le conseiller demande des précisions et fait des suggestions (futures formations, reconversion…). À tour de rôle, vous êtes le conseiller ou la personne qui demande conseil.

d. La classe réagit. Les suggestions sont-elles pertinentes ?

TÂCHE CIBLE : Élaborer des fiches sur les formations en France

1 Préparez-vous !
Votre classe va réaliser des fiches sur des parcours de formation en France.
a. Observez la fiche. Identifiez le métier et les parties de la fiche. Puis repérez les étapes du parcours de formation.
b. Imaginez : vous suivez une formation professionnelle en France. Pour quelle profession ? Ensemble, listez les professions visées.
c. **En petits groupes** Choisissez une profession de la liste puis faites des recherches sur les formations possibles en France. Identifiez les caractéristiques de chaque formation (durée, niveau d'études, lieu, perspectives…).

2 Réalisez !
a. **En petits groupes** À partir de vos recherches, trouvez les étapes du parcours de formation : diplômes, durées, niveaux. Identifiez les perspectives professionnelles.
b. Rédigez votre fiche : présentation du métier, parcours de formation conseillé, perspectives professionnelles.

3 Partagez !
a. Présentez votre fiche à la classe.

---

l'Étudiant — Créateur / Créatrice de jeux vidéo

Créatif(ive) par définition, il/elle a aussi de très bonnes connaissances techniques. Il/Elle sait respecter des contraintes techniques et financières. Il/Elle est très organisé(e) et maîtrise l'anglais.

Questions fréquentes

Quel est le parcours de formation conseillé ?
Un bac + 3 est le minimum mais un bac + 5 est préférable.
Dans un premier temps, on peut passer une **licence professionnelle** avec une spécialisation en jeux vidéo ou un **DN MADE** (diplôme national des métiers d'art et du design) mention numérique ou animation. On peut alors entrer dans la vie active. Dans un deuxième temps, on peut suivre un cursus spécialisé dans une école d'art (Beaux-arts, Gobelins…) ou faire un **master** à l'université : audiovisuel, jeux… Pour finir, on peut obtenir un **MS** (mastère spécialisé) en un an.

Quelles sont les perspectives professionnelles ?
La France est réputée pour la création de jeux comme les USA, le Canada, le Japon, où le/la diplômé(e) pourra aller travailler. Il/Elle pourra aussi postuler à des emplois dans la publicité, l'informatique ou l'édition.

b. Réagissez aux propositions (act. 1b) : trouvez-vous les informations claires ? Avez-vous besoin de précisions ?
c. Mettez sur l'ETC vos fiches sur les formations en France.

S'entraîner

Le statut et l'évolution professionnelle

1 Complétez avec les mots suivants.
actualiser – salarié – indépendant – créer – évolution – démissionner – patron – reconversion – lancer

Ils ont bénéficié du Conseil en évolution professionnelle

Il y a deux ans, Julian a réalisé son rêve : … sa propre entreprise. Maintenant, il est … . Avant, il était … dans une agence de décoration, mais il a décidé de … de son poste parce qu'il n'y avait pas de perspective de … . Pour … son activité, il a eu besoin de … ses compétences. Cette nouvelle situation professionnelle n'est pas une … : il est toujours décorateur mais aujourd'hui, il est son propre … !

Exprimer un souhait / un conseil, faire une suggestion

2 Formulez les souhaits. Puis donnez des conseils ou faites des suggestions. Variez les formulations.
Ex. : Alice : améliorer ses compétences en anglais
→ *Je voudrais améliorer mes compétences en anglais.*
→ *Vous devriez demander une formation à votre patron ! / Je vous conseille de faire un séjour linguistique en Angleterre.*
a. Guillaume : changer de voie et faire un métier qui le passionne
b. Luce : démissionner et devenir indépendante
c. Stéphane : reprendre des études sans perdre son travail
d. Jamil : évoluer dans son entreprise et changer de poste

Décrire un parcours de formation

3 Choisissez la proposition correcte.

« J'ai eu un *parcours de formation / concours* atypique : j'ai deux *qualifications / formations continues* différentes. *Premièrement / Ensuite*, j'ai fait des études « classiques » à l'université. *Enfin / Dans un deuxième temps*, j'ai *passé / suivi* une formation pour devenir éducateur spécialisé. *Ensuite / D'abord*, j'ai travaillé avec des personnes handicapées. À trente-cinq ans, j'ai changé de voie : j'ai passé le *concours / diplôme* pour entrer à l'école d'architecture. J'ai suivi le *cursus / stage* de cinq ans et j'ai fait des *concours / stages* dans des agences d'architectes. Après mon *diplôme / concours*, j'ai travaillé à l'étranger pendant cinq ans. *Ensuite / Finalement*, j'ai ouvert ma propre agence. »
Xavier, architecte

Quand et *si* pour se projeter dans le futur

4 Complétez avec *quand* ou *si* puis associez pour reconstituer les phrases.
a. … je serai grande,
b. … j'ai le baccalauréat,
c. … tu prépares bien le concours,
d. … j'aurai mon diplôme,
e. … tu suis cette formation,
1. je commencerai à chercher un travail.
2. tu le réussiras.
3. je serai pilote d'avion !
4. tu pourras changer de métier.
5. je pourrai entrer à l'université.

À retenir

Récap' lexique

Le statut et l'évolution professionnelle

1 Complétez avec les noms ou les verbes correspondants.

démissionner de son poste	... de voie	...	créer son entreprise	évoluer dans un métier	... ses compétences
...	le changement de voie	la reconversion	...	...	l'actualisation des compétences

La formation

2 Associez un verbe et un nom pour retrouver les actions liées à la formation (plusieurs possibilités).

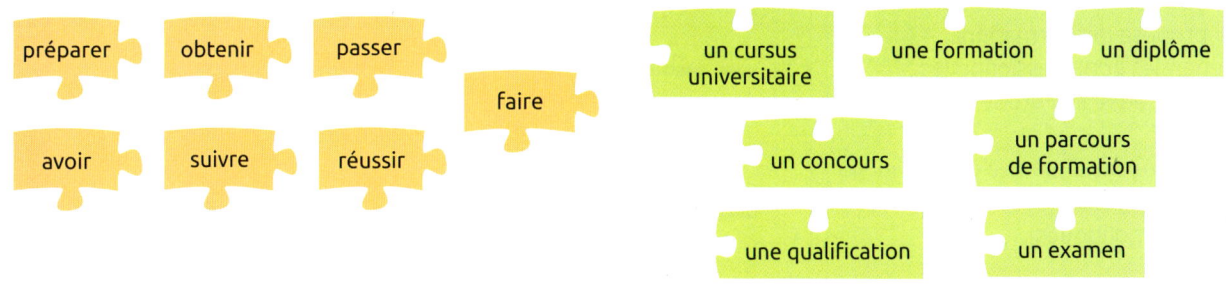

Récap' grammaire

Le conditionnel pour exprimer le souhait et le conseil

Pour exprimer un souhait → **vouloir** ou **aimer** au conditionnel + infinitif (ou nom)

	Vouloir		Aimer
je	voudr**ais**	j'	aimer**ais**
tu	voudr**ais**	tu	aimer**ais**
il / elle / on	voudr**ait**	il / elle / on	aimer**ait**
nous	voudr**ions**	nous	aimer**ions**
vous	voudr**iez**	vous	aimer**iez**
ils / elles	voudr**aient**	ils / elles	aimer**aient**

Pour exprimer un conseil, faire une suggestion → **devoir** ou **pouvoir** au conditionnel + infinitif
Tu **devr**ais / Vous **devr**iez faire une liste.
On **pourr**ait / Nous **pourr**ions déterminer votre besoin.

Pour former le conditionnel : **base du verbe au futur simple** + **terminaisons de l'imparfait**.

Quand et *si* pour se projeter dans le futur

Pour indiquer une condition nécessaire pour une action ou situation future	Pour indiquer deux actions successives ou simultanées dans le futur
→ **si** + présent, futur simple	→ **quand** + futur simple, futur simple
Si vous *avez* ce brevet, vous *serez* maître pâtissière.	Quand vous *aurez* votre CAP, vous *serez* pâtissière.

 *Si* exprime une condition pour le futur mais *si* + futur n'est pas correct.
On dit : *si vous avez ce brevet.*
On ne dit pas : ~~si vous aurez ce brevet.~~

Sociétés

1 Observez la présentation des études supérieures en France.

a. Repérez les types d'établissements correspondant aux quatre filières possibles après le baccalauréat.

b. Associez chaque explication à un type d'établissement.
Ce type d'établissement…
1. forme dans différents domaines : communication, art, architecture, industrie, tourisme, transports, social, paramédical…
2. propose des formations de niveau bac +2 ou bac +3 maximum.
3. propose des formations générales et professionnelles ; prépare aussi aux études de santé.
4. délivre des diplômes de niveau bac + 5 (ingénieur, commerce, sciences politiques).

2 Regardez à nouveau et trouvez :
a. les diplômes correspondant à des études courtes ;
b. les diplômes correspondant à un niveau bac + 3 ou bac + 5 ;
c. le diplôme nécessaire pour préparer un master ;
d. la profession qui demande les études les plus longues ;
e. l'établissement et la durée des études pour devenir infirmier(ière) ;
f. l'établissement et la durée des études pour devenir vétérinaire.

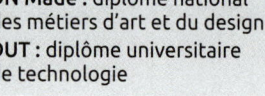

3 💬 **En petits groupes**
En fonction de votre formation, pouvez-vous trouver l'équivalent de vos (futurs) diplômes dans le système français d'études supérieures ?

> **Légende du schéma**
> **BTS** : brevet de technicien supérieur
> **BUT** : bachelor universitaire de technologie
> **CPGE** : classe préparatoire aux grandes écoles
> **DEUST** : diplôme d'études universitaires scientifiques et techniques
> **DCG** : diplôme de comptabilité et de gestion
> **DN Made** : diplôme national des métiers d'art et du design
> **DUT** : diplôme universitaire de technologie

LES ÉTUDES APRÈS LE BAC

UNIVERSITÉ

(Schéma des filières universitaires, de L1 à D3, avec licences, masters, doctorats, DEUST, DUT, BUT, licences professionnelles et diplômes d'État : Médecin spécialiste, Pharmacien spécialiste, Dentiste spécialiste, Médecin généraliste, Sage-femme, Dentiste, Pharmacien, Orthophoniste, Audioprothésiste, Orthoptiste — Inspé)

ÉCOLES SPÉCIALISÉES — **LYCÉE** — **GRANDES ÉCOLES**

IL EXISTE DES PASSERELLES ENTRE CES FILIÈRES

(Schéma : Écoles spécialisées — Architecte, Assistant de service social, Éducateurs, Infirmier, Manipulateur radio, Technicien de laboratoire ; Lycée — BTS, Licence professionnelle, DCG, DN Made, CPGE ; Grandes écoles — Vétérinaire (Diplôme d'État), Master, Bachelor, CPGE, Diplômes d'écoles)

Fenêtre sur…

soixante-seize

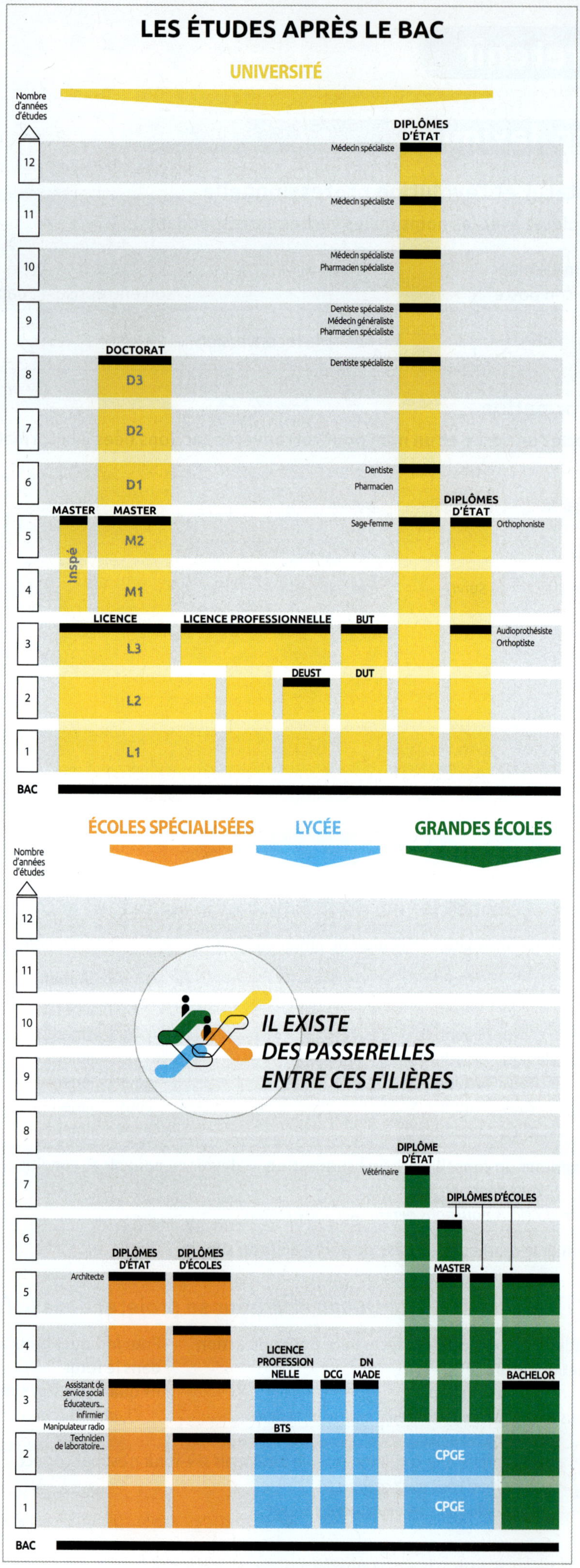

Langages

1 ▷ 10 Regardez la vidéo.
a. Identifiez la formation présentée. Puis retrouvez-la sur le schéma des études supérieures (p. 76) : elle se fait dans quel type d'établissement ? Quelle est sa durée ?
b. Trouvez à quoi elle prépare.
c. Repérez les quatre filières possibles de cette formation.

2 ▷ 10 Regardez à nouveau.
a. Repérez quelles grandes écoles de la liste suivante sont citées dans la vidéo. Comment sont-elles nommées ?
les Sciences politiques – l'Institut national des sciences appliquées – l'École polytechnique (ou Polytechnique) – l'École supérieure des sciences de l'économie et du commerce – l'École nationale d'administration – l'École normale supérieure – les Hautes Études commerciales
b. Trouvez les autres manières de nommer la CPGE.

3 Lisez les trois définitions puis trouvez dans les activités précédentes des exemples de sigles, d'acronymes ou d'autres abréviations.

Abréviation (n. f.)
Réduction d'un mot. Souvent, on supprime une partie du mot. Les sigles et les acronymes sont aussi des types d'abréviation.

Sigle (n. m.)
Abréviation qui consiste à utiliser les lettres initiales des mots. On prononce le sigle lettre par lettre.

Acronyme (n. m.)
Sigle prononcé comme un mot ordinaire. On ne le prononce pas lettre par lettre.

4 Observez le nuage de mots.

a. 🔊 057 Lisez les abréviations à voix haute : est-ce que ce sont des sigles, des acronymes ? D'autres types d'abréviations ? Écoutez pour vérifier.
b. Classez les abréviations dans les catégories suivantes. Faites une recherche pour les abréviations que vous ne connaissez pas.

   Monde du travail   Formation

c. Quels autres sigles ou acronymes français connaissez-vous ?
d. Dans votre pays, est-ce qu'on utilise beaucoup de sigles et d'acronymes ?

Stratégies et outils pour... comprendre un oral

Accepter de ne pas tout comprendre – S'appuyer sur des éléments perçus

1 Réfléchissez à vos habitudes quand vous écoutez un document oral en français. Dites quelle(s) affirmation(s) correspond(ent) à votre façon de faire.
- Vous fermez les yeux pour vous concentrer.
- Vous essayez de repérer des éléments et vous les notez.
- Vous essayez d'écrire le maximum de choses.
- Vous faites des hypothèses sur le thème, la situation.
- C'est compliqué pour vous de rester attentif(ive) si ça vous semble difficile.
- Vous acceptez de ne pas tout comprendre.

2 🔊 058 Écoutez.
   a. Qu'avez-vous entendu ?

   des dates   d'autres indices temporels (expressions, formes verbales…)   des lieux
   des noms de personnes   des mots qui se répètent

   b. À partir de ces éléments, pouvez-vous faire des hypothèses sur le thème, la situation ?

3 a. 🔊 058 Réécoutez pour avoir plus d'informations. Prenez des notes.
   b. Observez ces notes prises par deux étudiants. À votre avis, quelle technique est plus efficace ?
   c. Comparez avec vos notes.

Notes de Hans
(à la deuxième écoute)

j'étais responsable ??? groupe de distribution pendant 17 ans
j'ai contacté le conseiller ???
réfléchir sur ??
je pense que j'étais arrivée ???
j'avais vraiment besoin d'avoir …
la personne Céline ???
il y a eu une relation forte ???
compétences partie professionnelle
formation
ma passion

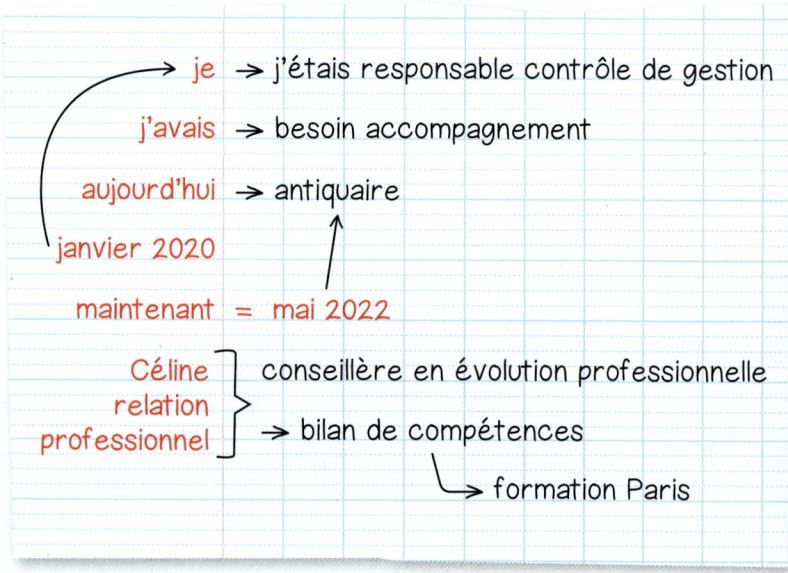

Notes de Manuella
(première écoute – deuxième écoute)

je → j'étais responsable contrôle de gestion
j'avais → besoin accompagnement
aujourd'hui → antiquaire
janvier 2020
maintenant = mai 2022
Céline / relation / professionnel → conseillère en évolution professionnelle
→ bilan de compétences
→ formation Paris

Quelles stratégies allez-vous utiliser la prochaine fois que vous écouterez un document oral en français ?

soixante-dix-huit

Entraînement DELF A2

Compréhension de l'oral

Exercice 4 Comprendre de brefs échanges entre locuteurs natifs

🔊 059 Lisez les situations. Écoutez les dialogues puis répondez.

	a. Interdire	b. Exprimer un souhait	c. Autoriser	d. Faire une comparaison	e. Donner un conseil	f. Parler du futur
🔊 060 Dialogue 1	☐	☐	☐	☐	☐	☐
🔊 061 Dialogue 2	☐	☐	☐	☐	☐	☐
🔊 062 Dialogue 3	☐	☐	☐	☐	☐	☐
🔊 063 Dialogue 4	☐	☐	☐	☐	☐	☐

Compréhension des écrits

Exercice 3 Lire des instructions simples

Vous travaillez dans une agence immobilière. Vous lisez les documents suivants.
Pour répondre aux questions, cochez (*X*) la bonne réponse.

Document 1

Le travail en agence : les règles importantes

- À votre arrivée à l'agence, écoutez les messages sur le répondeur et notez les contacts.
- Complétez l'agenda en ligne avec les rendez-vous de la semaine.
- Si vous sortez pour une visite, signalez l'heure de votre retour à l'agence.
- Rappelez les personnes qui ont appelé et organisez le planning des visites.
- Consultez aussi le site de l'agence et mettez à jour les annonces publiées.

1 Quand vous avez écouté les messages sur le répondeur, vous devez...
 a. ☐ sortir pour les visites. b. ☐ téléphoner aux clients. c. ☐ consulter le site de l'agence.

2 Quand vous allez faire visiter un appartement, vous devez signaler...
 a. ☐ combien de temps va durer la visite.
 b. ☐ comment vous vous rendez à la visite.
 c. ☐ à quelle heure vous reviendrez à l'agence.

Document 2

Contrôle des annonces du site de l'agence

- Vérifiez tous les jours les annonces du site et retirez les annonces traitées.
- Classez les nouvelles annonces dans « Vente » ou « Location ».
- Pour les nouveaux biens proposés, rédigez des descriptions détaillées.
- Attribuez à chaque annonce un code de référence.
- Mettez en valeur les annonces avec des photos de l'intérieur et de l'extérieur.
- Augmentez la visibilité des annonces les plus anciennes.

Entraînement DELF A2

3 Les annonces immobilières publiées sur le site doivent être...
  a. ☐ précises.
  b. ☐ critiques.
  c. ☐ positives.

4 Il faut classer les annonces récentes selon...
  a. ☐ le prix du bien proposé.
  b. ☐ la surface du bien proposé.
  c. ☐ la catégorie du bien proposé.

Document 3

Comment organiser une visite d'appartement en location

- Arrivez à l'avance et contrôlez l'état de l'appartement.
- Faites entrer la lumière et aérez les pièces. L'hiver, allumez le chauffage.
- À l'arrivée du client, soyez accueillant(e) et professionnel/elle.
- Mettez en évidence les atouts du quartier : la proximité des commerces et des services, les transports.
- Répondez à toutes les questions, ne cachez pas les éventuels problèmes et proposez des moyens pour les résoudre.

5 Quand vous faites visiter un appartement, vous devez être...
  a. ☐ rapide.
  b. ☐ disponible.
  c. ☐ enthousiaste.

6 Si l'appartement présente des problèmes, vous devez...
  a. ☐ éviter d'en parler.
  b. ☐ donner des solutions.
  c. ☐ diminuer leur importance.

Production écrite

Exercice 1 Décrire un événement ou raconter une expérience personnelle

Vous venez de déménager dans une ville en France. Vous écrivez à un(e) ami(e) français(e). Vous lui décrivez votre logement et le quartier où vous habitez. Vous lui donnez vos impressions. (60 mots minimum)

Production orale

Exercice 3 Exercice en interaction

Nouveau travail
C'est votre premier jour de travail dans une entreprise en France. Vous rencontrez votre collègue de bureau. Il vous interroge sur votre formation et vos expériences précédentes. Vous lui posez des questions sur l'entreprise et sur le travail que vous allez faire ensemble.

DOSSIER 5
Se distraire

	Vous avez besoin de	Vous allez apprendre à…	Vous allez…
Leçon 1	sortir au restaurant	choisir un restaurant, interagir au restaurant	créer la rubrique « Restaurants » d'un webzine
Leçon 2	choisir un programme de divertissement	comprendre / émettre un avis sur une œuvre	proposer une sélection de séries francophones
Leçon 3	participer à des manifestations culturelles	communiquer sur un événement	créer un événement culturel participatif

Fenêtres sur…

Patrimoines Découvrir des lieux culturels de la métropole de Lille et leur histoire

Littératures Interpréter deux extraits littéraires de Roland Barthes et Jacques Prévert

Stratégies et outils pour…

Parler en public
→ planifier et anticiper
→ accepter la prise de risques
→ maintenir l'attention du public

LEÇON 1 : Choisir un restaurant, interagir au restaurant

Créer la rubrique « Restaurants » d'un webzine

Doc. 1

CityCrunch

Restaurants | Bars | Culture | Activités | Balades

Où manger à Lille ? Les bons plans restaurants, brunch, déjeuner, c'est ici !

On a testé Bouillon Alcide
Bonne bouffe conviviale et maison, à petits prix à Lille

On a testé le restau L'âme au vert
La pépite gastronomique à 20 minutes de Lille

1. Observez la page de CityCrunch (doc. 1). Identifiez la fonction du site et l'objectif de la page.

Doc. 2

Situé au cœur d'une ferme à proximité de Lille, ce restaurant élégant offre un cadre champêtre agréable, avec une vaste terrasse entourée de verdure. Dans la salle, le décor est sobre mais l'ambiance est chaleureuse et intimiste. Dans les assiettes, une cuisine créative et raffinée, qui utilise des produits 100 % frais, locaux et de saison. La carte est variée et change chaque semaine, avec au choix 4 entrées (à partir de 8 €), 5 plats (à partir de 18 €) et 2 desserts (à partir de 7 €). C'est moins cher le midi : premier menu à 38 € (entrée, plat, dessert). Le week-end, le chef propose un menu dégustation « à l'aveugle », plein de générosité et d'émotion (menu en 4 temps à 48 € ou en 5 temps à 58 €). L'accueil est convivial et le service attentionné et efficace. Une excellente table gastronomique, qui attire tous les épicuriens de la région.
Gault&Millau recommande ce restaurant !
🏠 14 rue de la Becque – Avelin 📞 03 20 90 21 70
🕐 Ouvert du mardi au samedi midi et soir et le dimanche midi

On a découvert un restau en plein centre-ville. Un lieu chaleureux où on vient boire un verre dans une ambiance décontractée et où on profite à toute heure de bons petits plats simples et faits maison. La carte propose les plats typiques de la brasserie française (œuf mayonnaise, poireaux vinaigrette, blanquette de veau, saucisse-purée…), pour un repas bon marché. Les portions sont copieuses : vous n'aurez plus faim en sortant ! Une belle découverte : on déguste une bonne cuisine familiale et traditionnelle !
🏠 5 rue des Débris-Saint-Étienne – Lille
🕐 Ouvert le mardi et jeudi midi et soir / le vendredi et le samedi de 10 h à 22 h en continu / le dimanche midi

2. Lisez les articles (doc. 2).
a. Trouvez le nom du restaurant correspondant (doc. 1).
b. Repérez quel restaurant est référencé dans un guide gastronomique français.
c. À quelle catégorie appartient chaque restaurant ? Choisissez dans la liste.

  une cafétéria   une brasserie   un restaurant classique
  un restaurant ambulant (foodtruck)   un fast-food
  un restaurant gastronomique

3. Relisez. Indiquez les informations données pour chaque restaurant et dans quel ordre. Justifiez (citez le texte).
le cadre et l'atmosphère – les horaires – la localisation – la qualité du service – le coût du repas – les choix possibles – un avis global sur le lieu – la cuisine et les plats

zoom Langue

Présenter et caractériser un restaurant

a. Retrouvez le mot correspondant à chaque définition.
– la liste de tous les plats proposés dans un restaurant
– une proposition de repas avec un prix total
– un menu composé de spécialités choisies par le chef

b. Complétez avec les adjectifs possibles (act. 3).
– un cadre / un décor *élégant* – … – … – …
– un plat / une cuisine *créatif(ive)* – … – …– …– …– … – simple ≠ …
– un produit *frais* – … – … ; – une carte …
– une portion / une assiette … ; – un repas *cher* ≠ …
– une ambiance *chaleureuse* – … – …
– un accueil *chaleureux* = … ; – un service … – …
– un très bon restaurant = une … table

S'ENTRAÎNER 1

zoom Culture

Les types de restaurants en France

Complétez avec *restaurant gastronomique, brasserie, café, cafétéria*.
En France, un restaurant classique est ouvert pour le déjeuner et/ou le dîner. Un(e) … est ouvert(e) toute la journée et sert une cuisine française traditionnelle. Au travail ou dans un centre commercial, on peut manger dans un(e) … : on prend un plateau, on se sert puis on paie à la caisse. Pour boire un verre ou pour manger un sandwich à toute heure, on va dans un(e) … . Dans un(e) …, on mange une cuisine créative et sophistiquée.

4 🗣️ **Debout !** Vous êtes à Lille. Quel restaurant choisissez-vous : Le Bouillon Alcide ou L'Âme au vert ? Regroupez-vous en fonction de votre préférence et échangez sur les raisons de votre choix. Puis expliquez quel type de restaurant vous aimez en général, quel type de cuisine, d'ambiance.

5 🔊 064 Écoutez les quatre conversations. Identifiez chaque situation : qui sont les personnes ? Dans quel restaurant sont-elles (doc. 1 et 2) ?

6 🔊 064 Réécoutez.

a. Associez chaque extrait à l'addition correspondante.

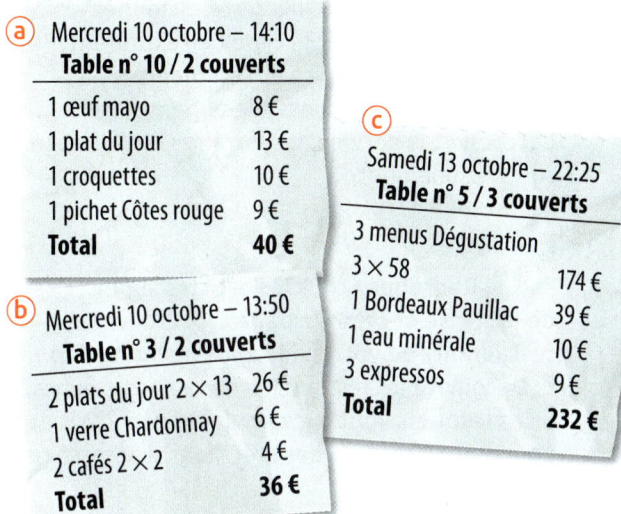

b. Précisez le moment de chaque extrait.
pendant le repas – au début – à la fin

c. Retrouvez les actions faites dans chaque extrait. Justifiez (citez les paroles).

- prendre la commande
- s'informer sur la satisfaction
- demander quelque chose
- demander de payer
- apporter les plats
- donner une explication
- passer commande

7 🔊 065 Réécoutez les extraits 1, 3 et 4. Dites si les clients sont satisfaits, très satisfaits ou insatisfaits, et pour quelle raison. Justifiez avec leurs appréciations sur les plats ou le service.

zoom Langue

Interagir au restaurant

Retrouvez (act. 6c) les formulations…

a. d'un serveur pour :
– prendre la commande des clients ;
– donner des explications sur un plat ;
– s'informer sur la satisfaction des clients ;

b. d'un client pour :
– passer commande ;
– demander une explication sur un plat ;
– demander quelque chose ;
– demander de payer.

Exprimer une appréciation

➤ La phrase exclamative avec *comme, que, quel(le)(s)*

Observez puis cochez pour compléter la règle.

| Comme c'est beau ! | Quel délice ! |
| Que c'est bon ! | Quelle belle présentation ! |

Pour formuler une exclamation, on utilise :
– ☐ **comme** ☐ **quel(le)(s)** ☐ **que** + sujet + verbe ;
– ☐ **comme** ☐ **quel(le)(s)** ☐ **que** + nom.

➤ Les adverbes pour nuancer une appréciation

a. Observez. Trouvez les appréciations positives et négatives. Puis repérez les formulations familières.

1. C'est **très** bon et **très** bien présenté.
2. C'est **super** joli, j'aime **beaucoup** !
3. Ça a **beaucoup** de goût.
4. C'est **hyper** bon ! C'est **trop** bon !
5. La purée est **trop** salée.
6. C'était **vraiment** parfait, **absolument** exquis !
7. Je trouve ce plat **plutôt** goûteux.
8. Ce n'est **pas assez** cuit, c'est presque cru.

b. Classez les adverbes *plutôt, trop, très, vraiment, pas assez* dans l'ordre croissant. Puis trouvez quel adverbe peut avoir un sens différent en fonction du registre utilisé.

c. Complétez la règle.
On utilise **beaucoup** avec un … ou un … et **très** avec un … ou un adverbe.

d. Reformulez en registre standard les phrases 2 et 4.

▸ S'ENTRAÎNER 2, 3, 4

8 PRONONCIATION
L'intonation expressive de l'appréciation

a. 🔊 066 Écoutez et dites quelle appréciation est exprimée : mécontentement ou satisfaction ?
Ex. : *C'est vraiment parfait !* → Satisfaction.

b. 🔊 067 Écoutez et répétez.

9 S'EXPRIMER

Vous prenez un repas dans un restaurant.

a. Choisissez un type de restaurant puis formez deux groupes : les serveurs et les clients.

b. Préparez-vous à l'oral.
– Groupe A – les serveurs : imaginez les menus de votre restaurant. Entraînez-vous à prendre la commande, à demander l'avis des clients…
– Groupe B – les clients : **par deux** entraînez-vous à passer commande, à poser des questions…

c. Par trois Jouez la scène en trois temps. Chaque temps est joué par trois personnes différentes.
1. Début du repas : deux clients commandent et demandent des explications. Le serveur prend la commande, fait des propositions…
2. Milieu du repas : les clients font des appréciations, rappellent le serveur si nécessaire.
3. Fin du repas : les clients commandent les desserts, demandent l'addition… Le serveur s'informe sur leur satisfaction.

Dossier 5 – Leçon 1

TÂCHE CIBLE : Créer la rubrique « Restaurants » d'un webzine

CityCrunch

Abonnez-vous à notre newsletter pour avoir un résumé de nos articles tous les vendredis dans votre boîte mail.

Oh oui ! Écrivez-moi.   OK

HEY SALUT !
Nous sommes CityCrunch, le magazine bien urbain. On aime la bonne bouffe, la bière, les concerts et les expos mais aussi partager nos découvertes. Ça tombe bien, c'est ce qu'on fait sur ce site : on publie tous les jours à 17 h un bon plan sortie dans la ville.

ON EST PRESQUE PARTOUT
LYON CITYCRUNCH
ST-ÉTIENNE CITYCRUNCH
MONTPELLIER CITYCRUNCH
MONTRÉAL CITYCRUNCH

Webdesign **Yay Graphisme**
Logo par **Tarwane**

1 Préparez-vous !
Vous allez créer la rubrique « Restaurants » du webzine CityCrunch de votre ville.
En petits groupes
a. À tour de rôle, présentez deux restaurants de votre ville. Indiquez pour chacun le type de restaurant et de cuisine, décrivez le cadre et dites pourquoi vous les appréciez.
b. Mettez-vous d'accord sur une sélection de restaurants à retenir pour le site CityCrunch de votre ville.

2 Réalisez !
En petits groupes
a. Pour chaque restaurant de votre sélection, mettez-vous d'accord sur les informations à donner.
b. Rédigez un article pour présenter chaque restaurant : *On a testé…* Donnez des informations sur le type de restaurant, la localisation, le cadre et l'ambiance, la cuisine, les choix possibles (menus, carte…), l'accueil et le service, les horaires et l'adresse. Ajoutez une photo.

3 Partagez !
a. Regroupez tous les articles sur l'ETC de la classe et créez la page CityCrunch des restaurants de votre ville : *Les restaurants à…*
b. Découvrez les restaurants des autres groupes, dites lesquels vous avez envie de découvrir et pourquoi. Demandez des précisions si nécessaire.

S'entraîner

Présenter et caractériser un restaurant

1 Entourez la proposition correcte.

CityCrunch

On a testé Les Marches – La cantine cachée sur la Grand Place de Lille

Aux Marches, on sert une *salle / cuisine* du midi, *simple / sobre* et *sophistiquée / bon marché*. La *carte / cuisine* est variée : elle change tous les quinze jours. On y trouve des plats *typiques / créatifs* du Nord comme la carbonade ou le welsh et les portions sont *raffinées / copieuses*. Ici, le chef fait une cuisine du marché : il utilise des produits *familiaux / locaux* et *de saison / originaux*. La salle est vite pleine et *l'ambiance / la cuisine* est conviviale et décontractée. Aux beaux jours, on peut profiter de la *salle / terrasse* au soleil.

Interagir au restaurant

2 Mettez les répliques de chaque dialogue dans le bon ordre.
a. – Et avec ceci, vous désirez une boisson ?
– Oui, une bière.
– Vous avez choisi ?
– Oui, je vais prendre le plat du jour.

b. – Vous prendrez des cafés ?
– Je vous apporte les desserts tout de suite.
– Et pour moi, une mousse au chocolat, s'il vous plaît !
– Qu'est-ce que vous voulez comme dessert ?
– Oui, et l'addition !
– Je vais prendre une tarte aux pommes.

La phrase exclamative avec *comme, que, quel(le)(s)*

3 Transformez les appréciations en phrases exclamatives. (Plusieurs formulations possibles.)
a. C'est bien décoré.
b. Le service est attentionné.
c. La carte est originale.
d. Le chef cuisine bien.
e. Un menu gastronomique.
f. Le cadre est exceptionnel.

Les adverbes pour nuancer une appréciation

4 Complétez avec *très* ou *trop*.
a. Mon café est … chaud, je ne peux pas le boire.
b. Il y a … de sucre dans ce dessert, ce n'est pas bon !
c. Le cadre est … agréable, j'aime beaucoup cette décoration !
d. Le repas était … bon et le chef hyper sympa !
e. Je mange toujours la viande rouge … cuite.

5 Reformulez les appréciations avec le mot proposé.
a. Cette entrée est très goûteuse. (goût) → Cette entrée…
b. Il y a beaucoup de variétés de desserts. (variés) → Les desserts…
c. Ce plat, c'est un vrai délice ! (délicieux) → Ce plat…

À retenir

Récap' lexique et communication

Présenter et caractériser un restaurant / Exprimer une appréciation

1 Complétez les fleurs lexicales.

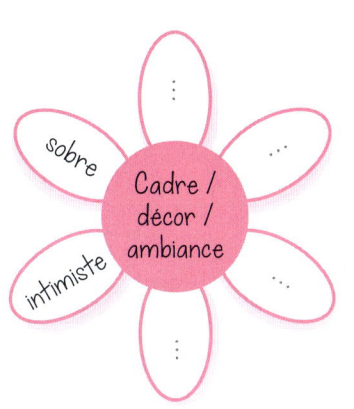
Cadre / décor / ambiance : sobre, intimiste, …

Cuisine, menus / carte, plats : une cuisine simple, un plat / une assiette bien présenté(e), …

Accueil et service : attentionné, …

Interagir au restaurant

2 Dites qui parle : le serveur ou la cliente.

a. Qu'est-ce que vous prendrez comme… ?
b. Comme vin / dessert, je vais prendre…
c. Tout se passe bien ?
d. Vous avez choisi ?
e. L'addition, s'il vous plaît !
f. Vous prendrez… ?
g. Je vais prendre…
h. Vous désirez ?
i. Ça vous a plu ?
j. Le…, qu'est-ce que c'est ?
k. Est-ce que je pourrais avoir… ?

Récap' grammaire

La phrase exclamative avec *comme*, *que*, *quel(le)(s)*

→ **comme / que** + phrase avec un verbe	→ **quel(le)(s)** + nom (+ adjectif)
Comme c'est délicieux ! *Que* c'est délicieux ! *Comme* le chef présente bien ses assiettes ! *Que* le chef présente bien ses assiettes !	*Quel* délice ! *Quelle* belle présentation !

Les adverbes pour nuancer une appréciation

Pour nuancer une appréciation, on utilise les adverbes **plutôt**, **très**, **vraiment**, **trop**, **(pas) assez** devant un adjectif.

Très et *beaucoup*

→ **très** + adjectif ou adverbe	→ **beaucoup** de + nom
*Le plat est **très** goûteux.* *Le plat est **très** bien présenté.* *La carte est **très** variée.*	*Le plat a **beaucoup** de goût.* *Il y a **beaucoup** de variété dans la carte.*

! Pour renforcer un adjectif qui exprime déjà une idée d'intensité, on ne dit pas : *C'est très délicieux*. On dit : *C'est **vraiment / absolument** délicieux / exquis / parfait !*

le mot du prof

Dans le registre familier, **hyper** et **super** sont synonymes de **très** : *C'est **hyper / super** bon !*

Super utilisé avec un nom prend le sens d'un adjectif positif : *Il y a un **super** goût !*

Trop peut avoir un sens positif (= très) : *C'est **trop** bon !*

LEÇON 2 — Comprendre / Émettre un avis sur une œuvre

> Proposer une sélection de séries francophones

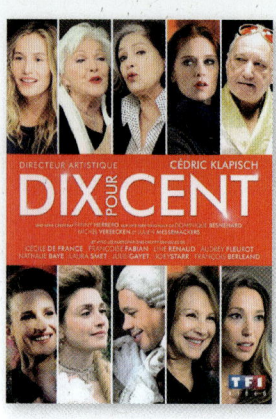

1 🔊 068 Écoutez et identifiez la situation.

2 🔊 068 Observez les visuels et réécoutez.
a. Identifiez dans quel ordre les personnes évoquent les séries ci-contre.
b. Repérez qui a vu chaque série, qui ne l'a pas vue et qui veut la voir, puis précisez le nombre de saisons ou d'épisodes. Justifiez (citez les paroles).
c. À votre avis, qui est bien informé sur les séries ? Qui est moins bien informé ? Justifiez (citez les paroles).

3 🔊 068 Réécoutez.
a. Qui donne les notes suivantes à quelle(s) série(s) ? Relevez les avis pour justifier.

b. Trouvez pour quelle(s) série(s) les personnes évoquent : les réalisateurs, les acteurs, l'histoire, le succès. Justifiez (citez les paroles).

zoom Langue

Rapporter une expérience de spectateur

▸ La place de l'adverbe au passé composé

a. Observez puis repérez dans chaque phrase ce qui donne une précision sur l'expérience évoquée.

> J'ai **déjà** vu toutes les saisons.
> Je n'ai **pas encore** vu la saison 2.
> Je ne l'ai **jamais** regardée.
> Je n'ai **pas vraiment** accroché.
> Je regarde **souvent** des séries anglaises ou américaines.

b. Trouvez ce qui exprime que l'expérience est…
  vécue   non vécue   prévue

c. Cochez pour formuler la règle.
Avec une forme verbale composée, l'adverbe se place en général ☐ avant le verbe ☐ entre l'auxiliaire et le participe passé.
Rappel : avec une forme verbale simple, l'adverbe se place ☐ avant ☐ après le verbe.

▸ L'accord du participe passé avec le COD

Observez puis cochez pour formuler la règle.
> Je n'ai jamais regardé **la série**. → Je ne **l'**ai jamais regardé**e**.
> Tu as aimé **des séries**. → Des séries **que** tu as aimé**es**.

Au passé composé avec l'auxiliaire ☐ avoir ☐ être, on accorde le participe passé avec le COD placé ☐ avant ☐ après le verbe.

▸ Les œuvres cinématographiques

Associez les mots suivants à leur définition.
la VO sous-titrée – la bande-annonce – le/la réalisateur(trice) – un épisode – un(e) acteur(trice) – une saison – une adaptation – l'intrigue

a. Des extraits qui présentent l'œuvre. → …
b. Une personne qui joue un rôle. → …
c. La personne qui réalise l'œuvre. → …
d. Une partie d'une série. → …
e. Un ensemble d'épisodes d'une série. → …
f. L'histoire racontée dans l'œuvre. → …
g. La version en langue originale avec la traduction écrite. → …
h. Une histoire écrite à partir d'une autre œuvre. → …

Demander / Donner un avis

a. Lisez puis trouvez quel avis est : positif, négatif, mitigé.
> Je trouve que c'est pas terrible.
> Je pense qu'il est pas mal dans ce rôle.
> À mon avis, c'est vraiment une série à voir !

b. Repérez les formulations pour donner un avis. Puis retrouvez les autres formulations pour donner ou demander un avis (act. 3a).

> S'ENTRAÎNER 1, 2

4 💬 **En petits groupes** Faites une sélection de trois séries que vous avez vues. Présentez votre sélection aux autres et donnez votre avis. Les autres disent s'ils ont déjà vu ces séries / s'ils ne les ont jamais ou pas encore vues et donnent leur avis.

SÉRIES MANIA

FESTIVAL PROGRAMME DÉCOUVRIR PARTICIPER S'INFORMER

LA SÉLECTION DES SÉRIEPHILES | AVRIL
DJANGO, CŒURS NOIRS, HPI, EN THÉRAPIE, DÉCOUVREZ NOS RECOMMANDATIONS DU MOIS D'AVRIL.

Pour vous aider à faire un choix dans la multitude de séries qui sortent chaque mois, l'équipe de Séries Mania vous propose une sélection avec trois bonnes raisons de les regarder.

EN THÉRAPIE
Série de Olivier Nakache, Éric Toledano
Disponible le 7 avril sur Arte – Saison 2 (35 x 20 min) – France

Dans cette nouvelle saison, le psychanalyste Philippe Dayan accueille quatre nouveaux patients : Inès, une avocate solitaire, Robin, un adolescent sombre et incompris, Lydia, une étudiante qui refuse d'accepter sa maladie, et Alain, un chef d'entreprise que les médias harcèlent… Attaqué en justice par la famille d'un ancien patient, le docteur Dayan consulte une brillante analyste, Claire, à qui il confie ses doutes sur son métier et qui l'aide à s'interroger sur son rôle de sauveur. Comme dans la saison 1, chaque épisode est centré sur un patient que Dayan reçoit ; mais on sort parfois du huis clos de son cabinet, pour le suivre au tribunal ou dans le cabinet de Claire.

3 raisons de la regarder

— Cette adaptation de la célèbre série *BeTipul* a une mise en scène originale : de longues minutes de plans fixes sur les émotions de personnages qui racontent leur vie entre quatre murs et à qui on s'identifie. Ce n'est pas une série à rebondissements, il n'y a pas de suspense, l'action se résume à des dialogues entre quatre murs, mais on ne s'ennuie jamais.

— Le casting réunit des comédiens remarquables du cinéma français : Frédéric Pierrot et Charlotte Gainsbourg interprètent leur personnage de psy avec brio, Jacques Weber est magistral en chef d'entreprise déchu et Suzanne Lindon est bouleversante dans son rôle d'étudiante.

— Le scénario, qui est un miroir de nos vies et de notre société, est magnifiquement écrit. Les scènes sont émouvantes, les histoires de vie des personnages sont captivantes.

5 a. Observez. Identifiez de quel site il s'agit et l'objectif de cette page.
b. À votre avis, qu'est-ce qu'un(e) sériephile ?

6 Lisez la page.
a. Identifiez les noms des séries recommandées et repérez laquelle est présentée.
b. Trouvez dans quel ordre les informations suivantes sont données.
des arguments pour inciter à regarder – le synopsis – la fiche technique (créateurs, date de sortie…)

7 Relisez.
a. Listez les personnages de la série et relevez les précisions sur chacun.
b. Repérez les lieux et les principaux éléments de l'histoire.

8 Relisez. Vrai ou faux ? Justifiez (citez le texte).
Les arguments pour regarder la série concernent :
a. la manière de filmer les scènes ;
b. le rythme dynamique et l'action ;
c. le choix et le jeu des acteurs ;
d. la qualité de l'écriture.

zoom Langue

Caractériser une œuvre cinématographique

a. Complétez le tableau avec les mots suivants.
~~une scène~~ – l'histoire – un(e) comédien(ne) – un huis clos – un personnage – un rebondissement – un plan – le suspense – un dialogue

le casting	…
la mise en scène	*une scène* – … – …
le scénario	… – … – …
l'action	… – …

b. Retrouvez les adjectifs pour caractériser un personnage ou d'autres aspects d'une œuvre, correspondant aux explications suivantes (act. 7 et 8).
qui vit dans la solitude – triste – excellent(e) – qui n'est pas commun(e) – passionnant(e) – que les gens ne comprennent pas – qui a perdu sa supériorité – qui donne une émotion forte

Les pronoms relatifs *qui, que, à qui* pour donner des précisions sur une personne

Observez puis complétez la règle avec *qui*, *que* ou *à qui*.

> Un chef d'entreprise **que** les médias harcèlent, une étudiante **qui** refuse d'accepter sa maladie, une brillante analyste **à qui** il confie ses doutes.

Le pronom … est sujet
Le pronom … est COD } du verbe qui suit.
Le pronom … est COI

! … et … peuvent représenter des personnes ou des choses, … représente seulement des personnes.

(S'ENTRAÎNER 3, 4)

9 S'EXPRIMER

Vous écrivez un avis sur une série ou un film.

a. Lisez ce début de critique d'un spectateur sur la série *En thérapie*.

b. Choisissez une série ou un film que vous avez vu(e). Puis écrivez un avis pour le site Sens critique (personnages, interprétation des acteurs(trices), mise en scène et scénario). Donnez un titre à votre critique.

TÂCHE CIBLE : Proposer une sélection de séries francophones

> BLOG > CINÉMA

LES 10 MEILLEURES SÉRIES FRANÇAISES DU MOMENT

Depuis quelques années, **la France s'est imposée comme un pays de création de séries télévisées de qualité**, aux côtés des États-Unis, de l'Angleterre ou encore de la Scandinavie. Si vous êtes sériephile, c'est un bon moyen d'améliorer votre français. **Voici notre sélection des 10 meilleures productions de ces deux dernières années**. Il y en a pour tous les goûts !

1 Préparez-vous !

Vous allez proposer une sélection de séries francophones à regarder pour pratiquer le français.
a. Lisez cette page du blog de l'Institut français d'Estonie. Identifiez ce qu'elle propose.

En petits groupes
b. Faites des recherches sur les séries francophones qui ont / ont eu beaucoup de succès. Faites une sélection de deux ou trois séries que vous avez envie de regarder.
c. Pour chaque série, cherchez des informations sur la date de sortie, le nombre de saisons et d'épisodes, le/la réalisateur(trice) et le casting, l'histoire et les caractéristiques qui font / ont fait le succès de la série.

2 Réalisez !

En petits groupes Pour chaque série de votre sélection, écrivez un article de présentation :
– la fiche technique (date de sortie, durée, nombre de saisons et d'épisodes, réalisation et casting) ;
– le synopsis (les personnages principaux et les grandes lignes de l'histoire) ;
– trois bonnes raisons de regarder la série.

3 Partagez !

a. Faites circuler tous les articles entre les groupes, qui réagissent : ont-ils sélectionné les mêmes séries ? Quelles séries ont-ils envie de voir ?
b. Mettez-vous d'accord avec la classe sur les séries à retenir pour pratiquer le français. Puis proposez votre sélection sur le site ou le blog de votre école.

S'entraîner

La place de l'adverbe au passé composé / L'accord du participe passé avec le COD

1 a. Réécrivez les phrases avec *pas encore*, *déjà* ou *jamais*.
Ex. : J'ai vu ce film deux fois ! → J'ai déjà vu ce film deux fois !
1. Je n'ai pas aimé cette actrice : ni dans ses premiers films, ni maintenant.
2. On n'a pas vu cet épisode, ne nous raconte pas !
3. Nous avons regardé les saisons 1 et 2 ensemble.
4. Je n'ai pas découvert la sélection du festival, mais je vais regarder sur le site.
5. Tu n'as pas vu les films de ce réalisateur ?
6. Ils ont adapté ces romans plusieurs fois au cinéma.

b. Transformez les phrases avec les pronoms COD *l'* ou *les*. Faites les accords si nécessaire.
Ex. : Je l'ai déjà vu deux fois !

Demander / Donner un avis

2 Associez pour former les phrases possibles.

a. À mon avis,
b. Qu'est-ce que vous avez pensé de
c. À ton avis,
d. Je pense que
e. J'ai trouvé
f. Pour moi,
g. Je trouve que

1. cette saison plus intéressante.
2. cet épisode n'est pas exceptionnel.
3. cette série ?
4. l'actrice incroyable !
5. c'est un bon acteur ?
6. ce n'est pas la meilleure saison.
7. c'est une série à ne pas manquer !

Caractériser une œuvre cinématographique

3 Complétez avec les mots suivants. Faites les modifications nécessaires.
mise en scène – rebondissement – émouvant – remarquable – huis clos – suspense – captivant – action
a. Le casting de cette série est vraiment incroyable : il n'y a que des comédiens … !
b. La scène est très … : j'ai pleuré à la fin.
c. Cette saison est vraiment … : il y a plein de …, on ne s'ennuie pas !
d. C'est un … : ça se passe toujours dans la même pièce. Donc il n'y a pas beaucoup de … .
e. Quel … ! J'ai envie de voir l'épisode suivant !
f. La … est très originale, bravo à la réalisatrice !

Les pronoms relatifs *qui*, *que*, *à qui* pour donner des précisions sur des personnes

4 Choisissez le pronom correct.

Notre personnage préféré : Andréa Martel, le personnage principal de la série *Dix pour cent*, *que / qui* Camille Cottin interprète de manière magistrale. C'est une femme *qui / à qui* on a envie de s'identifier : elle est volontaire, indépendante. Andréa est agente de stars chez ASK, une agente *qui / à qui* est toujours guidée par l'amour de la profession et *que / qui* sait trouver des solutions. C'est aussi une confidente *qui / à qui* Gabriel, autre agent d'ASK, raconte ses secrets. Les deux amis forment un duo *qu' / qui* on adore ! Avec ses répliques drôles, Andréa est une femme de série *qui / qu'*on n'oubliera pas !

À retenir

Récap' lexique et communication

Demander / Donner un avis

1 a. Complétez avec des formulations vues dans la leçon.

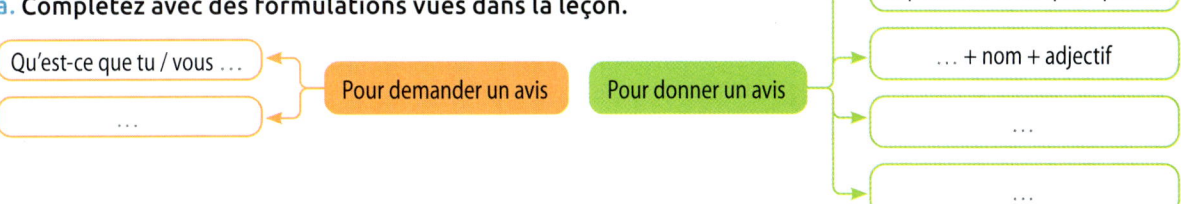

b. Associez pour reconstituer les expressions possibles. Puis classez ces avis.

c'est (vraiment)   ce n'est pas   je n'ai pas   à ne pas
un chef-d'œuvre   terrible   accroché   excellent   manquer
bien   un (très) bon acteur   exceptionnel   pas mal *(fam.)*

Avis positif	Avis mitigé	Avis négatif
C'est (vraiment) bien ! – …	…	…

Caractériser une œuvre cinématographique

2 Par deux Faites le maximum d'associations possibles.

Récap' grammaire

La place de l'adverbe

Avec une forme verbale simple, l'adverbe se place après le verbe. *Je regarde **souvent** des séries anglaises ou américaines.*	Avec une forme verbale composée, l'adverbe se place entre l'auxiliaire et le participe passé. *J'ai **déjà** vu toutes les saisons.* *Je n'ai **pas encore** vu la saison 2.*

 Je n'ai pas encore vu… → Une action non réalisée.
J'ai encore vu… → Une action réalisée une nouvelle fois.

L'accord du participe passé avec le COD

Au passé composé, avec l'auxiliaire **avoir**, on accorde le participe passé avec le **COD**, placé avant le verbe (les pronoms **le**, **la**, **l'**, **les** ou le pronom relatif **que**).
– *Qu'est-ce que tu as pensé de cette série ? – Je l'ai adoré**e**.*
*Des séries **que** tu as aim**ées**.*

Les pronoms relatifs *qui*, *que*, *à qui*

Qui est **sujet** du verbe qui suit. *des personnages **qui** racontent leur vie* (→ ***Des personnages** racontent leur vie.*)	**Que / Qu'** est **COD** du verbe qui suit. *un patient **que** Dayan reçoit* (→ *Dayan reçoit **un patient**.*)	**À qui** est **COI** du verbe qui suit. *des personnages **à qui** on s'identifie* (→ *On s'identifie **à des personnages**.*)

! On utilise **à qui** seulement pour une personne.
On utilise **qui** et **que** pour une personne ou une chose.

LEÇON 3 — Communiquer sur un événement

> Créer un événement culturel participatif

Doc. 1

ROUBAIX XXL — Toute l'actualité de la ville de Roubaix

TOUS LES ARTICLES ⌄   VIE QUOTIDIENNE ⌄   DÉCOUVRIR ET SORTIR ⌄   VIE MUNICIPALE ⌄

Votez pour votre projet culturel préféré !
Publié le 20 janvier

La ville de Roubaix prévoit un budget pour soutenir des projets imaginés par des acteurs roubaisiens de la culture et qui impliquent des habitants. 8 projets ont été retenus parmi les propositions déposées il y a trois mois.
À partir du 21 janvier et jusqu'au 21 février, vous pourrez voter pour votre projet culturel préféré. Résultats du vote dans six semaines. Les 3 projets lauréats se partageront le budget prévu et leur mise en œuvre se fera progressivement, jusqu'à la fin de l'année.

LES PROJETS SOUMIS AU VOTE

1. **J'irai me cultiver chez vous :** Réalisation d'un documentaire sur les lieux de culture à Roubaix par le centre social du Pile Sainte-Élisabeth.
2. **Street art à la Croix-Rouge :** Réalisation d'une fresque sur la façade de l'association.
3. **Mondes croisés :** La Compagnie de danse A Corpo propose aux parents et aux enfants de créer ensemble un court-métrage.
4. **Spectacle musical :** Écriture de chansons et conception d'une comédie musicale, à l'initiative de l'association Horizon 9.
5. **On sème, on s'aime et on récolte :** Création d'un jardin thérapeutique avec échange de plants et de graines.
6. **Fabrique ton concert :** Création d'un orchestre participatif : fabrication d'instruments et concert !
7. **Roubaix Art Fashion :** Participez à l'élaboration d'un défilé de mode sur les cultures du monde !
8. **Chorale intergénérationnelle :** Enfants, parents et grands-parents, rejoignez la chorale du centre social des 4 Quartiers.

---

1 a. Observez (doc. 1). Identifiez de quel site il s'agit et ce qu'on annonce.
b. En petits groupes À votre avis, qu'est-ce qu'un projet culturel participatif ? Faites des hypothèses.

2 Lisez.
a. Vérifiez vos hypothèses (act. 1b).
b. Repérez dans quel ordre on présente les éléments suivants.
- les projets proposés
- l'objectif de l'initiative de la ville
- les étapes de cette initiative

3 Relisez l'introduction.
a. Complétez le calendrier suivant. Justifiez (citez le texte).

Projets culturels participatifs – Calendrier	
…	→ dépôt des projets
21 janvier – …	→ … des habitants
début …	→ …
de mars à …	→ Mise en œuvre des projets

b. Identifiez ce que va apporter cette initiative de la ville aux projets gagnants.

4 Relisez la présentation des huit projets.
a. Classez-les dans les catégories suivantes. Relevez les réalisations prévues pour justifier.
- musique
- arts plastiques
- cinéma et vidéo
- arts du spectacle
- autres

b. Trouvez pour quels projets on précise qui va les mettre en œuvre.

zoom Langue

Annoncer un événement
> Les marqueurs temporels

Observez puis trouvez dans quelle(s) phrase(s)…
– on situe une action passée par rapport au présent ;
– on situe une action future par rapport au présent ;
– on indique une limite de temps ;
– on indique le point de départ d'une action.

Les propositions déposées **il y a** trois mois.
À partir du 21 janvier et **jusqu'au** 21 février, vous pourrez voter.
Résultats du vote **dans** cinq semaines.
La mise en œuvre se fera progressivement **jusqu'à** la fin de l'année.

Les projets culturels et artistiques (1)

a. Trouvez d'autres mots de sens proche.
la **création** d'un projet culturel ou artistique → la mise en œuvre, la …, l'…, la …

b. Quelle(s) action(s) fait-on pour participer aux projets suivants ? Associez.

un documentaire | une fresque | un court-métrage
une comédie musicale | un orchestre | un concert
un défilé de mode | une chorale

chanter – jouer un rôle – peindre ou dessiner – jouer d'un instrument – faire de la couture – filmer

S'ENTRAÎNER 1, 2

5 En petits groupes Votez pour votre projet préféré (doc. 1) et justifiez votre choix. Puis mettez en commun les résultats de votre vote avec les autres groupes. Quels sont les trois projets préférés de la classe ?

ROUBAIX XXL — Toute l'actualité de la ville de Roubaix

Projets culturels participatifs : les résultats !

Publié le 7 mars

Entre le 21 janvier et le 21 février, les habitants ont voté et désigné les projets qui vont bénéficier du soutien de la ville. Nous avons rencontré les trois lauréats pendant la remise des prix le 1er mars dernier.

1/ On sème, on s'aime et on récolte
Porteuse de projet : Camille Gonce, présidente de l'association Les Jardins de la fertilité

2/ J'irai me cultiver chez vous
Porteur de projet : Frédéric Thammavong, animateur au centre social Pile Sainte-Élisabeth.

3/ Spectacle musical
Porteur de projet : Frédéric Bridelence, éducateur au sein de l'association Horizon 9

Écouter les lauréats ici

6 Lisez cette autre page du site de la ville de Roubaix (doc. 2). Identifiez ce qu'elle annonce et ce qu'on peut consulter.

7 069 Écoutez les deux extraits.
a. Repérez qui s'exprime et dans quel contexte.
b. Quels aspects de leur projet évoquent-ils ? Choisissez dans la liste. Justifiez (citez les paroles).
l'origine du projet – les difficultés rencontrées – le déroulement – l'objectif social – le coût – le concept

8 069 Réécoutez.
a. Relevez les informations sur le déroulement de chaque projet pour identifier les étapes.
b. Repérez les personnes impliquées dans chaque projet et dites comment elles vont intervenir.

zoom Langue

Expliquer le déroulement d'un projet

Les projets culturels et artistiques (2)

a. Trouvez d'autres verbes pour expliquer le déroulement (act. 7b, 8a.).
se dérouler = … = …

b. Mettez les actions suivantes dans l'ordre chronologique.
– la projection le tournage le montage d'un film
– fabriquer peindre un décor
– la représentation les répétitions d'un spectacle
– l'enregistrement la composition d'une chanson
– jouer écrire une saynète

C'est / Ce sont… qui / que pour mettre en relief

Observez puis associez pour formuler la règle.

C'est la série *J'irai dormir chez vous* **qui** a inspiré ce projet.
Ce sont eux **qui** ont imaginé ce projet.
C'est cet objectif **que** nous allons pouvoir atteindre.
Ce sont des lieux très dynamiques **que** nous voulons valoriser.

On utilise :	pour mettre en relief :
c'est / ce sont … qui •	• le COD du verbe.
c'est / ce sont … que •	• le sujet du verbe.

Les verbes en *-eindre, -aindre* et *-oindre* au présent

a. Ce sont des verbes à deux bases. Observez et complétez la conjugaison du verbe *rejoindre* avec les bonnes couleurs.

Si nous **atteignons** notre objectif, nous ferons connaître ces lieux.
Un compositeur nous **rejoint** bientôt.
Quelques jeunes, qui **craignent** de monter sur scène, **peignent** les décors.

je rejoin**s**   nous …
tu rejoin**s**   vous rejoign**ez**
il / elle / on …   ils / elles …

b. Conjuguez les verbes *peindre* et *craindre* au présent.

S'ENTRAÎNER 3, 4

9 PRONONCIATION 11

Le son [ɲ]

a. 070 Écoutez et cochez quand vous entendez le son [ɲ] comme dans *mignon*.

Ex.	1	2	3	4	5	6	7	8
X								

b. 071 Écoutez et répétez.

10 S'EXPRIMER

Vous présentez un projet culturel.

En petits groupes

a. Choisissez un projet parmi ceux qui ne sont pas lauréats (doc. 1). Développez l'idée et réfléchissez à l'objectif social de ce projet. Imaginez sa mise en œuvre (étapes du déroulement du projet, calendrier).

b. Préparez votre présentation orale : répartissez-vous la parole. Puis présentez le projet à la classe.

Dossier 5 — Leçon 3

TÂCHE CIBLE : Créer un événement culturel participatif

1 Préparez-vous !

Vous allez proposer un événement culturel participatif dans votre école.

a. Lisez la présentation de l'événement. Identifiez la réalisation finale, la date et le lieu. Repérez qui dirige ce projet et quelles sont les modalités de participation.

b. Imaginez un événement participatif pour créer du lien entre les étudiant(e)s de votre école. Mettez-vous d'accord sur le type d'événement (festival, soirée…). Faites un remue-méninges sur les réalisations possibles (spectacle(s), fresque(s)…).

Participez au Défilé de la Biennale de la danse de Lyon !

> Lien pour s'inscrire en ligne

La plus grande parade chorégraphique d'Europe prépare sa 14ᵉ édition ! Vous aimez danser, jouer d'un instrument et vous avez envie de participer à une expérience collective unique ? Jeunes, adultes, personnes âgées, débutant(e)s, confirmé(e)s, rejoignez cette aventure artistique et humaine qui aura lieu le 10 septembre à Lyon !

Les villes de la région sont invitées à participer. Le chorégraphe Bouba Landrille Tchouda coordonnera la participation de Grenoble et de toute l'agglomération.
Nous recherchons 250 participant(e)s. Inscrivez-vous aux ateliers (danse, musique, couture) qui se dérouleront à partir de janvier et jusqu'à septembre.

2 Réalisez !
En petits groupes

a. Vous allez coordonner un projet dans le cadre de cet événement participatif. Choisissez une réalisation finale (act. 1b). Puis définissez l'organisation et le déroulement de votre projet.

b. Décrivez votre projet dans un article web : la réalisation prévue, les modalités de participation, les étapes du déroulement…

3 Partagez !

a. Présentez votre projet à la classe, qui en retient trois pour l'événement.

b. Rédigez un article pour annoncer l'événement dans votre école : date(s), lieu, objectif. Ajoutez les présentations des trois projets retenus (act. 3a).

c. Postez votre article sur le site de votre école et organisez votre événement !

S'entraîner

Les marqueurs temporels

1 Entourez l'option correcte.

*Ex. : Nous aurons les résultats du vote il y a / **dans** une semaine.*
a. On pourra s'inscrire *à partir de / dans* la semaine prochaine.
b. Vous pouvez déposer vos propositions *partir du / jusqu'au* 25 octobre : c'est la date limite !
c. On a enregistré les chansons *il y a / dans* trois jours.
d. Nous allons commencer à travailler sur notre projet *à partir de / jusqu'à* demain.
e. *À partir de / Il y a* deux semaines, nous avons vu une super comédie musicale !
f. *Il y a / Dans* deux jours, nous participerons au festival.

Les projets culturels et artistiques

2 Mettez les mots soulignés à la bonne place.

a. Je vais à un <u>court-métrage</u> concert de rap ce soir.
b. Il a réalisé <u>un orchestre</u> de vingt minutes. Il a filmé les scènes dans son quartier.
c. J'ai participé à l'écriture des chansons et des scènes d'<u>une fresque</u>.
d. Ma sœur joue du violon dans <u>un défilé de mode</u> symphonique.
e. Ils ont récupéré des vêtements de seconde main et organisé <u>une chorale</u>.
f. Les jeunes ont créé <u>une comédie musicale</u> sur ce mur.
g. J'aime chanter avec d'autres personnes, je m'inscris dans <u>un concert</u> !

C'est / Ce sont… qui / que pour mettre en relief

3 Transformez les phrases pour mettre en relief les éléments soulignés.

Ex. : <u>Cette association</u> propose des projets participatifs. → C'est cette association qui propose des projets participatifs.
a. Les jeunes viennent pratiquer <u>des activités artistiques</u> dans ce centre.
b. Mes voisins ont préféré <u>ce projet</u>.
c. <u>Des habitants du quartier</u> ont réalisé cette fresque.
d. <u>Vous</u> avez eu l'idée de créer cette chorale ?
e. <u>Cet événement</u> s'adresse à tous les publics ?
f. Nous proposons <u>ces projets</u> pour créer un lien social dans le quartier.

Les verbes en -*eindre*, -*aindre* et -*oindre* au présent

4 Conjuguez les verbes au présent.

Embellir les murs de la ville
Beaucoup de personnes (craindre) de voir la ville envahie de graffitis mais, pour nous, un mur est un magnifique lieu d'expression. Vous êtes propriétaire d'un mur que vous voulez embellir ? Vous (rejoindre) notre association et nous (peindre) avec vous !

Défilé de printemps
Chaque année, des habitants du quartier (se joindre) à moi pour préparer le défilé de printemps. Ensemble, on fabrique, on (peindre) et on (ne pas craindre) d'apporter sa petite touche personnelle ! Avec ce projet, je (atteindre) mon objectif : créer du lien social.

À retenir

Récap' lexique

Les projets culturels et artistiques

1 Complétez avec les verbes ou les noms correspondants.

Ex. : | créer | la création |

...	la réalisation		répéter	...		monter	...
préparer	...		...	la composition		...	le tournage
élaborer	...		concevoir	...		enregistrer	...
...	la fabrication		projeter	...		se dérouler	...

2 Faites les associations possibles.

Récap' grammaire

Les marqueurs temporels

	présent → futur	
Pour situer un événement dans le futur par rapport au présent :	**dans** + durée	*dans* cinq semaines
Pour indiquer un point de départ et une limite dans le temps :	**à partir de** } + date, **jusqu'à** } moment / événement	*à partir du* 21 janvier et *jusqu'au* 21 février *jusqu'à* la fin de l'année

le mot du prof : Rappel : **il y a** + durée → pour situer **dans le passé** par rapport au présent.
Dans + durée → pour situer **dans le futur** par rapport au présent.
il y a cinq semaines = cinq semaines avant aujourd'hui
dans cinq semaines = cinq semaines après aujourd'hui

C'est / Ce sont… qui / que pour mettre en relief

Pour mettre en relief :
le **sujet** du verbe → c'est / ce sont… **qui**   *Ce sont des jeunes qui fréquentent l'association.*
le **COD** du verbe → c'est / ce sont… **que / qu'**   *C'est un projet qu'ils ont imaginé.*

Les verbes en *-eindre*, *-aindre* et *-oindre* au présent 072

Ce sont des verbes à deux bases.

Atteindre		Craindre		Rejoindre	
j'	atteins	je	crains	je	rejoins
tu	atteins	tu	crains	tu	rejoins
il / elle / on	atteint	il / elle / on	craint	il / elle / on	rejoint
nous	atteignons	nous	craignons	nous	rejoignons
vous	atteignez	vous	craignez	vous	rejoignez
ils / elles	atteignent	ils / elles	craignent	ils / elles	rejoignent

Patrimoines

La Métropole européenne de Lille (MEL) réunit 95 communes autour des villes de Lille, Roubaix et Tourcoing. Elle est située dans les Hauts-de-France, une région qui a connu un grand développement industriel dans le textile et la métallurgie au XIXe siècle. Mais dans les années 1970, les usines ont progressivement fermé. À partir de 2004, année où Lille a été capitale européenne de la culture, on a imaginé de nouvelles utilisations pour ces friches* industrielles. Certaines sont devenues des lieux culturels dynamiques qui rendent la métropole attractive.

* Friches = espaces abandonnés.

1 Lisez la présentation et observez la carte.
  a. Identifiez de quel lieu on parle et situez-le.
  b. Repérez les moments clés de son histoire et de son évolution récente.

Les **maisons Folie** sont des « fabriques culturelles » ouvertes aux habitants et aux artistes. Elles sont installées dans des quartiers populaires marqués par la révolution industrielle : la **maison Folie Wazemmes** est dans une ancienne filature[1] et la **maison Folie Moulins**, dans une ancienne brasserie[2]. Ces maisons Folie proposent des spectacles (danse, théâtre, concerts…), des expositions et des ateliers de pratiques artistiques.

1. Filature : usine où on fabrique des fils à partir de matière textile.
2. Brasserie : lieu où on fabrique de la bière.

2 Lisez les trois présentations.
  a. Situez chaque lieu sur la carte puis identifiez sa vocation actuelle.
  b. Identifiez la fonction d'origine des quatre bâtiments cités. Puis choisissez dans la liste le secteur d'activité correspondant.

  `industrie métallurgique` `industrie textile` `production alimentaire` `transports`

3 ▶ 12 Regardez le reportage vidéo.
  a. Repérez le nom du lieu et situez-le sur la carte.
  b. Identifiez la fonction d'origine du lieu et le secteur d'activité (act. 2b) puis sa vocation actuelle.

4 En petits groupes Échangez !
  a. Si vous visitez la métropole de Lille, quel(s) lieu(x) avez-vous envie de découvrir ? Pourquoi ?
  b. Dans votre ville / région, est-ce que des bâtiments anciens ont été transformés pour une nouvelle utilisation ? Présentez les lieux, expliquez leur ancienne et leur nouvelle fonction.

Ancienne gare de marchandises, la **gare Saint-Sauveur** est devenue un lieu culturel au cœur de la ville de Lille, qui accueille des expositions d'art contemporain, des concerts, des projections cinématographiques… Un bar-restaurant situé dans le bâtiment, le Bistrot de St-So, programme également des concerts.

Transformée en lieu culturel en 2004, la **Condition publique de Roubaix** était un ancien bâtiment de stockage pour le coton, la laine et la soie. Aujourd'hui, c'est un tiers-lieu qui accueille un skatepark, des expositions, des concerts et des ateliers créatifs.

Fenêtre sur…

Littératures

Dossier 5 — Fenêtres sur…

1
a. Lisez et identifiez la nature de chaque texte.
saynète   analyse sociologique
b. Observez le dessin et dites quel texte il illustre.
c. Échangez ! Connaissez-vous d'autres œuvres des deux auteurs ?

Le bifteck et les frites

Comme le vin, le bifteck est, en France, élément de base […] ; il figure dans tous les décors de la vie alimentaire : plat, bordé de jaune, semelloïde[1], dans les restaurants bon marché ; épais, juteux, dans les bistrots spécialisés ; cubique, le cœur tout humecté sous une légère croûte carbonisée, dans la haute cuisine ; il participe à tous les rythmes, au confortable repas bourgeois et au casse-croûte[2] bohème du célibataire […]. Associé communément aux frites, le bifteck leur transmet son lustre[3] national : la frite est nostalgique et patriote comme le bifteck.

Roland Barthes, *Mythologies*, Éditions du Seuil, 1957.

1. Semelloïde : qui ressemble à une semelle de chaussure.
2. Casse-croûte : repas rapide et très simple.
3. Lustre : prestige.

L'addition

Le client : Garçon, l'addition !
Le garçon : Voilà. *(Il sort son crayon et note.)* Vous avez… deux œufs durs, un veau, un petit pois, une asperge, un fromage avec beurre, une amande verte, un café filtre, un téléphone*.
Le client : Et puis des cigarettes !
Le garçon : C'est ça même… des cigarettes… Alors ça fait…
Le client : N'insistez pas, mon ami, c'est inutile, vous ne réussirez jamais.
Le garçon : !!!
Le client : On ne vous a donc pas appris à l'école que c'est ma-thé-ma-ti-que-ment impossible d'additionner des choses d'espèces différentes !
Le garçon : !!!
Le client *(élevant la voix)* : Enfin, tout de même, de qui se moque-t-on ?… Il faut réellement être insensé pour oser essayer de tenter d'« additionner » un veau avec des cigarettes, des cigarettes avec un café filtre, un café filtre avec une amande verte et des œufs durs avec des petits pois, des petits pois avec un téléphone […]. *(Il se lève.)* Non, mon ami, croyez-moi, ne vous fatiguez pas, ça ne donnera rien, vous entendez, rien, absolument rien…, pas même le pourboire ! *(Et il sort en emportant le rond de serviette à titre gracieux.)*

Jacques Prévert, *Histoires*, Éditions Gallimard, 1963.

* Un téléphone : un appel téléphonique passé avec le téléphone du restaurant.

2 Relisez les deux textes.
a. Retrouvez un plat emblématique de la cuisine française.
b. Faites des hypothèses sur la composition du repas dans le texte de Jacques Prévert.

3 Relisez le texte de Roland Barthes.
a. Retrouvez les différentes catégories de restaurant évoquées. Dans quelle catégorie préférez-vous manger le plat décrit ? Pourquoi ?
b. Trouvez des indices du succès incontestable de ce plat.

4 Relisez le texte de Jacques Prévert.
a. Comment se termine la scène ? Choisissez.
– Le client paie l'addition et part.
– Il vole un objet et part sans payer.
– Il règle l'addition et laisse quelques pièces pour le service.
b. Pourquoi est-ce que la scène est comique ?

5 En petits groupes. Choisissez votre activité (a ou b).
a. Jouez la scène de Jacques Prévert entre le client et le serveur.
b. Choisissez un plat emblématique de votre pays et rédigez une petite analyse sociologique.

Stratégies et outils pour... parler en public

Planifier et anticiper – accepter la prise de risques – maintenir l'attention du public

1 🔊 073 **En petits groupes** Écoutez une étudiante de niveau A2 qui parle en public dans son école. Que pensez-vous de son intervention ? Cochez.
☐ Elle lit son texte.
☐ Elle a peur de se tromper.
☐ Elle a préparé son intervention.
☐ Elle est à l'aise.
☐ Elle a peur de prendre la parole.
☐ Elle essaie d'obtenir la sympathie du public et de maintenir son attention.
☐ Elle va jusqu'au bout de son message et réussit à faire passer l'information.

2 Regardez le cahier de Natalia. Observez de quelle manière elle a planifié et anticipé son intervention. Vrai ou faux ?
a. Elle a écrit tout son texte.
b. Elle a noté le plan de son intervention.
c. Elle a noté des expressions utiles.
d. Elle a fait un schéma avec les informations principales.

Je vais vous parler de...	Projet : concours de talents
Pour commencer, ...	(toutes les classes)
	Participation : jouer d'un instrument, chanter, écrire une chanson → en français !
Je précise que... / Une précision : ...	seul ou groupe
Pour finir, ...	15 personnes max
	Inscription jusqu'au 15 juin
Je vous remercie pour votre attention.	

3 Relisez le cahier.
a. À quoi servent les expressions que Natalia a surlignées ? Choisissez.

   [montrer l'intérêt de son projet]   [structurer sa présentation]

b. 🔊 073 Réécoutez. Pouvez-vous repérer les paroles de Natalia pour maintenir l'attention du public et pour obtenir sa sympathie ?

Est-ce que vous vous sentez prêt(e) à prendre la parole en public, à « prendre le risque » ? Quelles stratégies allez-vous utiliser pour faciliter votre intervention ?

DOSSIER 6
Découvrir de nouveaux horizons

	Vous avez besoin de	Vous allez apprendre à...	Vous allez...
Leçon 1	vous dépayser, déconnecter	choisir / décrire une destination	créer un guide d'escapades nature
Leçon 2	voyager, découvrir des traditions	préparer / raconter un voyage	faire un descriptif pour défendre une pratique culturelle
Leçon 3	vivre une nouvelle expérience / relever un défi	raconter un défi, une aventure	créer le numéro « Défis inspirants » d'une revue nature

Fenêtres sur...	Stratégies et outils pour...
Territoires Identifier et situer les outre-mer françaises	**Vérifier un écrit** → se relire, s'autocorriger
Littératures Découvrir les récits d'une exploratrice écrivaine : Sarah Marquis	

LEÇON 1 — Choisir / Décrire une destination

> Créer un guide d'escapades nature

Doc. 1

Doc. 2

GIRONDE
DUNE DU PILAT
Elle apparaît comme un mirage entre l'océan Atlantique et les pins de la forêt landaise. Avec ses 110 m de haut et ses 3 km de long, la plus grande dune d'Europe ressemble au Sahara.

Ce paysage insolite se trouve à l'entrée du bassin d'Arcachon. Les courageux s'y rendent tôt le matin pour l'ascension à pied de l'immense tas de sable doré. On est loin des 5 000 km de désert et des palmiers du Sahara, mais on en repart avec l'impression de quitter un décor des mille et une nuits.

PROVENCE
COLORADO DE RUSTREL
On dirait un décor de western. Entre la montagne du Lubéron et les monts du Vaucluse, le stupéfiant paysage de canyon du Colorado de Rustrel est similaire à certains parcs nationaux de l'Ouest américain.

Le long de deux sentiers balisés, on y découvre des roches impressionnantes aux couleurs flamboyantes et on en revient aussi dépaysés qu'après une visite à Bryce Canyon.

PAYS BASQUE
GORGES DE KAKUETTA
Leur nom évoque une ancienne cité inca, cachée sous les lianes de la forêt amazonienne. Au fond de ces gorges géantes, c'est un peu comme le Pérou !

Nous sommes dans les Pyrénées ; la montagne basque cache un lac turquoise, des falaises vertigineuses couvertes d'une végétation luxuriante et une cascade gigantesque de plus de 20 m. Les randonneurs découvrent l'endroit sur des passerelles aménagées et en partent avec l'illusion qu'ils ont mis les pieds dans une jungle tropicale.

---

1 Observez la couverture du guide (doc. 1) et faites des hypothèses sur son contenu. À votre avis, qu'est-ce qu'un « plan B » ?

2 Lisez les extraits du guide (doc. 2).
a. Vérifiez vos hypothèses (act. 1).
b. Identifiez les trois endroits cités et leur localisation. Trouvez où ils se situent en France (carte p. 175).
c. Associez chaque endroit à une photo. Justifiez avec la description des paysages (citez les textes).

 1.
 2.
 3.

3 Relisez.
a. Dites quel lieu du monde chaque endroit évoque. Justifiez (citez le texte).
b. Trouvez comment les marcheurs découvrent chaque endroit.
c. Relevez l'impression que chaque lieu produit sur les visiteurs.

---

zoom Langue
Décrire un paysage
> **Les paysages et leurs caractéristiques**

a. Classez les éléments de paysage.
~~le palmier~~ – l'océan – le pin – la dune – la forêt – la montagne / le mont – le canyon – le sentier – la roche – la liane – la gorge – le lac – la falaise – la cascade – la passerelle – la jungle – le désert

Paysages avec…
– de la végétation → *le palmier* – … – … – … –
– du relief → … – … – … – … – …
– du sable → … – …
– de l'eau → … – … – …
– des aménagements pour les marcheurs → … – …

b. Trouvez dans la liste l'adjectif / les adjectifs qui évoque(nt)…

la couleur | la taille
l'aspect étonnant | l'abondance

insolite – immense – doré(e) – stupéfiant(e) – impressionnant(e) – flamboyant(e) – géant(e) – turquoise – vertigineux(euse) – luxuriant(e) – gigantesque

> ### Les pronoms *en* et *y* compléments de lieu

a. Observez puis dites ce que remplacent les pronoms *en* et *y*.

Les courageux s'**y** rendent tôt le matin.
On **y** découvre des roches impressionnantes.
On **en** revient aussi dépaysés qu'après une visite à Bryce Canyon.

dans le colorado de Rustrel – du colorado de Rustrel – à la dune du Pilat

b. Associez pour formuler la règle.

Le pronom **en** se réfère au lieu •   • où on va.
Le pronom **y** se réfère au lieu •   • où on est.
                                                • d'où on vient.

Exprimer une ressemblance

Retrouvez les formulations qui expriment une ressemblance (act. 3a) puis complétez.

évoquer
être …
… à / être … à   + nom
on …

S'ENTRAÎNER 1, 2, 3

4 🗨 **Debout !** Formez des groupes en fonction de votre type de paysage préféré. Expliquez pourquoi vous aimez ce type de paysage et donnez des exemples d'endroits correspondants.

5 🔊 074 Écoutez ces trois amis et identifiez le sujet de la conversation.

6 🔊 074 Réécoutez.
a. Identifiez les envies des trois amis pour ce long week-end.
b. Dites quelles destinations sont suggérées. Justifiez (citez les paroles).
c. Pour chaque suggestion, relevez la réaction des autres amis. Puis indiquez la destination choisie.

7 🔊 074 Réécoutez.
a. Trouvez dans quel ordre sont suggérés les hébergements suivants. Justifiez (citez les paroles).

1.

2.

3.

4.

b. Identifiez l'hébergement choisi. Justifiez (citez les paroles).

c. Vrai ou faux ? Justifiez (citez les paroles).
1. La première proposition d'hébergement est possible.
2. La deuxième proposition ne plaît pas à tout le monde.

zoom **Langue**

Suggérer / Réagir à une suggestion

a. Retrouvez les formulations pour suggérer (act. 6b et 7a) puis complétez les structures.
… + verbe à l'imparfait
… + sujet + **ne** + verbe au présent + **pas** ?
On … + infinitif
Ça te / vous … / … / … (**de** + infinitif) ?

b. Complétez avec des formulations pour réagir à une suggestion (act. 6c, 7b et 7c).

Réactions positives	Réactions négatives
Je suis pour ! – Bonne idée ! – … – … – … – … – … – … – …	… – …

Les hébergements touristiques

Trouvez dans la liste suivante les hébergements…

en bois   en toile   dans un bâtiment

une cabane – une tente – un chalet – une chambre d'hôtes – un gîte

! Un chalet est aussi un logement typique en montagne.

S'ENTRAÎNER 4

8 **PRONONCIATION**

Les liaisons obligatoires, interdites et facultatives entre l'adjectif et le nom

a. 🔊 075 Écoutez. Entendez-vous une liaison entre l'adjectif et le nom ?
b. 🔊 075 Réécoutez et répétez.
c. 🔊 076 Écoutez puis répondez : vrai ou faux ?
1. On peut faire la liaison entre le nom et l'adjectif au singulier.
2. On peut faire la liaison entre le nom et l'adjectif au pluriel.
d. 🔊 076 Réécoutez et répétez.

9 **S'EXPRIMER** 🗨

Vous faites des suggestions de sites naturels à visiter dans le monde.

Par deux
a. Déterminez vos envies de voyage à partir de vos préférences (act. 4). Puis partagez vos envies avec un autre binôme.
b. Trouvez des sites naturels dans le monde correspondant à leurs envies.
c. Suggérez-leur des destinations, décrivez les paysages. Réagissez à leurs suggestions pour vous.

Dossier 6 — Leçon 1

quatre-vingt-dix-neuf **99**

TÂCHE CIBLE — Créer un guide d'escapades nature

1 Préparez-vous !

Vous allez créer un guide d'escapades nature dans votre pays, pour les touristes francophones.

a. Observez la couverture du guide et faites des hypothèses sur son contenu. À votre avis, qu'est-ce qu'une « escapade nature » ?
b. Lisez la page du guide et identifiez la région, ses caractéristiques et les endroits à voir.
c. Réfléchissez à des endroits de votre pays où la nature est remarquable. Suggérez des destinations pour votre guide. Notez-les au tableau puis sélectionnez les huit lieux les plus remarquables.
d. En petits groupes Choisissez un lieu de la liste et faites des recherches : caractéristiques naturelles, ressemblance avec d'autres lieux, attrait pour les touristes, hébergements possibles.

2 Réalisez !

En petits groupes
a. Rédigez une page de votre guide pour le lieu choisi. Insérez une photo du lieu, une petite carte pour le localiser dans votre pays, une description du paysage et de ses caractéristiques, une rubrique « À ne pas manquer » et une rubrique « Où dormir ».
b. Mettez votre page sur l'ETC de la classe.

3 Partagez !

a. Présentez votre page de guide à la classe qui réagit et fait des suggestions pour améliorer la présentation, les descriptions…
b. Harmonisez la présentation de toutes les pages puis diffusez votre guide sur le site de votre école.

LE JURA DES LACS
DES AIRS DE GRAND NORD

À NE PAS MANQUER

Profiter de la beauté naturelle des lacs de Bonlieu et d'Ilay

Admirer les spectaculaires cascades du Hérisson

Pays de forêts, de grandes étendues vertes, d'eaux vives et de cascades. La nature y a fait jaillir des rivières et des lacs où se reflète le ciel bleu du Jura, comme dans un miroir. Avec ses airs de Grand Nord, cette terre évoque certains paysages du Canada et attire les randonneurs en été ou les skieurs de fond en hiver.

NORD-EST – LE JURA DES LACS

S'entraîner

Les paysages et leurs caractéristiques

1 Complétez avec les mots suivants. Faites les modifications nécessaires.
sable – lac – flamboyant – luxuriant – falaise – forêt – gigantesque – désert – canyon – turquoise – dune
a. La végétation des … tropicales est … .
b. Les … de l'Ouest américain ont des couleurs … .
c. Le … de Chalain est une étendue d'eau bleu … .
d. Dans les … du nord de la France, le … est fin et doré comme dans le … du Sahara.
e. Les … d'Étretat sont de … roches blanches.

Les pronoms *en* et *y* compléments de lieu

2 Réécrivez le mail, évitez les répétitions.

Salut Virginie, ça va ?
J'ai une idée pour nos vacances : les gorges du Verdon. Je suis allée dans les gorges du Verdon ce week-end et je n'avais pas envie de repartir des gorges du Verdon ! On arrive dans les gorges du Verdon par la rivière, en raft. Quand on repart des gorges, on prend une route panoramique. L'endroit est vertigineux ! Je suis revenue de cet endroit complètement dépaysée !
J'ai vraiment envie de retourner dans cet endroit !
Bises
Agathe

Exprimer une ressemblance

3 Entourez l'option correcte.
a. La Vallée des lacs, dans les Vosges, *ressemble / évoque* aux grands espaces canadiens.
b. Cet endroit de la presqu'île de Crozon est *similaire / comme* une plage des Baléares !
c. On *dirait / évoque* une île des Cyclades, en Grèce, mais on est à Marseille !
d. Le jardin exotique d'Èze *évoque / dirait* un paysage des Canaries en Espagne.
e. Ces lacs *sont comme / ressemblent* à la Finlande !

Suggérer / Réagir à une suggestion – Les hébergements touristiques

4 a. Faites des suggestions. Variez les formulations.
1. Chercher un hébergement chez l'habitant.
2. Dormir sous la tente.
3. Louer un gîte pour les vacances.
4. Loger dans une cabane dans un arbre.

b. Complétez les réactions puis associez-les aux suggestions (act. a) (plusieurs possibilités).
A. Oh non, ça ne me … pas du tout, j'ai peur du vide !
B. Oui, le camping, ça me … !
C. OK … ! Il y a un grand choix de chambres d'hôtes dans cette région !
D. Oh non, je ne suis …, je préfère un hébergement atypique !

À retenir

Récap' lexique et communication

Les paysages et leurs caractéristiques

1 a. Associez les éléments de paysages avec les caractéristiques possibles.

un paysage   un désert   un océan   une montagne   une falaise   un lac   une dune
une gorge   une cascade   la végétation   une forêt   un canyon   une jungle

immense   géant(e)   vertigineux(euse)   gigantesque   doré(e)   flamboyant(e)
turquoise   insolite   stupéfiant(e)   impressionnant(e)   luxuriant(e)   tropical(e)

b. En petits groupes Partagez vos connaissances ! Connaissez-vous d'autres éléments de paysages ? D'autres caractéristiques ?
Ex. : un lagon émeraude.

Suggérer / Réagir à une suggestion

2 Complétez avec les formulations possibles.

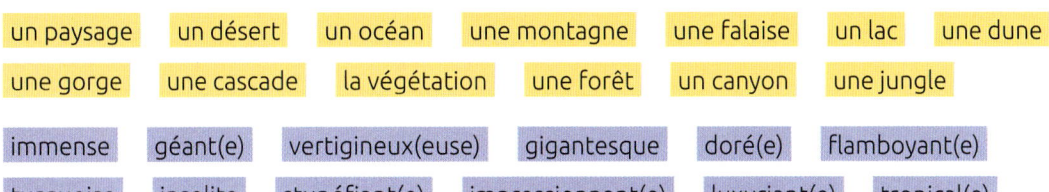

Les hébergements touristiques

3 Complétez avec les types d'hébergements.

Récap' grammaire

Les pronoms *en* et *y* compléments de lieu

Le pronom **en** remplace un complément de lieu qui indique la provenance.
*On **en** repart avec l'impression de quitter un décor des mille et une nuits.*
(= On repart de la dune du Pilat avec l'impression de quitter un décor des mille et une nuits.)
	Le pronom **y** remplace un complément de lieu qui indique :
	– la destination ;
	  *Les courageux s'**y** rendent tôt le matin.*
	  (= Les courageux se rendent tôt le matin à la dune du Pilat.)
	– le lieu où on est.
	  *On **y** découvre des roches impressionnantes.*
	  (= On découvre des roches impressionnantes dans le Colorado de Rustrel.)

Structures pour exprimer la ressemblance

ressembler à / être **similaire à** + nom **évoquer** / être **comme** + nom **on dirait** + nom	*Ça ressemble / C'est similaire au Sahara.* *Ça évoque / C'est comme le Pérou.* *On dirait un décor de western.*

Si + imparfait pour faire une suggestion

Si on allait en Provence ?  Avec **si**, l'imparfait n'exprime pas une situation passée.

LEÇON 2 — Préparer / Raconter un voyage

> Faire un descriptif pour défendre une pratique culturelle

Doc. 1

17-27 FÉVRIER

Circuit culturel Carnavals antillais

**Les Antilles françaises :
Martinique – Guadeloupe –
les Saintes – Marie-Galante**

Des carnavals de Martinique et de Guadeloupe aux superbes paysages de Marie-Galante et des Saintes : un circuit idéal pour découvrir la beauté des îles des tropiques françaises et leurs traditions créoles !

➜ Votre voyage comprend

- le vol aller Paris-Fort-de-France et le retour Pointe-à-Pitre-Paris
- l'hébergement en chambre double, hôtels 4**** (3 nuits à la Martinique, 5 à la Guadeloupe) – supplément pour une chambre individuelle
- le séjour en pension complète – boissons en supplément
- les excursions en autocar climatisé avec un guide-conférencier qualifié
- les transferts entre les îles en avion

➜ Préparer votre voyage

Formalités : carte nationale d'identité ou passeport en cours de validité
Pas de vaccination obligatoire
Décalage horaire : – 5 h

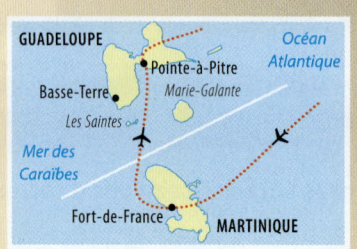

➜ Le programme

JOUR 1 Embarquement pour Fort-de-France. Vous rencontrerez votre guide local en arrivant à l'aéroport et, à l'hôtel, vous ferez les formalités d'enregistrement en dégustant un cocktail de bienvenue.

JOUR 2 Départ pour le sud de l'île avec un arrêt au musée de la Canne à sucre. Vous admirerez des paysages extraordinaires en suivant la route des Anses : vous traverserez des villages de pêcheurs puis la commune du Diamant et son majestueux rocher. Vous découvrirez la fabrication du rhum en faisant une visite guidée dans une distillerie puis vous déjeunerez en bord de mer en écoutant un groupe de musique antillaise. En rentrant, vous pourrez vous détendre sur la belle plage des Salines.

JOUR 3 Après une matinée libre, vous vivrez le lancement du carnaval en assistant à la parade du Dimanche gras, avec la sortie du roi Vaval.

---

1 a. Observez cette brochure touristique (doc. 1). Identifiez le type de voyage décrit, le thème et situez la destination sur la carte p. 176.
b. Lisez et trouvez l'ordre de ces parties dans la page.
itinéraire et activités prévues – informations pratiques – prestations du voyage – présentation de la destination

2 Lisez.
a. Identifiez les prestations incluses dans le prix du voyage et les prestations à payer en plus.
b. Repérez les informations sur :
les moyens de transport utilisés ;
les hébergements ; l'heure locale ;
les documents nécessaires pour le voyage.

3 Relisez le programme du début du circuit.
a. Identifiez ce qui est prévu pour l'accueil des touristes. Justifiez (citez le texte).
b. Trouvez quel jour il y a :
des activités en lien avec le thème du voyage ; des visites culturelles ; la découverte de sites naturels ; des moments de détente.
Justifiez (citez le texte).

---

zoom Langue

Présenter un programme de voyage

▸ Les voyages

Associez les mots aux définitions correspondantes.
un transfert – un aller – en pension complète – en cours de validité – une excursion – en supplément – un vol – un circuit – l'embarquement – un aller-retour – l'enregistrement – comprise – un guide-conférencier

– un voyage organisé avec des étapes → …
– un déplacement d'un lieu à un autre du voyage → …
– un voyage en avion → …
– un billet pour voyager → … simple ou …
– une action à l'aéroport ou à l'arrivée à l'hôtel → …
– le moment de monter dans l'avion → …
– une sortie pour découvrir une région → …
– une personne qui accompagne les touristes → …
– (une prestation) incluse dans le prix total → … ≠ …
– (un séjour) avec tous les repas inclus → … ≠ en demi-pension
– (un passeport) valide → … ≠ périmé

▸ Le gérondif

a. Observez puis trouvez qui fait l'action exprimée avec le gérondif (en gras).

> Vous rencontrerez votre guide **en arrivant** à l'aéroport.
> Vous découvrirez la fabrication du rhum **en faisant** une visite.

b. Dites dans quelle phrase le gérondif indique :
la manière (comment ?) – le moment / la circonstance (quand ?).

c. Cochez ou complétez pour formuler la règle.
L'action au gérondif est ☐ simultanée ☐ postérieure à l'action du verbe principal.
Le sujet des deux verbes est ☐ différent ☐ identique.
Pour former le gérondif, on utilise : … + participe présent
(= base de la … personne du … au présent + **ant**).

> S'ENTRAÎNER 1, 2

4 En petits groupes

a. Comment préférez-vous voyager ? Quelle est pour vous la meilleure manière de découvrir un pays ?

b. Quels sont, pour vous, les avantages et les inconvénients des voyages organisés ?

Doc. 2

Petit reportage sur les festivités du Dimanche gras au Mercredi des cendres
4 jours de fête populaire et de parades en musique dans les rues de Fort-de-France : le roi Vaval, le « vidé Pyjama », les mariages burlesques, les diables rouges, la mort de Vaval « ka kité nou »…

5
Lisez cette page de blog (doc. 2). Repérez le thème et le nom du blog, le nom des autrices. Puis trouvez le lieu et le thème de la vidéo.

6 🔊 077
Écoutez le reportage. Qui parle, de quoi, quand ?

7 🔊 077
Réécoutez.

a. Identifiez le(s) événement(s) spécifique(s) à chaque jour du carnaval. Lesquels correspondent aux photos ?

1.

2.   3.

b. Relevez ce qui indique que la fête est populaire.

c. Indiquez si les blogueuses participent. Justifiez (citez le texte).

8 🔊 077
Réécoutez.

a. Relevez les informations sur les tenues à porter chaque jour du carnaval.

b. Expliquez pourquoi la blogueuse ne comprend pas la chanson le dernier jour.

zoom Langue

Décrire une tradition

> Les pronoms indéfinis

a. Trouvez dans quelles phrases le pronom en gras renvoie à des êtres humains, à des choses / objets. Puis complétez la règle avec *complément*, *ne*, *sujet*.

1. **Rien** n'est imposé.
2. **Quelqu'un** nous a dit que c'est une tenue rouge et noire.
3. On n'a **rien** emporté.
4. On a mis **quelque chose** de rouge et de noir.
5. **Personne** ne reste couché.

Quelqu'un, personne, quelque chose, rien peuvent être … ou … du verbe. Les phrases avec **personne** et **rien** sont négatives : on utilise … devant le verbe.

b. Observez et indiquez à quoi renvoient les pronoms en gras : chaque participant(e) – tous les costumes – tous les participants – toutes les participantes – toutes les deux.

1. **Chacun** choisit son costume.
2. On a mis **chacune** quelque chose de rouge.
3. **Tout** est possible.
4. Une tenue rouge et noire pour **tous** et **toutes**.

c. Observez et trouvez le sens de *on* dans chaque phrase : quelqu'un – nous – les gens / tout le monde.

On défile en inversant les hommes et les femmes.
Charline et moi, **on** n'a rien emporté.
Mais **on** m'a expliqué que c'est en créole.

> Le carnaval

Retrouvez des mots de même sens.
un pantin → *une marionnette* – un déguisement → …, … –
les festivités → … – un accessoire pour le visage → … –
se travestir → … – un défilé → … – suivre la parade → …

(S'ENTRAÎNER 3, 4)

zoom Culture

Les Antilles françaises

Situées dans les Caraïbes, les Antilles françaises sont composées de l'archipel de la Guadeloupe, de la Martinique et des îles du Nord (Saint-Barthélemy et Saint-Martin). L'adjectif *créole* désigne à l'origine les habitants d'ascendance européenne et on l'utilise de nos jours pour parler de la culture locale. Le créole est aussi la langue parlée aux Antilles, formée à partir du français et de langues africaines.

Lisez. Qu'apprenez-vous sur les Antilles françaises, sur le plan géographique et culturel ?

9 S'EXPRIMER ✏️

Vous rédigez un programme pour un voyage organisé.

a. Sélectionnez une ville ou une région à visiter pour une première découverte de votre pays.

b. **En petits groupes** Choisissez des visites et activités intéressantes pour des Français. Décidez s'il y a un thème et rédigez un programme varié pour trois jours : découverte de sites, visites culturelles, moments de détente…

c. Comparez les programmes. Avez-vous fait les mêmes choix ?

Dossier 6 · Leçon 2

cent trois 103

TÂCHE CIBLE : Faire un descriptif pour défendre une pratique culturelle

1 Préparez-vous !

Vous allez soumettre à l'UNESCO une pratique culturelle pour l'inscrire sur les listes du patrimoine culturel immatériel.

a. Lisez cette page du site de l'UNESCO. Trouvez la définition du patrimoine culturel immatériel et repérez les cinq catégories citées.
b. Retrouvez à quelles catégories correspondent les pratiques enregistrées pour la France.
c. **En petits groupes** Réfléchissez aux traditions et pratiques culturelles de votre pays. Lesquelles sont importantes à préserver et transmettre ?
d. Listez les pratiques à proposer pour le patrimoine culturel immatériel de l'UNESCO.

2 Réalisez !

En petits groupes
a. Choisissez une pratique dans la liste (act. 1d) et trouvez à quelle catégorie elle appartient (act. 1a). Faites des recherches pour mieux la connaître.
b. Faites votre descriptif : présentez la pratique culturelle ; donnez des précisions sur les personnes, le lieu et le moment, les façons de faire, le déroulement, etc. Ajoutez des photos.

Sauvegarder notre patrimoine vivant

Le patrimoine culturel immatériel, ce sont les traditions héritées de nos ancêtres et transmises à nos descendants : les **traditions orales**, les **arts du spectacle**, les **pratiques sociales, rituels et événements festifs**, les **connaissances et les pratiques concernant la nature et l'univers** ou l'**artisanat traditionnel**. Ce patrimoine est important pour la diversité culturelle. Sa connaissance favorise le dialogue interculturel et le respect d'autres modes de vie.

Quelques pratiques inscrites sur la liste du patrimoine immatériel pour la France : les fêtes de l'Ours dans les Pyrénées, le savoir-faire de la baguette de pain, l'alpinisme, le repas gastronomique des Français.

31 mars : date limite des candidatures pour les prochaines listes.

3 Partagez !

a. Mettez votre présentation sur l'ETC. puis découvrez toutes les présentations.
b. Discutez pour choisir la pratique à proposer pour le patrimoine culturel immatériel de l'UNESCO. Chaque groupe défend sa proposition.

S'entraîner

Les voyages

1 Complétez le texte avec les termes suivants.
transfert – pension complète – cours de validité – excursion – supplément – vol – circuit – embarquement – aller-retour – enregistrement – compris – guide

Votre voyage aux États-Unis – Vol … avec Air France
Rendez-vous à l'aéroport trois heures avant le départ, les formalités de … sont longues. N'oubliez pas votre passeport en … ! Temps disponible pour vos achats *duty-free* avant le …. La durée du … aller jusqu'à Los Angeles est de 11 h 30. Pour le … en Californie, les … se font en autocar climatisé avec un … francophone. … en avion entre la Californie et le Texas. La première partie du séjour, en Californie, est en … mais les boissons ne sont pas … . Pour le séjour au Texas, les déjeuners sont en … .

Le gérondif

2 Reformulez les phrases en utilisant le gérondif pour indiquer la manière ou la circonstance.
a. Ils faisaient un voyage aux Antilles quand ils se sont rencontrés.
b. J'aime découvrir un pays et dormir chez l'habitant.
c. Nous visiterons l'île, nous ferons des excursions.
d. On a participé au carnaval : on défile derrière le roi Vaval !
e. Quand vous quittez l'hôtel, n'oubliez pas vos affaires !
f. Vous découvrirez les îles. Vous voyagerez en bateau.

Les pronoms indéfinis

3 a. Complétez avec *tout, tous, quelque chose, quelqu'un, chacun, chacune*.
1. Les touristes participent au carnaval : ils sont … déguisés mais … porte un costume différent.
2. Dans ce défilé de femmes, … a une tenue rouge et noire.
3. Pour le « vidé pyjama », … sort en pyjama et … se déroule en musique.
4. J'ai entendu … que je n'ai pas compris alors j'ai demandé à … de m'expliquer.

b. Dites le contraire.
1. Ici tout est interdit, personne n'est déguisé.
2. Je vois tout et je parle à tout le monde.
3. Tous sont habillés en rouge et noir.

Le carnaval

4 Remettez les mots soulignés à la bonne place. Faites les modifications nécessaires.

Succès pour le premier jour des tenues du carnaval à Pointe-à-Pitre

Les habitants participent de toutes les couleurs pour la festivité colorée du Dimanche gras. Aujourd'hui, pas de fête imposée, chacun choisit son masque avec, parfois, un défilé pour être totalement anonyme. Ils se déguisent en dansant dans les rues du centre-ville, dans une ambiance de parade. Beaucoup de touristes défilent à ce premier costume.

À retenir

Récap' lexique

Les voyages
Trouvez les associations possibles.

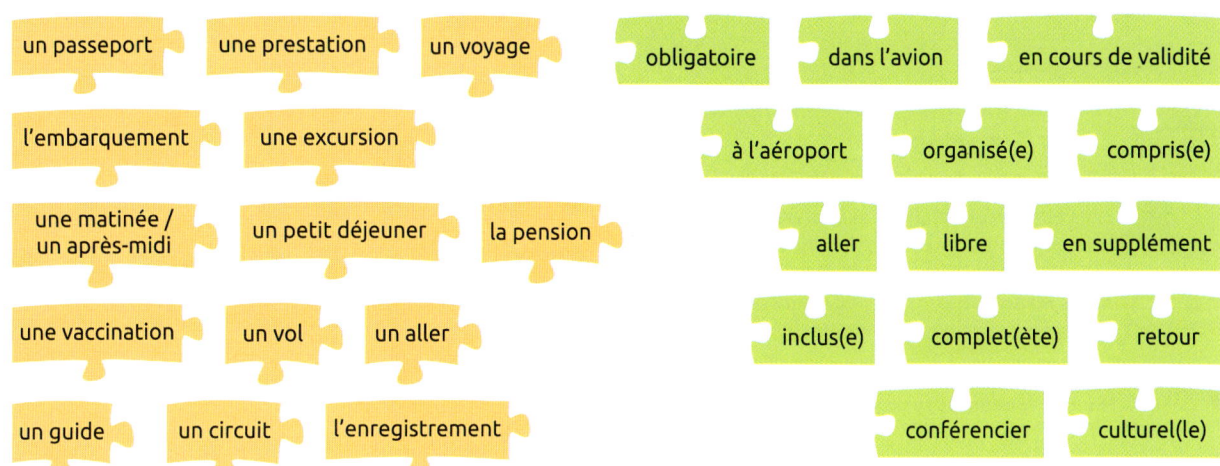

Récap' grammaire

Le gérondif

On utilise le gérondif pour donner une précision sur :
– la manière ;
Vous découvrirez la fabrication du rhum en faisant une visite dans une distillerie.
– le moment / la circonstance.
Vous rencontrerez votre guide en arrivant à l'aéroport.

L'action au gérondif et l'action du verbe principal sont simultanées et ont le même sujet.
Le gérondif est formé avec **en** + **participe présent** (base de la 1re personne du pluriel au présent + **ant**).
! Exception : verbe *être* → **en étant**.
　　　　　　 verbe *avoir* → **en ayant**

 **le mot du prof**

! *Charline défile avec son amie, Charline danse.*
→ *Charline défile avec son amie en dansant.*

Charline défile avec son amie, son amie danse.
→ *Charline défile avec son amie qui danse.*

Les pronoms indéfinis

Quelqu'un, **personne**, **quelque chose** et **rien** peuvent être sujets ou compléments du verbe.

Quelqu'un est déguisé. – *Personne n'est déguisé.*　→ **quelqu'un** = une personne indéterminée
Je parle à quelqu'un. – *Je ne parle à personne.*　→ **personne** = zéro personne
Quelque chose est organisé. – *Rien n'est organisé.*　→ **quelque chose** = une chose / un objet indéterminé(e)
Je vois quelque chose. – *Je ne vois rien.*　→ **rien** = zéro chose / objet

Tout(e), **tous**, **toutes** et **chacun(e)** peuvent désigner des personnes ou des choses / objets.

Tout est possible.　→ **tout** = toutes les choses
Une tenue rouge et noire pour tous et toutes.　→ **tous** et **toutes** = tous les hommes et toutes les femmes
Chacun choisit son costume.　→ **chacun** = chaque participant
Charline et moi, on a mis chacune quelque chose de rouge.　→ **chacune** = chacune de nous deux (toutes les deux)

Le pronom **on** est toujours sujet et désigne des personnes.

On défile en inversant les hommes et les femmes.　→ **on** = les gens / tout le monde
Charline et moi, on n'a rien emporté.　→ **on** = nous
Mais on m'a expliqué que c'est en créole.　→ **on** = quelqu'un

LEÇON 3 : Raconter un défi, une aventure

> Créer le numéro « Défis inspirants » d'une revue nature

Doc. 1

Les Frappés
Loïc Blanchard

Ils ou elles ont réalisé des exploits sportifs, ont vécu des aventures ou des expériences personnelles marquantes. Découvrez ces femmes et ces hommes, ces Frappés, qui inspirent par leur capacité à se dépasser, à se lancer des défis.

▶ Les Frappés épisode #26
Clémence Martinot – marcheuse au long cours

1 Lisez la présentation du podcast (doc. 1).
   a. Identifiez son contenu et le thème de l'épisode.
   b. Qui sont « les Frappés » ? À votre avis, que signifie ce mot ?

2 🔊 078 Écoutez l'interview de Clémence.
   a. Repérez son métier et identifiez ses challenges.
   b. Trouvez dans quel ordre le journaliste aborde les points suivants. Justifiez (citez les paroles).

   l'aspect matériel — les peurs — la fatigue — les motivations

3 🔊 078 Réécoutez.
   a. Identifiez les motivations de Clémence.
   b. Relevez ses solutions pour :
   lutter contre l'épuisement ; gérer l'aspect matériel.

4 🔊 078 Réécoutez.
   a. Vrai ou faux ? Justifiez (citez les paroles).
   1. Clémence a toujours peur.
   2. Passer des moments seule lui donne beaucoup de satisfaction.
   b. Repérez ce qui donne à Clémence des sensations agréables.

zoom Langue

L'aventure, le défi

a. Associez les expressions correspondantes.

réaliser un exploit — relever / se lancer un défi — se dépasser — vivre une aventure

– vivre une expérience spéciale = …
– accomplir quelque chose d'exceptionnel = …
– surmonter / affronter des difficultés = …
– se donner un challenge = …

b. Retrouvez (act. 3b) le matériel nécessaire en bivouac pour…

se mettre à l'abri — dormir — prendre soin de soi — s'éclairer — faire du feu

Exprimer des ressentis, des sensations

a. Complétez avec les expressions de sens proche.
Ça me détend. – Ça m'angoisse. – Je suis fier/fière de (+ infinitif / nom / pronom). – Je suis paniqué(e). – Je suis ravi(e) de (+ infinitif/nom). – Je suis épuisé(e). – Je me sens découragé(e).

– Je n'ai plus le courage. → …
– Je suis très fatigué(e). → …
– Ça me fait peur. → … – … ≠ Je me sens sereine.
– Ça me fait du bien. → …
– Je ressens de la joie. → … – …

b. Associez les verbes au(x) sens correspondant(s).
sentir – écouter – toucher – regarder – déguster – admirer

👁 la vue   👂 l'ouïe   👃 l'odorat
✋ le toucher   👄 le goût

S'ENTRAÎNER 1, 2

zoom Culture

Les sentiers de grande randonnée (GR)

a. Retrouvez le nom et l'itinéraire de deux sentiers de grande randonnée cités dans le podcast.
b. Lisez la définition. À votre avis, que représente la photo ?
Les 369 GR sont des itinéraires balisés pour des randonnées pédestres de plusieurs jours ou semaines. Il y a 206 000 km de GR en France.
c. Est-ce que ce type de sentiers existe dans votre pays ? Les empruntez-vous ?

5 **PRONONCIATION** ▶ 13
Les consonnes tendues et relâchées

a. 🔊 079 Écoutez et indiquez par un geste si les deux mots sont identiques 🤚 ou différents 🤚.
Ex. : beau – peau → 🤚

b. 🔊 080 Écoutez et répétez.

6 💬 En petits groupes Qu'est-ce qui vous fait peur ? Qu'est-ce qui vous apporte du bien-être ? Comment luttez-vous contre la peur ? le découragement ?

Doc. 2

Douzième semaine

Premier bivouac à 2 000 m d'altitude, dans les Alpes – premier orage de montagne et première mauvaise rencontre !

L'endroit était parfait pour la nuit, la vue était magnifique. Il y avait des nuages noirs au loin, mais je ne m'inquiétais pas, j'étais heureuse du chemin parcouru. Une fois la tente montée, je dégustais un bon fromage et, d'un coup, l'orage a éclaté ! Je me suis mise à l'abri sous la tente et j'ai décidé de me coucher. Je n'étais pas rassurée : la pluie tombait fort, il y avait des éclairs et j'étais seule... Vers 2 h du matin, je dormais profondément quand un bruit m'a réveillée en sursaut. J'ai cru que c'était à nouveau l'orage. J'ai allumé ma lampe et là, j'ai vu quelque chose qui tapait sur ma tente et qui grognait comme une bête sauvage ! J'ai commencé à crier pour lui faire peur. Elle continuait à attaquer, alors j'ai essayé de lancer une chaussure pour la faire partir. À ce moment-là, j'ai senti l'odeur forte de mon fromage à côté de moi. C'était sans doute ça qui attirait la bête ! J'ai emballé le fromage puis j'ai éteint ma lampe et je suis restée immobile ; la bête était toujours là, je ne voulais pas attirer son attention. Après de longues minutes, elle est partie. Moi, je n'arrivais pas à retrouver mon calme, je n'arrêtais pas de trembler... alors je n'ai pas réussi à me rendormir. Au matin, pas de trace d'animal et un soleil magnifique. Ouf, plus de peur que de mal !

7 Observez le carnet de voyage (doc. 2). Lisez l'introduction.

a. Trouvez sur quel sentier de randonnée Clémence a écrit ce texte (act. 2a). À votre avis, elle fait le récit d'une aventure agréable ou d'une mésaventure ?

b. Identifiez les expériences nouvelles pour elle.

8 Lisez.

a. Choisissez le schéma correspondant au récit.
1. ambiance initiale positive – deux événements positifs – dénouement négatif
2. ambiance initiale négative – deux événements négatifs – dénouement positif
3. ambiance initiale positive – deux événements négatifs – dénouement positif

b. Identifiez les événements et trouvez dans quel contexte ils se produisent. Justifiez (citez le texte).

9 Relisez.

a. Relevez les initiatives de Clémence face à chaque événement, ses explications et son état d'esprit.

b. Associez chaque ressenti de Clémence à un moment du récit : *au début, au premier événement, au deuxième événement, à la fin*. Justifiez (citez le texte).

le soulagement — l'inquiétude — le bien-être, le plaisir — l'angoisse, la panique

zoom Langue

Évoquer des difficultés et des solutions

> **Les verbes prépositionnels**

Complétez avec *à* ou *de*. Puis associez chaque verbe à un moment.

arriver ...
commencer ...
réussir ... } faire
continuer ... } quelque
essayer ... } chose
décider ...
arrêter ...

— début d'une action
— résultat / fin d'une action
— déroulement d'une action

> **Le passé composé et l'imparfait dans un récit**

a. Observez et identifiez dans chaque phrase l'information principale et l'information secondaire. Puis cochez pour formuler la règle.

Je **dégustais** un bon fromage et l'orage **a éclaté**.
Je **dormais** quand un bruit m'**a réveillée**.
Elle **continuait** à attaquer, alors j'**ai essayé** de lancer une chaussure.

Dans un récit au passé :
– l'information au premier plan (= principale) est
  ☐ au passé composé ☐ à l'imparfait.
– l'information en arrière-plan (= secondaire) est
  ☐ au passé composé ☐ à l'imparfait.

b. Observez et associez chaque phrase à une/des fonction(s) dans le récit. Puis repérez quel temps on utilise pour chaque fonction.

1. L'endroit était parfait pour passer la nuit. La vue était magnifique.
2. Je ne m'inquiétais pas, j'étais heureuse du chemin parcouru.
3. Je me suis mise à l'abri et j'ai décidé de me coucher.
4. J'ai vu quelque chose qui tapait sur ma tente et qui grognait.

évoquer une succession d'actions – exprimer un ressenti – donner une précision ou une explication sur une action – décrire un environnement, une ambiance

c. Dites quel temps permet d'avancer dans l'histoire.

S'ENTRAÎNER 3, 4

10 S'EXPRIMER

Vous racontez une mésaventure de voyage.

a. Observez cette page de blog et identifiez ce qu'elle présente. À votre avis, qu'est-ce qu'une « galère de voyage » ?

ARTICLE COLLABORATIF
VOS PIRES GALÈRES DE VOYAGE VUES PAR 8 BLOGUEURS

b. Rappelez-vous une mésaventure de voyage que vous avez vécue (circonstances, problèmes rencontrés, réactions et ressentis).

c. Écrivez un article : racontez votre mésaventure pour le blog *Jen On The Road* (« Jen sur la route »).

TÂCHE CIBLE : Créer le numéro « Défis inspirants » d'une revue nature

1 Préparez-vous !

Vous allez raconter, dans une revue nature, les aventures de personnes inspirantes qui ont relevé un défi.

a. Observez et identifiez le thème de la revue *Les Others*.

b. En petits groupes Naviguez sur le site des *Others* : à partir des podcasts, repérez trois ou quatre aventures inspirantes qui se sont déroulées dans différents environnements (montagne, mer, désert, îles, forêt, contexte polaire…).

les others

Les Others Magazine est une revue indépendante pour les passionnés de nature et d'aventure

304 pages mêlant récits au long cours, photographies, illustrations et projets créatifs.

  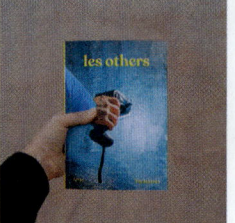

Hors-série 10 ans   Volume 15   Volume 14

2 Réalisez !

En petits groupes

a. Mettez-vous d'accord sur le défi et la personne qui vous inspirent le plus et trouvez des informations sur le type d'aventure, les motivations de la personne, l'environnement, les difficultés rencontrées, les ressentis…

b. Rédigez un article pour raconter ce défi inspirant dans votre revue. Présentez la personne et racontez ce qu'elle a vécu. Expliquez pourquoi ce défi vous inspire. Donnez un titre à votre article et ajoutez des photos.

3 Partagez !

a. Regroupez vos articles sur l'ETC et créez le numéro « Défis inspirants » de votre revue. Puis trouvez un nom pour votre revue.

b. Lisez tous les articles et réagissez : quel(s) récit(s) préférez-vous ? Expliquez pourquoi.

S'entraîner

L'aventure, le défi

1 Nommez ces éléments nécessaires au bivouac.

 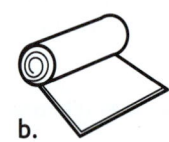 
a.   b.   c.

d.   e.   f.

Exprimer des ressentis, des sensations

2 Choisissez l'option correcte.

a. Ça *m'angoisse / me détend* de bivouaquer seule : j'ai peur des mauvaises rencontres.
b. Nous sommes *ravis / épuisés* de vivre cette aventure, c'est une expérience géniale !
c. Elle est *découragée / fière*, elle a relevé le défi !
d. Nous avons marché 30 km, nous sommes *épuisés / paniqués* !
e. Je me sens *découragée / sereine* : j'ai confiance en moi !
f. L'air de la montagne, ça me fait *peur / du bien* !

Les verbes prépositionnels

3 Complétez avec les participes passés des verbes suivants. Ajoutez la préposition *à* ou *de*.

arrêter – continuer – commencer – décider – réussir – essayer – arriver

a. On a … passer la nuit ici, l'endroit est magnifique.
b. J'ai … paniquer quand j'ai entendu du bruit.
c. Il a … relever le défi, mais il n'a pas … dépasser sa peur.
d. Il pleuvait, mais nous avons … avancer.
e. J'étais épuisé, alors j'ai … marcher !
f. On n'est pas … monter la tente : il y avait trop de vent !

Le passé composé et l'imparfait dans un récit

4 Transformez le récit de cette aventure au passé.

> Ce week-end, je décide d'aller bivouaquer seul en montagne, juste à côté de chez moi. Il fait un temps magnifique, le ciel est bleu. Je pars très tôt, tout le monde dort à la maison. Après quelques heures de marche, j'installe ma tente dans un endroit calme. Puis je laisse mes affaires sur place et je vais chercher du bois : j'ai très faim, je veux faire un feu pour préparer mon repas. Quand je reviens, un animal mange la nourriture qui est dans mon sac ! En me voyant, il se sauve. Je regarde dans mon sac : il ne reste plus rien à manger…

À retenir

Récap' lexique et communication

L'aventure, le défi

1 Faites les associations possibles.

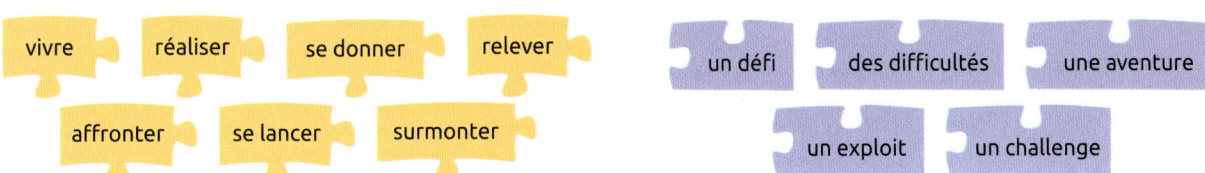

Exprimer des ressentis, des sensations

2 a. Complétez la carte mentale avec les expressions du ressenti.

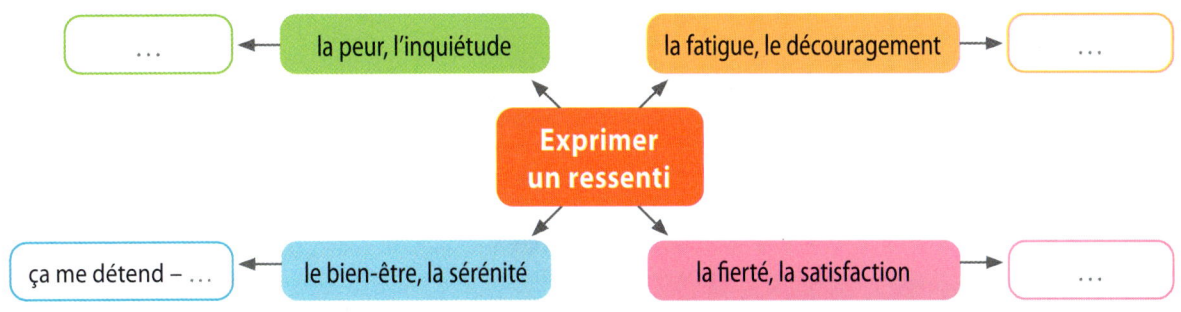

b. Pour chaque sens, complétez avec le nom ou le(s) verbe(s) correspondant(s).

…	l'odorat	…	le toucher	…
regarder, …	…	écouter	…, …	déguster, goûter

Récap' grammaire

Les verbes prépositionnels

Certains verbes sont suivis de la préposition **à** ou **de** + verbe à l'infinitif.
Ils donnent une précision sur la réalisation d'une action.

J'ai **commencé** à crier. Je n'**arrivais** pas à retrouver mon calme. Je n'ai pas **réussi** à m'endormir.	J'**ai décidé** de me coucher. J'**ai essayé** de lancer une de mes chaussures. Je n'**arrêtais** pas de trembler.
Autres verbes prépositionnels avec **à** : chercher à, apprendre à, aider à…	Autres verbes prépositionnels avec **de** : accepter de, éviter de, refuser de…

Le passé composé et l'imparfait dans un récit

Dans un récit au passé, on utilise :

l'imparfait pour les informations à l'arrière-plan. *Je dégustais un bon fromage et, d'un coup,* (information secondaire)	le passé composé pour faire avancer l'histoire. *l'orage a éclaté !* (information principale, au premier plan)

Rappel :

On utilise l'imparfait pour :
– décrire un environnement, une ambiance ;
  L'endroit était parfait.
– exprimer un ressenti ;
  J'étais heureuse.
– donner une précision ou une explication sur une action.
  J'ai vu une chose qui tapait sur ma tente.

On utilise le passé composé pour **évoquer un événement ou une succession d'événements / d'actions.**
J'ai vu une chose qui tapait sur ma tente.
Je me suis mise à l'abri et j'ai décidé de me coucher.

Territoires

1 Observez la carte p. 176.
  a. Trouvez dans quelles parties du monde vous pouvez voyager sans quitter la France.
  b. Identifiez le territoire le plus peuplé et le moins peuplé.

1. Ce département d'outre-mer est le seul qui n'est pas une île. Proche du Brésil et recouvert à 97 % par la forêt amazonienne, il abrite une grande base spatiale : de nombreuses fusées partent de Kourou.

2. De l'autre côté du monde, dans l'océan Indien, cette île se caractérise par de superbes plages mais aussi par des paysages montagneux et des points de vue grandioses. On peut monter sur le piton de la Fournaise, le volcan toujours actif de l'île qui culmine à 2 300 m. La délicieuse gastronomie locale est un autre attrait de cette île.

3. Cette collectivité regroupe les 118 îles de 5 archipels au cœur du Pacifique, à 6 000 kilomètres de l'Australie. La nature y tient une place importante : plages de sable blanc, îles montagneuses, mer bleu turquoise et paysages grandioses ; elle est très respectée par les habitants, qui possèdent de nombreuses traditions et croyances anciennes.

4. Changement d'ambiance dans ce petit archipel de trois îles situé à proximité du Canada, dans le nord de l'Atlantique. Pas de grosse chaleur ni de palmiers dans cet endroit, mais plutôt des phoques, des territoires sauvages et des petits villages de pêcheurs.

a.

d.

b.

c.

Fenêtre sur...

2 Lisez ces extraits d'un article sur la France d'outre-mer.
  a. À l'aide de la carte située p. 176, identifiez les quatre territoires présentés.
  b. Repérez les paysages qui caractérisent chaque territoire et trouvez la photo correspondante.

3 a. Listez les territoires d'outre-mer non évoqués dans les textes. Faites des recherches sur ces territoires : type de paysages, spécificités, type d'activité...
  b. **En petits groupes** Choisissez deux territoires dans votre liste et rédigez une courte présentation, sans les nommer.
  c. Partagez vos textes avec les autres groupes, qui devinent de quels territoires il s'agit.

Littératures

1 ▷ 14 Regardez la vidéo.
  a. Dites qui est Sarah Marquis et indiquez si elle raconte une aventure agréable ou une mésaventure.
  b. Repérez le lieu et le contexte de départ de l'expérience racontée.

2 ▷ 14 Regardez à nouveau. Résumez l'expérience vécue par Sarah, ses ressentis et précisez si le dénouement est positif ou négatif.

1. Caillouteuse : pleine de pierres, de cailloux.
2. Scruter : observer attentivement.
3. Grignotage : repas très léger et rapide.

Je me trouvais en Amérique du Sud lors de mon expédition « La Voie des Andes », huit mois de marche sur la cordillère. Je remontais une vallée caillouteuse[1], difficile. Le gris minéral brut dominait aussi loin que mes yeux pouvaient voir. Le vent, par-dessus tout, était constant et usant. Je scrutais[2] le paysage à la recherche d'eau mais, dans tout ce gris, rien ne ressemblait à la vie. [...] Je cherchais ainsi du vert ou un simple changement de couleur dans le paysage, mais rien… Selon ma carte topographique, une rivière d'une certaine importance doit arriver par l'ouest et s'écouler dans la vallée que je remonte en direction du nord. Ce n'est pas la première fois que ma carte topographique (ancienne) m'annonce des rivières devenues des lits de cailloux. [...] Je sais que je devrai marcher ce jour-là jusqu'à ce que je trouve de l'eau. Après un grignotage[3] rapide et une petite sieste, je décide de grimper sur le tas de pierres de cinq mètres de haut qui est juste là, à quelques mètres. [...] Je mets donc mon sac au dos et me propulse au sommet en faisant attention à la bonne synchronisation de mes mains et de mes pieds. Lorsque je relève la tête, le spectacle devant moi me coupe le souffle : une rivière de montagne peu profonde mais large (comme sur ma carte) s'écoule vigoureusement… La leçon que je reçois ce jour-là vaut toutes les leçons de survie. [...] À cette haute altitude, il peut y avoir de l'eau et pas de végétation (c'est ce que j'ai appris ce jour-là).

3 Lisez cet extrait du livre *Sauvage par nature* de Sarah Marquis.
  a. Identifiez le lieu de l'expérience racontée et trouvez le point commun avec le contexte du récit en vidéo.
  b. Indiquez si le dénouement est positif ou négatif.

4 ▷ 14 Regardez à nouveau la vidéo et relisez l'extrait.
  a. Observez le choix des temps verbaux dans les deux récits et remarquez à quel moment Sarah Marquis utilise le présent. Comment comprenez-vous ce choix ?
  b. En petits groupes Choisissez un des deux récits et réécrivez-le en utilisant les temps du passé.

Stratégies et outils pour... vérifier un écrit

Se relire, s'autocorriger

1 Pour finaliser un écrit, quelles actions faites-vous et dans quel ordre ? Cochez.
- ☐ Je vérifie que mon texte correspond à la consigne.
- ☐ Je vérifie la grammaire, les conjugaisons et l'orthographe.
- ☐ Je vérifie le sens, la cohérence des informations.
- ☐ Je vérifie l'organisation de mon texte : paragraphes, ponctuation.
- ☐ Je vérifie la précision et la variété de mon vocabulaire.

2 Lisez la consigne et la production correspondante d'une étudiante. Observez ses corrections (en couleur) et trouvez à quel type de vérification (act. 1) chaque couleur correspond.

> **S'EXPRIMER**
>
> Vous racontez une mésaventure de voyage dans un article sur votre blog.
> Indiquez les circonstances, les problèmes rencontrés. Expliquez vos réactions et précisez vos ressentis. Donnez un titre à votre article.

Une mauvaise rencontre

Paragraphe 1 — Hier, on allait pique-niquer avec nos amis près d'un lac ~~près~~ *dans la région* de Madurai. On roulait à moto, c'était le soir, il faisait nuit et il ~~n'y a pas eu~~ *n'y avait pas* de ~~lampes~~ *lampadaires* sur la route parce qu'on était en pleine campagne.

Paragraphe 2 — D'un coup, dans la lumière de nos motos, on a vu, sur le côté ~~goche~~ *gauche* de la route, une chose énorme qui boug*e*ait lentement. ~~on~~ *On* s'est arrêté*s* pour regarder. C'était un boa ! ~~Elle~~ *Il* nous fixait, la bouche grande ouverte ! En voyant ~~le boa~~ *l'animal*, mes amis se sont approchés pour prendre ~~les~~ *des* photos. *Ils étaient* fascinés. Mais moi, j'avais trop peur, je ne voulais *pas* regarder, je ne voulais pas descendre de la moto et ~~je voulais~~ *j'avais envie de* partir vite. J'ai refusé d'aller plus loin. Finalement, on a ~~cancellé~~ *annulé* le pique-nique,

Paragraphe 3 — on est repartis et on est rentrés à l'hôtel.

3 À vous de vérifier cette production d'un autre étudiant ! Faites les corrections avec les mêmes couleurs que dans l'activité 2. Comparez vos corrections avec un(e) autre étudiant(e).

> Quelle peur ! Aujourd'hui on a voyagé de Santiago de Cuba à Baracoa. on roulait il ne faisait beau, il y avait des gros neiges noirs. Un horrible orage a commencé et la pluie a tombé très très fort. Mais on a continué à rouler sous la pluie, il y avait du tonnerre et des éclairs, c'était l'orage tropical. J'arrive à l'entrée d'un village. Il y avait trop d'eau sur la route mais on n'a pas bien vu et on a continué à avancer dans l'eau. La voiture s'est arrêté et l'eau a commencé à monter dans la voiture. J'ai essayé d'ouvrir la porte mais ce n'était pas possible. j'étais très peur Mon ami a dit : « on sort par les fenêtre ! On a sauté, l'eau arrive à notre taille ! » On a dû passer la nuit dans le village, la voiture ne fonctionnait plus.

Entraînement DELF A2

Compréhension de l'oral

Exercice 1 Comprendre des annonces et des instructions orales

🔊 081 Vous êtes en France. Vous écoutez des annonces publiques. Lisez les questions. Écoutez les documents puis répondez.

🔊 082 **Document 1**

1. À la cafétéria du magasin, pour 12,50 € vous pouvez manger...
   - a. ☐ un plat unique.
   - b. ☐ un plat et un dessert.
   - c. ☐ une entrée et un dessert.

🔊 083 **Document 2**

2. Mardi, Camille Cottin vient au cinéma pour...
   - a. ☐ voir un film.
   - b. ☐ présenter son film.
   - c. ☐ présenter la série *Dix pour cent*.

🔊 084 **Document 3**

3. Pour participer au jeu, qu'est-ce que vous devez faire ?

a. ☐

b. ☐

c. ☐

🔊 085 **Document 4**

4. Vous pouvez découvrir la cuisine locale...
   - a. ☐ à l'hôtel.
   - b. ☐ chez les habitants.
   - c. ☐ dans les restaurants.

🔊 086 **Document 5**

5. Quelle information pouvez-vous trouver sur le site de l'association ?

a. ☐

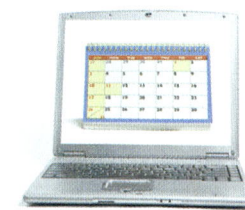
b. ☐

c. ☐

🔊 087 **Document 6**

6. Qu'est-ce que le restaurant offre si on participe à l'opération citée ?

a. ☐

b. ☐

c. ☐

Entraînement DELF A2

Compréhension des écrits

Exercice 1 Lire pour s'orienter

Vous habitez en France. Des amis étrangers vous rendent visite. Vous voulez leur proposer des activités. Vous découvrez des propositions sur le site internet de votre région.

1 **Festival « Dis-moi ton poème » sur le thème du voyage**
Exposition, spectacles, ateliers et un grand quiz poétique pour jouer en famille.

2 **AccroYoga Parents-Enfants**
Offrez-vous un moment complice et original avec vos enfants. Stage de 10 h à 13 h – Un adulte + un enfant : 30,00 €.

3 **Spectacles de cirque et apéro vert dans le jardin de l'association Au Pré Vert**
Venez nombreux ! Apportez des gâteaux salés et sucrés. Boissons disponibles sur place.

4 **La soupe vagabonde**
Venez vous régaler autour d'une soupe préparée tous ensemble avec les légumes de saison. Rendez-vous devant la mairie, à 11 h 30.

5 **Visitez la Cité Fertile à Pantin !**
Participez aux ateliers sur l'agriculture urbaine. Ouverts aux petits comme aux grands, c'est gratuit mais il faut réserver !

6 **Cours de danse orientale**
Pendant une heure, découvrez cette danse avec Belinda. Ce cours s'adapte aux débutant/e/s. Uniquement sur réservation.

Quelle activité allez-vous proposer à vos amis ? Associez chaque document à la personne correspondante. Attention : il y a huit personnes mais seulement six documents. Cochez (X) une seule case pour chaque document.

Personnes	1	2	3	4	5	6
a. Liam voudrait faire une activité de détente avec sa fille de 6 ans.	☐	☐	☐	☐	☐	☐
b. Léna adore les clowns et les acrobates.	☐	☐	☐	☐	☐	☐
c. Esteban est sensible aux problèmes écologiques et est favorable à l'agriculture durable.	☐	☐	☐	☐	☐	☐
d. Lylia est danseuse classique et aime les ballets russes.	☐	☐	☐	☐	☐	☐
e. Justin est passionné d'Orient. Il aimerait savoir danser.	☐	☐	☐	☐	☐	☐
f. Clément aime la littérature et les voyages. Pendant son temps libre, il écrit des poèmes pour enfants.	☐	☐	☐	☐	☐	☐
g. Jeanne aime la nature et le jardinage.	☐	☐	☐	☐	☐	☐
h. Nour est végétarienne. Elle aime la convivialité et cuisiner.	☐	☐	☐	☐	☐	☐

Production écrite

Exercice 1 Décrire un événement ou raconter une expérience personnelle

Vous partez en voyage. Vous vous inscrivez sur un forum de voyage pour raconter une aventure ou une mésaventure qui vous est arrivée. Vous précisez les faits et décrivez vos sensations pendant cette expérience. (60 à 80 mots)

Production orale

Exercice 1 Entretien dirigé (1 à 2 minutes) – Se présenter / Parler de soi

Après avoir salué votre examinateur, vous vous présentez (vous parlez de vous, de votre famille, de vos amis, de vos études, de vos goûts, des animaux que vous aimez, etc.). L'examinateur vous posera des questions.

DOSSIER 7
S'informer, se cultiver

	Vous avez besoin de...	Vous allez apprendre à...	Vous allez...
Leçon 1	suivre l'actualité	(vous) informer sur l'actualité	réaliser *Le Fil good* de la semaine
Leçon 2	suivre l'actualité sportive	(vous) informer sur des manifestations sportives	réaliser une enquête sur l'intérêt pour le sport
Leçon 3	choisir un livre	comprendre / donner un avis sur un livre	créer un club de lecture

Fenêtres sur...		Stratégies et outils pour...
Sociétés	Commenter des résultats d'enquête sur les Français et la lecture	Mémoriser → réviser → utiliser des techniques mnémoniques
Langages	Interpréter des expressions imagées venues du sport	

LEÇON 1

(S') Informer sur l'actualité

> Réaliser *Le Fil good* de la semaine

Doc. 1

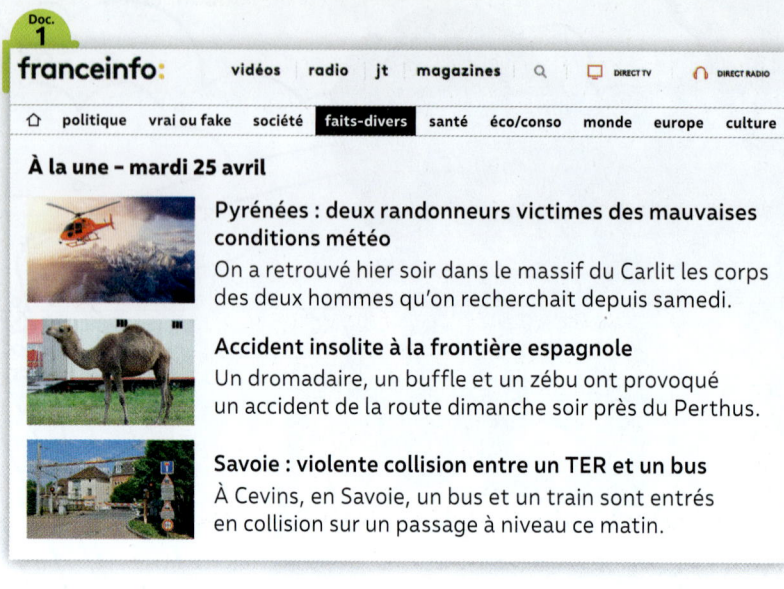

1 a. Observez le site (doc. 1) et repérez son nom. Quels indices montrent que c'est un site d'information en continu ?

b. Trouvez les différents médias et types d'émissions accessibles sur le site.

c. Repérez les différentes rubriques et identifiez la rubrique active. À votre avis, qu'est-ce qu'un fait-divers ?

d. Indiquez quelle rubrique ne correspond pas à une thématique de l'actualité et faites des hypothèses sur son contenu.

2 Lisez les titres et les chapeaux des faits-divers (doc. 1). Identifiez pour chacun l'événement rapporté, quand et où il s'est produit.

Doc. 2

A Ce matin, au passage à niveau de Cevins, un train a percuté un bus qui s'était engagé sur les rails. Le chauffeur a réussi à s'extraire du bus, mais il y a eu quatre blessés parmi les passagers du train. Il y avait déjà eu un accident à ce passage à niveau en juin dernier entre une voiture et un train de marchandises. La police a ouvert une enquête pour comprendre les causes de la collision.

B Pris au piège dans une tempête de neige, ces deux habitués de la montagne avaient passé la nuit dehors et ils avaient alerté les secours dimanche matin ; mais ils n'avaient pas pu donner leur localisation exacte. À cause de la tempête, les secours n'ont pas pu intervenir avant ce lundi et les deux randonneurs sont morts de froid.

C Les bêtes se sont échappées du parc animalier du Perthus. Un chauffeur pressé qui n'avait pas vu les signaux des policiers les a violemment heurtées. Le zébu n'a pas survécu. Selon M. Bot, le directeur du parc, il s'agit d'un acte de malveillance : quelqu'un avait volontairement ouvert les portes du parc pour libérer les bêtes. M. Bot a porté plainte et l'investigation est en cours. La police a interpellé un suspect hier.

3 Lisez la suite des faits-divers (doc. 2). Associez chaque article à son titre.

4 Relisez.
a. Retrouvez dans chaque article l'événement principal annoncé dans le chapeau.
b. Relevez les autres événements. Dites lesquels sont : des causes / des conséquences de l'événement principal ; un événement antérieur.

zoom Langue

Rapporter un fait d'actualité

> **Les médias et l'information**

a. Listez les différents médias pour s'informer (act. 1a et b).
la presse (papier) – … – … – …

b. Associez les mots et les définitions.
la une – une rubrique – un JT / un journal (télévisé) – un article – un magazine – le direct / le *live*

dispositif pour s'informer en temps réel – émission avec l'actualité du jour ou publication papier – sélection des événements importants du jour – catégorie de sujet dans l'actualité – publication ou émission périodique qui traite de sujets d'actualité

> **Les faits-divers**

Retrouvez des mots ou expressions de sens proche (act. 2 et 3).
un blessé / un mort – arrêter un suspect – démarrer une investigation – causer une collision – percuter une voiture – se déclarer victime à la police

> **Le plus-que-parfait dans le récit au passé**

a. Observez puis numérotez les actions dans l'ordre chronologique.

Un train a percuté un bus qui **s'était engagé** sur les rails. Le chauffeur a réussi à s'extraire du bus. Il y **avait** déjà **eu** un accident à ce passage à niveau.

b. Complétez la règle avec *le passé composé*, *le plus-que-parfait* ou *l'imparfait*.
Avec …, on avance dans le récit. Avec …, on va en arrière dans le récit. On forme le plus-que-parfait avec l'auxiliaire **avoir** ou **être** à … + participe passé.

(S'ENTRAÎNER 1, 2)

zoom Culture

Les médias de service public en France

a. Observez les logos. Trouvez les spécificités de certaines stations de Radio France ou chaînes de France Télévisions.

b. Quels sont les médias publics dans votre pays ?

5 🗨 **Debout !** Regroupez-vous en fonction de votre média préféré. Expliquez pourquoi vous appréciez ce média et si vous avez des rubriques préférées. Dites à quelle fréquence vous vous informez.

Doc. 3

France Télévisions se mobilise contre la désinformation
Info ou intox ? Avec *Vrai ou fake*, on vous aide à faire le tri.

De fausses informations circulent fréquemment sur Internet et on peut difficilement les repérer si on n'a pas les clés. *Vrai ou fake*, c'est le dispositif de Radio France pour sensibiliser le public à la désinformation. Nous proposons des solutions concrètes pour vérifier l'info et décoder plus facilement les fausses informations. Les journalistes de France TV se mobilisent activement pour débusquer les mensonges ou les fausses images. Ils décryptent les *fake news* et déconstruisent les rumeurs qui circulent sur les réseaux sociaux.

6 a. Observez cette page de France Info (doc. 3) et identifiez ce qu'on annonce.

b. Lisez. Repérez à quelle problématique le dispositif *Vrai ou fake* répond et quels sont ses objectifs.

c. Dites quels sont les acteurs de ce dispositif et leurs actions concrètes.

7 🔊 088 Écoutez l'interview de Julien, journaliste à France Info.

a. Identifiez les destinataires et l'objectif des conseils exprimés.

b. Trouvez le comportement général recommandé par Julien et les exemples de *fake* cités.

8 🔊 088 Réécoutez.

a. Repérez pour quelles situations concrètes la journaliste demande des conseils à Julien.

b. Pour chaque situation, relevez les conseils donnés.

zoom Langue

Indiquer comment bien s'informer

> **La désinformation**

a. Retrouvez les mots ou expressions de sens proche (act. 6 et 7).
– une fausse information → un mensonge – … – … – …
– se faire piéger → …

b. Trouvez l'adjectif et le nom correspondant (act. 7 et 8).
– une info qu'on peut croire → … – la …
– une source digne de confiance → … – …
– une photo qui n'est pas truquée ou détournée → … – …

c. Associez.

vérifier • • une rumeur
décrypter, décoder • • une information, une source
déconstruire • • une *fake news*

> **Les adverbes en -*ment* pour indiquer la manière d'agir**

a. Observez puis complétez la règle.

Quelle attitude globale conseillez-vous ? **Globalement**, il faut être prudent.
Observez **attentivement** la photo.
Vérifiez **sérieusement** d'où vient une information.
Il faut agir **prudemment**.
Demandez-vous **constamment** si les infos sont crédibles.

L'adverbe est formé à partir de l'adjectif au … + **ment**.
Pour les adjectifs qui se terminent par …, l'adverbe se termine par **-emment**.
Pour les adjectifs qui se terminent par **-ant**, l'adverbe se termine par … .

b. Retrouvez d'autres adverbes en -*ment* puis l'adjectif correspondant (act. 6 à 8).

> S'ENTRAÎNER 3, 4

9 PRONONCIATION

Les adverbes en -*ment*

a. 🔊 089 Écoutez les adverbes. Levez la main quand le *e* avant -*ment* est prononcé.
Ex. : systématiquement → le *e* n'est pas prononcé ;
pauvrement → le *e* est prononcé.

b. 🔊 090 Écoutez et répétez.

10 S'EXPRIMER ✏️

Vous écrivez un fait-divers et vérifiez une information.

a. En petits groupes Recherchez des événements insolites récents et choisissez-en un. Rédigez un article pour rapporter ce fait-divers. Écrivez :
– un chapeau (événement principal, moment, lieu) ;
– la suite de l'article (déroulement des faits, causes, conséquences) ;
Donnez un titre court à votre article puis ajoutez une photo et indiquez la source.

b. Lisez tous les faits-divers. Vérifiez l'information : est-elle crédible ? Est-ce que la source est fiable ? la photo authentique ?

Dossier 7 — Leçon 1

TÂCHE CIBLE : Réaliser *Le Fil good* de la semaine

1 Préparez-vous !

Vous allez réaliser votre *Fil good* de la semaine.
a. Lisez cette page sur le site du journal *Le Monde*. Quelle est la spécificité des informations de cette rubrique ?
b. **En petits groupes** Faites une recherche sur des nouvelles récentes qui correspondent à l'esprit du *Fil good*.

2 Réalisez !

En petits groupes
a. Sélectionnez vos trois informations préférées.
b. Rédigez un court article pour chacune : donnez des précisions sur le / les événement(s), les personnes, le moment et les lieux. Trouvez un titre, écrivez un chapeau et ajoutez une photo.

3 Partagez !

a. Lisez tous les articles. Dites s'ils correspondent à l'objectif du *Fil good*.
b. Choisissez les articles en variant les thèmes et réunissez-les pour la première édition de votre *Fil good* que vous diffuserez dans votre école.

Le Monde — lundi 24 avril

LE FIL GOOD

Retrouvez tous les lundis soir notre sélection de nouvelles réconfortantes, de portraits inspirants, publiés par la rédaction du Monde.

RENCONTRE
Matthieu Tordeur, 31 ans, continue ses expéditions dans les pôles pour alerter sur le réchauffement climatique
Lire l'article →

PRATIQUE
Cinq trucs et astuces pour vos plantes d'intérieur
Lire l'article →

CRITIQUE
« Surréalisme au féminin ? » Ouverture de l'exposition à Montmartre
Lire l'article →

S'entraîner

Les médias et l'information / Les faits-divers

1 Complétez avec les mots de la liste.

a. article – une – magazine – journal télévisé – rubrique – fait-divers – information en continu – télévision – journal

> « Pour m'informer rapidement, je lis les titres à la … sur France Info, un site de … . À la …, j'aime regarder les … d'information mais quand il y a une actualité importante, je regarde le … . Pour connaître l'actualité mondiale, je lis les … du … *Le Monde*, dans la … International. Les …, les crimes, etc., ça ne m'intéresse pas ! » *Johanna, 42 ans*

b. provoqué – ouvert – percuté – interpellé – entré – porté plainte

FAITS-DIVERS Lundi, un conducteur qui roulait trop vite a … un accident : il est … en collision avec une autre voiture et a … un piéton. L'automobiliste ne s'est pas arrêté. La victime a … et la police a … une enquête. Ils ont … un suspect.

Le plus-que-parfait dans le récit au passé

2 Conjuguez les verbes au passé composé ou au plus-que-parfait.

FAITS-DIVERS

■ On (retrouver) aujourd'hui Léa, 13 ans, qui (disparaître) hier à Samois en rentrant de l'école. Ses parents (signaler) sa disparition hier soir et la police (lancer) des recherches. Léa (rentrer) chez elle cet après-midi. Elle (oublier) de prévenir ses parents qu'elle allait dormir chez une amie !

■ Hier, au festival des cerfs-volants, une voiture (percuter) la foule. Le conducteur de 85 ans (perdre) le contrôle de sa voiture parce qu'il (appuyer) sur l'accélérateur au lieu du frein. L'accident (faire) quatre blessés. Le test (montrer) que l'homme (ne pas boire) d'alcool mais la police lui (recommander) de ne plus conduire.

La désinformation

3 Entourez la proposition correcte.

L'objectif de notre plateforme de fact-checking : repérer les *fake news / faits-divers*, *déconstruire / décrypter* les fausses informations et vous aider à lutter contre *l'actualité / la désinformation*.
– Vous doutez d'une information, elle ne vous semble pas *crédible / fausse* ? Visitez la plateforme pour savoir si c'est une *info / infox*.
– Vous recevez une photo qui vous semble *fiable / truquée* ? Utilisez la recherche d'images inversée pour vérifier son *authenticité / mensonge*.
– Avant de partager une information, recherchez *le piège / la source* et vérifiez sa *fiabilité / rumeur*.

Les adverbes en -ment

4 Reformulez comme dans l'exemple.

Ex. : vérifier l'information et être sérieux → vérifier sérieusement l'information

a. Il faut être prudent quand on s'informe.
b. Il faut être actif et lutter contre les *fake news*.
c. Il faut éviter de partager de manière directe et systématique une information.
d. Il faut être attentif en regardant les photos.
e. Il faut vérifier les sources de manière suffisante.
f. Il faut agir contre la désinformation de manière concrète.

À retenir

Récap' lexique

Les médias et l'information

1 Complétez avec les mots des médias et de l'information.

un fait-divers – un journal (télévisé) / JT – la presse – les sites d'information en continu – une rubrique – la radio – un magazine – la télé

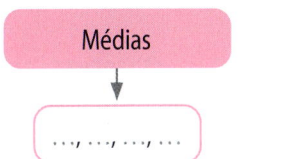
Médias
..., ..., ..., ...

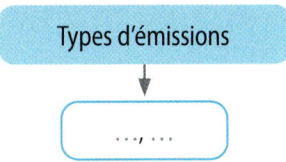
Types d'émissions
..., ...

Catégories d'informations
..., ...

Les faits-divers / la désinformation

2 a. Associez pour reconstituer les expressions possibles.

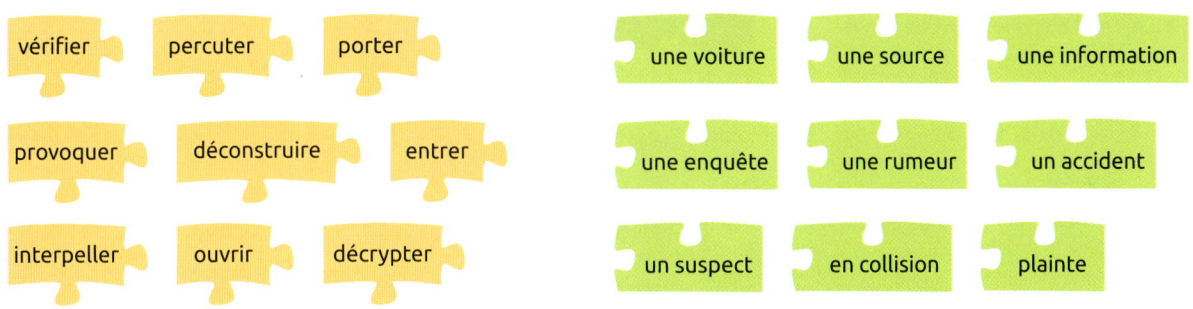

vérifier — percuter — porter — une voiture — une source — une information
provoquer — déconstruire — entrer — une enquête — une rumeur — un accident
interpeller — ouvrir — décrypter — un suspect — en collision — plainte

b. Complétez avec le nom ou l'adjectif correspondant.

authentique	fiable	...
...	...	la crédibilité

Récap' grammaire

Le plus-que-parfait dans le récit au passé

On utilise le plus-que-parfait **pour aller en arrière dans le récit, pour indiquer qu'un événement est antérieur à une autre information passée.**

*Un train a percuté un bus qui **s'était engagé** sur les rails.*
*Des bêtes se sont échappées. Quelqu'un **avait ouvert** les portes.*

C'est un temps composé, comme le passé composé : auxiliaire **avoir** ou **être** à l'**imparfait** + **participe passé**.

 *Un chauffeur qui n'**avait pas vu** les signaux a heurté les bêtes.*

Le plus-que-parfait au début de la phrase indique que ce n'est pas l'événement principal, il ne fait pas avancer le récit. Ici, l'événement antérieur est la cause de l'événement indiqué ensuite.

Les adverbes en -ment

On utilise les adverbes en **-ment** pour indiquer la manière d'agir.
Il faut vérifier de manière systématique. → *Il faut vérifier **systématiquement**.*
L'adverbe est formé → partir de l'adjectif au féminin + **ment**.
directe → directe**ment**   active → active**ment**   sérieuse → sérieuse**ment**

! L'adjectif se termine par **-ent** → l'adverbe se termine par **-emment**.
prudent, fréquent → *prud**emment**, fréqu**emment***

L'adjectif se termine par **-ant** → l'adverbe se termine par **-amment**.
constant, suffisant → *const**amment**, suffis**amment***

cent dix-neuf 119

LEÇON 2 — (S') Informer sur des manifestations sportives

> Réaliser une enquête sur l'intérêt pour le sport

Doc. 1

Le Parisien

ATHLÉTISME JO de Paris

Comment le « Marathon pour tous » s'invite aux JO

Le « Marathon pour tous », épreuve de course à pied pour le grand public, aura lieu le dernier week-end des Jeux olympiques, en soirée. Le Parisien répond aux questions que vous vous posez sur cette initiative inédite.

20024 marathoniens amateurs s'élanceront à partir de 21 h, le même jour que l'épreuve olympique, pour 42,195 kilomètres entre le parvis de l'Hôtel de Ville et l'esplanade des Invalides.

Pourquoi a-t-on fait le choix d'une course nocturne ? En août, la température peut être élevée dans la capitale, donc le comité organisateur des JO a pris cette décision pour la santé des coureurs.

Les amateurs suivront-ils le même parcours que les athlètes ? Deux distances sont proposées : le traditionnel marathon, plus exigeant, ouvert à partir de 20 ans, et le 10 kilomètres, à partir de 16 ans, pour des candidats moins expérimentés. Le parcours sera identique pour les amateurs et pour les athlètes qui participent à l'épreuve olympique.

Inciter les Français à faire plus d'exercice physique
Ouvrir les Jeux à tout le monde avec ce marathon amateur, c'est le souhait du comité d'organisation des Jeux de Paris. Mais cet événement va-t-il vraiment inciter les Français à se mettre au sport ? Pour le concepteur du parcours du marathon des Jeux, « *cet événement permettra aux gens de prendre l'habitude de pratiquer un sport.* » De plus, les deux parcours seront accessibles à toutes les personnes en situation de handicap.

Que faut-il faire pour participer ?
Les futurs coureurs devront gagner leur dossard pour participer au Marathon, en s'inscrivant sur l'application mobile « Marathon pour tous » ou en participant à des courses organisées dans Paris.
Au total, 40 048 coureurs (20 024 par course) auront donc l'occasion de vivre la magie des JO, comme les sportifs professionnels. ■

---

1 a. Observez l'article (doc. 1). Identifiez le nom du journal, la rubrique et l'événement évoqué.

b. Lisez le chapeau. Repérez l'objectif de l'article, la nature et le moment de l'événement.

2 Lisez l'article. Choisissez dans la liste et justifiez (citez le texte).
Il répond à des questions sur…
les athlètes de l'épreuve olympique – le tracé du « Marathon pour tous » – le choix du moment – l'histoire de cette épreuve olympique – les objectifs de l'événement – les conditions de participation

3 Relisez. Relevez les précisions sur :
– les participants et les conditions de participation ;
– le choix du moment ;
– le parcours ;
– les objectifs de l'initiative.

---

zoom Langue

La question inversée à l'écrit

a. Observez puis dites de quel type de question il s'agit (formelle ou informelle). Justifiez.
1. Que faut-**il** faire pour participer ?
2. Pourquoi a-**t-on** fait le choix d'une course nocturne ?
3. Les amateurs suivront-**ils** le même parcours que les athlètes ?
4. Cet événement va-**t-il** vraiment inciter les Français à se mettre au sport ?

b. Que remarquez-vous dans les questions 3 et 4 ? Et dans les questions 2 et 4 ?

c. Cochez pour formuler la règle.
À l'écrit, dans les questions inversées :
– quand le sujet est un ☐ nom ☐ pronom, on le reprend avec un ☐ nom ☐ pronom placé après le verbe ;
– quand le verbe se termine par une ☐ consonne ☐ voyelle, on ajoute un **-t-** entre le verbe et le pronom **il** / **elle** / **on**.

Le sport et les compétitions (1)

a. Complétez avec les mots correspondants (act. 3).
– une manifestation sportive internationale → … = …
– le nom d'un sport → …
– un type de sportif → …, …, …
– un type d'épreuve → …, …
– un accessoire avec un numéro porté par les athlètes → …

b. En petits groupes Partagez vos connaissances ! Trouvez d'autres types de sports individuels et le nom des pratiquants ; citez des épreuves ou compétitions correspondantes.
Ex. : le cyclisme → un(e) cycliste – le Tour de France.

S'ENTRAÎNER 1, 2

4 💬 **En petits groupes**

Quels sports ou épreuves suivez-vous pendant les JO ? Que pensez-vous du « Marathon pour tous » ? Aimeriez-vous y participer ?

Doc. 2

JOURNAL DES SPORTS
Deux marathons parisiens à la une !
Publié le : 03/04 – 09:36
Écouter - 02:31 — Partager

Le « Marathon pour tous » des JO et le marathon annuel de Paris : les dernières infos.
Tennis de table : l'exploit d'un jeune Français.

5 Observez la page du site de Radio France Internationale (doc. 2).

a. Identifiez le type d'émission.

b. Repérez les sports à la une et expliquez le titre d'aujourd'hui.

6 🔊 091 Écoutez l'émission. Dites qui parle. Puis repérez les trois manifestations sportives évoquées et l'information principale pour chacune.

7 🔊 091 Réécoutez.

a. Repérez dans quel ordre ces personnes sont évoquées et indiquez leur titre ou leur fonction. Puis trouvez une autre personne citée.

Fan Zhendong — Tony Estanguet — Ma Long
Alexis Lebrun — Charly Bancarel

b. Parmi ces personnes, dites qui s'exprime ou répond à des questions sur sa propre performance ou sur la pratique sportive des Français. Justifiez (citez les paroles).

8 🔊 091 Réécoutez.

a. Relevez les précisions sur la pratique du sport en France en précisant les sources.

b. Vrai ou faux ? Justifiez (citez les paroles).
Les journalistes…
1. n'informent pas les auditeurs sur la manière de participer au « Marathon pour tous ».
2. parlent de l'avenir d'Alexis Lebrun.

zoom **Langue**

Rapporter des paroles, des résultats d'enquête

> **Le discours rapporté au présent**

a. Observez puis trouvez quelles phrases rapportent des propos cités dans le doc. 1. Justifiez.

1. Le concepteur du parcours **estime que** cet événement permettra aux gens de prendre l'habitude de pratiquer un sport.
2. Nos auditeurs **demandent ce qu'**il faut faire pour participer.
3. On lui **demande comment** il se sent et **s'**il va continuer à courir.

b. Complétez la règle avec *ce que*, *si*, *comment* ou *que*.
Pour rapporter…
– une déclaration → **dire, estimer, déclarer** + …
– une question fermée (réponse : oui / non) → **demander** + …
– une question avec **que / qu'est-ce que** → **demander** + …
– une question avec un mot interrogatif → **demander** + …, où, quand, combien, pourquoi

c. Trouvez d'autres verbes pour rapporter des propos (act. 7b et 8a).
se demander – … – …

> **Exprimer la proportion, le pourcentage**

a. Observez puis associez les expressions en gras à leur équivalent.

la majorité des Français
plus d'**un tiers** des adultes
70 % des femmes et presque **la moitié** des hommes

50 % | plus de 50 % | environ deux tiers | 33 %

b. À votre avis, à quel pourcentage correspond un quart ? trois quarts ?

> **Le sport et les compétitions (2)**

Complétez avec les mots de la liste.
une demi-finale – une défaite – le / la numéro 1 mondial – perdre – un quart de finale – un tournoi – un(e) médaillé(e) olympique – une médaille (d'or) – un(e) champion(ne) – des championnats (du monde) – une victoire – gagner

– récompense olympique → …
– titre donné à un(e) sportif(ive) → …, …, …
– manifestation sportive → …, …
– étape d'une manifestation sportive → …, …
– résultat d'une épreuve → battre quelqu'un = … ≠ … ; … ≠ …

S'ENTRAÎNER 3, 4

9 **PRONONCIATION** ▶ 15
La prononciation de la lettre *x*

a. 🔊 092 Écoutez et dites si vous entendez [ks] ou [gz] dans les mots. Utilisez un geste de la main.
Ex. : explorer → [ks] ✊ ; exercice → [gz] ✋

b. 🔊 092 Réécoutez et répétez.

10 **S'EXPRIMER** ✏️🎤

Vous faites le journal des sports de la semaine.
En petits groupes

a. Choisissez deux ou trois sports puis faites une recherche sur l'actualité pour ces sports. Notez les informations principales pour chaque actualité : type de manifestation, d'épreuve(s), résultats… Relevez des propos de sportifs.

b. Préparez votre texte puis enregistrez votre journal.

TÂCHE CIBLE — Réaliser une enquête sur l'intérêt pour le sport

1 Préparez-vous !

Vous allez réaliser une enquête dans la classe sur l'intérêt pour le sport et rapporter vos résultats dans un article.

a. Lisez ces résultats d'une enquête sur les Français et le sport. Identifiez les deux types de pratiques liées au sport. Que pensez-vous des chiffres ?
b. **En petits groupes** Imaginez des questions à poser pour votre enquête : sur la pratique sportive et la pratique culturelle associée au sport.
c. Mettez en commun avec la classe et sélectionnez dix questions pour votre enquête.

2 Réalisez !

En petits groupes
a. Répartissez-vous les personnes de la classe à interroger. Posez les questions de votre enquête et enregistrez les réponses.
b. Mettez en commun les résultats recueillis : écoutez les enregistrements, puis sélectionnez les informations intéressantes pour votre article et quelques paroles d'étudiants ; calculez des pourcentages.
c. Écrivez un article pour présenter les résultats de votre enquête avec un titre et un chapeau. Rapportez des propos des personnes interrogées, donnez des chiffres.

 Les pratiques sportives et culturelles des Français

Quels sont les sports les plus pratiqués ? Y-a-t-il une influence du lieu de vie sur les pratiques sportives ? Quel usage les Français ont-ils du numérique pour la pratique sportive ?

Au-delà de la pratique, le sport comme une expérience culturelle

Il n'est pas nécessaire de faire du sport pour s'y intéresser. 63 % des plus de 15 ans ont eu au moins une pratique culturelle sportive dans l'année.

3 Partagez !

Mettez vos articles sur l'ETC de la classe et comparez : avez-vous fait les mêmes constats ? obtenu les mêmes résultats ?

S'entraîner

La question inversée à l'écrit

1 Transformez les questions en questions formelles.
a. Est-ce que le parcours sera identique pour les coureurs amateurs et pour les athlètes ?
b. Pourquoi est-ce que les Français ne font pas assez de sport ?
c. Est-ce qu'on va limiter le nombre de participants ?
d. Où est-ce que les compétitions auront lieu ?
e. Est-ce qu'on encourage la pratique du sport à l'école ?
f. Comment est-ce qu'un coureur non voyant participe à la course ?

Le sport et les compétitions (1)

2 Complétez avec les mots suivants. Faites les modifications nécessaires.
Jeux olympiques – dossard – marathon – course – coureuse – épreuve – athlète – athlétisme
a. C'est la … avec le … n° 2056 qui a gagné : une jeune Française de 28 ans !
b. Le … est une … de 42,195 km.
c. Le cent mètres est une … de … .
d. 378 …, hommes et femmes, composeront la délégation française aux prochains … .

Le discours rapporté au présent

3 Rapportez cette interview en variant les verbes.
Le journaliste demande à Anaïs …

> **Journaliste :** Anaïs, qu'est-ce que vous pensez de votre performance ? Êtes-vous satisfaite ?
> **Anaïs :** Je suis très heureuse : je suis arrivée 3e !
> **Journaliste :** Tout le monde a admiré votre performance ! Est-ce que vous vous entraînez tous les jours ?
> **Anaïs :** Non, ce n'est pas possible parce que je travaille. Mais je cours entre 3 et 5 fois par semaine.
> **Journaliste :** Que conseillez-vous à ceux qui veulent courir leur premier marathon ?
> **Anaïs :** À mon avis, il faut s'entraîner progressivement…

Rapporter des résultats / Le sport et les compétitions (2)

4 Entourez l'option correcte.
a. Un *quart / tiers* des Français (33 %) ont vu la *quart / demi*-finale : l'avant-dernier match du tournoi.
b. Cet athlète a *gagné / perdu* deux *médaillés / médailles* d'or aux derniers Jeux olympiques.
c. Le *numéro 1 / champion* mondial a remporté la *défaite / victoire* en quatre sets.
d. Elle n'ira pas aux *tournois / championnats* du monde.
e. La *moitié / majorité* des participants (52 %) a terminé le marathon en moins de quatre heures.

À retenir

Récap' lexique

Le sport et les compétitions

1 Créez des fleurs lexicales sur le sport et les compétitions.

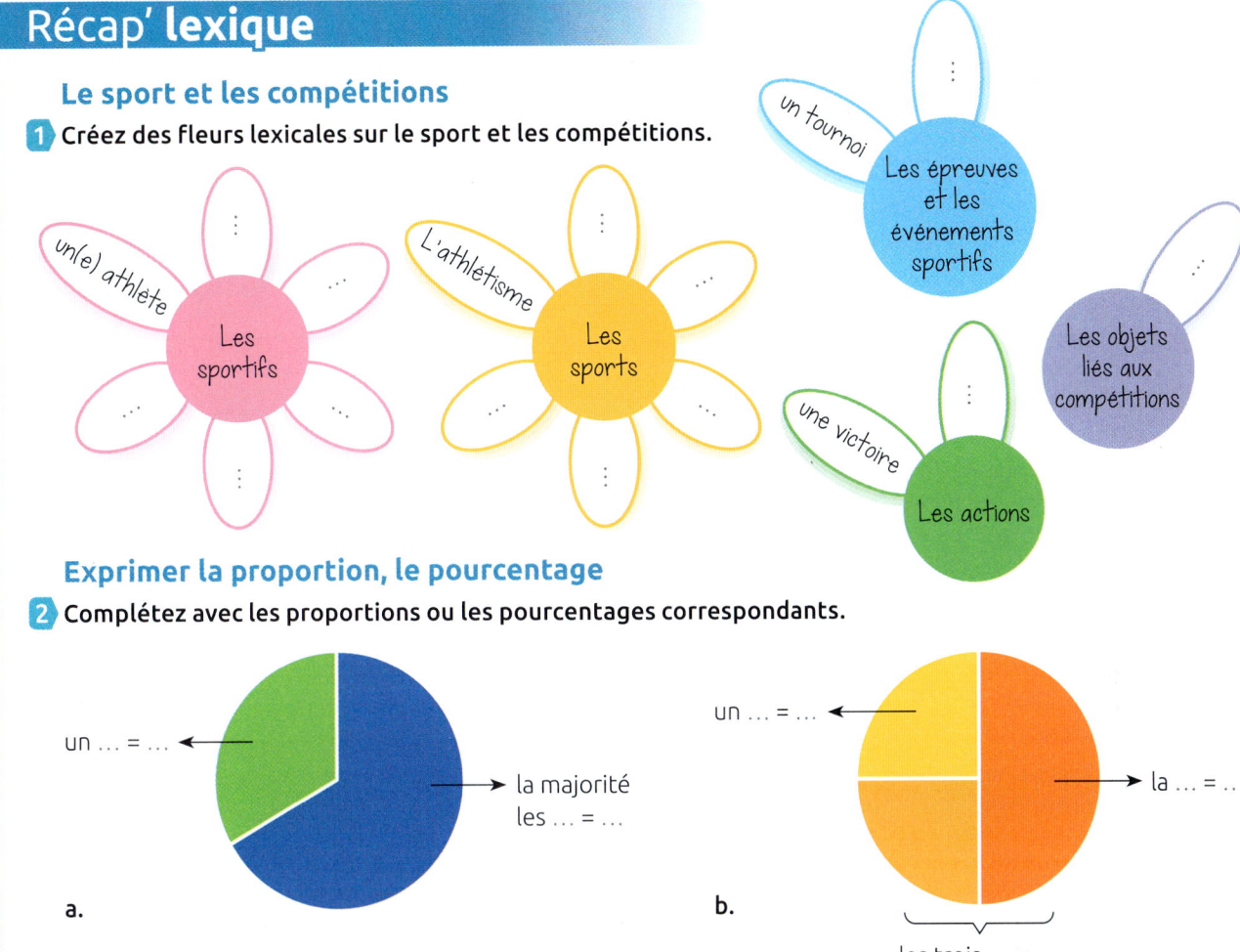

Exprimer la proportion, le pourcentage

2 Complétez avec les proportions ou les pourcentages correspondants.

a. un ... = ... ; la majorité les ... = ...

b. un ... = ... ; la ... = ... ; les trois-... = ...

Récap' grammaire

La question inversée à l'écrit

À l'écrit, dans les questions inversées :
– quand le sujet est un **nom**, on le reprend avec un **pronom** placé après le verbe ;
– quand le verbe se termine par une **voyelle**, on ajoute un **-t-** entre le verbe et le pronom **il / elle / on** pour faciliter la prononciation.

→ *Les amateurs suivront-ils le même parcours que les athlètes ?*

→ *Pourquoi a-t-on fait le choix d'une course nocturne ?*
→ *Cet événement va-t-il vraiment inciter les Français à se mettre au sport ?*

Le discours rapporté au présent

Paroles	Paroles rapportées
Déclaration : « Cet événement permettra aux gens de prendre l'habitude de pratiquer un sport. »	→ dire, estimer, déclarer, répéter, indiquer… + **que** *Il estime que cet événement permettra aux gens de prendre l'habitude de pratiquer un sport.*
– Question **fermée** (réponse oui / non) : « Cet événement va-t-il inciter les Français à se mettre au sport ? »	→ (se) demander + **si** *Les journaux se demandent si cet événement va inciter les Français à se mettre au sport.*
– Question avec **que / qu'est-ce que** : « Que faut-il faire pour participer ? »	→ (se) demander + **ce que** *Nos auditeurs demandent ce qu'il faut faire pour participer.*
– Question avec **un mot interrogatif** : « Comment vous-vous sentez ? »	→ (se) demander + **comment, où, quand, combien, pourquoi** *On lui demande comment il se sent.*

LEÇON 3 — Comprendre / Donner un avis sur un livre

Créer un club de lecture

Doc. 1

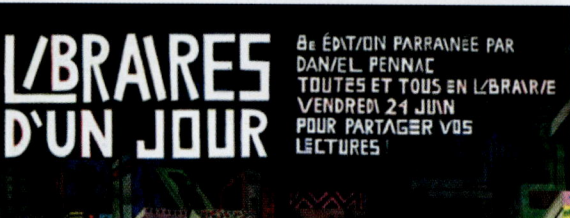

PARIS LIBRAIRIES
PLUS DE 200 LIBRAIRIES À PARIS ET EN ÎLE-DE-FRANCE

LA SÉLECTION DES LIBRAIRES
LIBRAIRES D'UN JOUR
JEUNES EN LIBRAIRIE

Littérature générale
Jeunesse
Bandes dessinées et Mangas
Policier et Thriller
Fantasy et Science-fiction
Essais

Libraires d'un jour : parlez-nous de votre livre préféré

Pour la 8e édition de cette manifestation, les librairies indépendantes franciliennes vous invitent à fêter la littérature autrement : VENDREDI 24 JUIN, LE LIBRAIRE C'EST VOUS ! Classiques de votre enfance, livres à avoir dans sa bibliothèque, découvertes récentes… Partagez vos lectures coups de cœur. Une édition parrainée par Daniel Pennac.

---

1 a. Observez la page (doc. 1). Identifiez le nom du site et l'événement annoncé.

b. Lisez la page. Trouvez les informations sur l'événement : la date, les lieux, l'objectif, l'écrivain impliqué cette année.

c. Quelles autres rubriques trouve-t-on sur le site ? Choisissez dans la liste. Justifiez (citez le texte).
un classement de livres par genres – des initiatives pour la jeunesse – des avis de lecteurs – des propositions de lectures

2 🔊 093 Écoutez.

a. Identifiez la situation.

b. Repérez les précisions sur la façon de participer à l'événement (doc. 1).

c. Relevez les trois types de lectures coups de cœur évoqués par la libraire. Puis retrouvez les équivalents sur le site (doc. 1).

3 🔊 093 Réécoutez.

a. Repérez dans quel ordre les clients évoquent les livres suivants.

b. Associez chaque livre à un type de lecture coup de cœur (act. 2c). Justifiez (citez les paroles).

4 🔊 093 Réécoutez.

a. Trouvez les précisions sur le genre de chaque livre et sur l'œuvre de leur auteur / autrice.

b. Pour chaque livre, dites si les clients ont un avis similaire ou différent. Justifiez (citez les paroles).

---

zoom Langue

Présenter un livre
> **Les genres de livres**

Associez les mots aux définitions correspondantes.
la littérature jeunesse – une bande dessinée / une BD – un manga – un roman policier / un polar – un thriller – l'héroïc fantasy – la science-fiction – un essai – un conte – un roman autobiographique – un roman historique – une saga

– Ouvrage de réflexion. → …
– Histoire d'une famille sur plusieurs générations. → …
– Fiction qui a lieu dans un contexte historique. → …
– Suite de dessins qui racontent une histoire. → …, …, …
– Fiction inspirée de la vie de l'auteur. → …
– Fiction basée sur une enquête policière. → …, …
– Genre littéraire fantastique. → …
– Récit à suspense qui donne des sensations fortes. → …
– Genre littéraire qui décrit un état futur du monde. → …
– Catégorie qui regroupe les livres pour enfants. → …
– Récit d'aventures imaginaires, souvent avec un message philosophique. → …

> S'ENTRAÎNER 1, 2

> Les pronoms démonstratifs

a. Observez. Trouvez ce que remplacent les mots en gras.
Vos livres coups de cœur, **ceux** qui ont marqué votre jeunesse.
Mon livre préféré du moment, c'est **celui-ci**.
Une saga familiale qui m'a marqué, c'est **celle** de Pennac.
Ses romans me font rire ! Et dans **celui-là**, il y a une réflexion.

b. Complétez.

	Masculin	Féminin
Singulier	…	…
Pluriel	…	celles

Les pronoms démonstratifs ne s'utilisent jamais seuls :
+ **-ci** / **-…** → pour désigner, montrer
+ … / **que** + phrase ⎫
+ … + nom   ⎭ → pour donner une précision

Exprimer l'accord, le désaccord

Complétez les expressions. Lesquelles expriment l'accord ? le désaccord ?
Je … d'accord (avec toi) ! – Je ne … pas … (avec toi) ! – C'est … . – Tu … raison ! – Je ne … pas (tout à fait) de ton … .

(S'ENTRAÎNER 1, 2)

5 💬 **En petits groupes** Quel(s) genre(s) de livres préférez-vous lire ? Dites pourquoi et citez des titres que vous avez aimés.

Doc. 2

LIBRAIRE D'UN JOUR : DRISS

Ce tome est la suite du « Cas Malaussène : ils m'ont menti ». On y retrouve la célèbre famille avec de nouveaux personnages et un vrai méchant, machiavélique. Dès le début du livre, ça commence fort avec un kidnapping et une bombe ! Et ça se termine avec le coup de théâtre le moins attendu de la saga, quelques lignes avant la fin ! On replonge dans l'univers burlesque de Pennac ; on reconnaît son ton malicieux et ses dialogues percutants, avec, toujours en toile de fond, une critique de la société. Génialissime et passionnant, ce dernier tome est certainement celui de la saga que je relirai le plus !

LIBRAIRE D'UN JOUR : JULIE

C'est l'histoire d'un enfant inadapté, l'histoire de sa relation avec ses deux frères et sa sœur. Comme dans un conte, les pierres de la maison racontent ce drame dans un style poétique qui montre la beauté du monde. On plonge dans un univers intime, très sensible. C'est la plus belle histoire du moment sur le rapport à la différence ; pour moi, c'est le roman qui décrit le plus finement la capacité de l'être humain à s'adapter à une situation difficile. Le meilleur roman de Clara Dupont-Monod, à mon avis ; celui qui m'a donné le plus d'émotion.

6 Lisez (**doc. 2**).
a. Identifiez la nature des deux textes et les œuvres évoquées (act. 3a).
b. Pour chaque texte, repérez dans quel ordre sont données les informations suivantes.
trame de l'histoire – jugement personnel – précision sur l'écriture et le contenu – nom du lecteur

7 Relisez.
a. Trouvez dans quelle œuvre :
il y a des rebondissements – on parle de liens familiaux.
Justifiez (citez les paroles).

b. Listez les personnages et repérez les informations sur l'atmosphère et le style de chaque œuvre.

c. Relevez les commentaires sur le caractère exceptionnel de chaque œuvre.

zoom Langue

Commenter un livre

> Les caractéristiques d'une œuvre littéraire

Complétez avec des exemples (act. 7a et b) pour décrire :
– un personnage → un …
– différentes étapes d'un récit → le …, la …, un …
– l'univers d'un livre → **burlesque**, …, …
– le ton d'un récit → …
– les dialogues → …
– un type d'histoire → **un conte**, …
– un style d'écriture → …

> Le superlatif pour indiquer le caractère exceptionnel

a. Observez. Dites dans quelle(s) phrase(s) la partie en gras porte sur la qualité ou sur la quantité.
Le coup de théâtre **le moins attendu** de la saga.
Celui que je relirai **le plus** !
La plus belle histoire du moment sur le rapport à la différence.
Le roman qui décrit **le plus finement** la capacité à s'adapter.
Le meilleur roman de Clara Dupont-Monod, celui qui m'a donné **le plus d'émotion**.

b. Complétez la règle avec *nom*, *adjectif*, *adverbe* ou *verbe*.
– **le, la, les plus / moins** + …, placé avant ou après le nom
– verbe + **le, la, les plus / le, la, les moins** + …
– … + **le plus / moins**
– **le plus / moins** + **de** + …

c. Cochez.
Superlatif de **bon(ne)(s)** = ☐ le ☐ le / la / l' / les ☐ meilleur(e)(s) ☐ mieux
Superlatif de **bien** = ☐ le ☐ le / la / l' / les ☐ meilleur(e)(s) ☐ mieux

(S'ENTRAÎNER 3, 4)

8 S'EXPRIMER ✏️

Vous écrivez un commentaire pour « Libraires d'un jour ».

a. Choisissez un livre que vous avez apprécié. Rédigez votre commentaire : résumez la trame de l'histoire, décrivez l'univers, le style, le ton. Puis indiquez votre jugement par rapport à d'autres livres de l'auteur / l'autrice ou à vos autres lectures.
b. Partagez votre commentaire avec la classe. Les personnes qui ont lu le livre disent si elles sont d'accord ou non avec votre appréciation.

TÂCHE CIBLE : Créer un club de lecture

1 Préparez-vous !

Vous allez créer un club de lecture dans votre classe pour suggérer des livres à lire en français.

a. Lisez cette page du site de l'Institut français de Cologne. Identifiez ce qu'elle présente.
b. Listez des critères pour sélectionner des livres : les livres les plus faciles à lire, les meilleurs polars…
c. **En petits groupes** Choisissez un critère dans votre liste. Puis faites des recherches sur Internet pour trouver des livres correspondant à ce critère. Mettez-vous d'accord sur deux ou trois livres que vous avez envie de lire (ou que vous avez lus).

Club de Lecture

Rejoignez le club de lecture de l'Institut français de Cologne et venez partager, chaque mois, des découvertes littéraires !

Romans, bandes dessinées, livres pour enfants… présentez-nous les textes qui vous font le plus vibrer ou que vous avez envie de lire. Une bonne opportunité de recevoir des conseils de lecture !
Lecteurs débutants ou confirmés, allemands ou français, chacun est invité à participer à un échange convivial en français.

2 Réalisez !

En petits groupes
a. Préparez une fiche de présentation pour chaque livre avec : le nom de l'auteur / autrice, la date de publication, le genre, la trame de l'histoire, des précisions sur le style, le ton, les personnages…
b. Indiquez ce qui vous donne envie de lire chaque livre et dites pourquoi vous l'avez aimé si vous l'avez lu.

3 Partagez !

a. Organisez la première séance de votre club de lecture dans la classe : chaque groupe présente les livres sélectionnés dans sa catégorie et explique ce qui donne envie de les lire.
b. Mettez toutes les fiches sur votre ETC. Consultez-les quand vous voulez choisir un livre à lire en français !

S'entraîner

Les genres de livres

1 Trouvez de quel genre de livre il s'agit.
a. Dans ce livre, l'auteur raconte son enfance.
b. L'histoire se passe en 2085, sur une planète inconnue.
c. Le personnage principal est un criminel poursuivi par la police.
d. C'est l'histoire d'une princesse nommée Blanche-Neige et de sept nains.
e. Dans cet ouvrage, il y a une réflexion sur les rapports hommes-femmes dans la société.
f. L'histoire se déroule pendant la Révolution française.

Les pronoms démonstratifs

2 Reformulez avec des pronoms démonstratifs pour éviter les répétitions.
a. Quel roman tu as préféré ? Le roman de Pennac ou le roman de Fab Caro ?
b. Cette BD, c'est la BD que tu as lue la semaine dernière ?
c. Les livres qui marquent, ce sont les livres qu'on lit et qu'on relit plusieurs fois.
d. Parmi les autrices actuelles, les autrices que je préfère sont Mona Chollet et Clara Dupont-Monod.
e. Entre ces deux romans, lequel me conseillez-vous ? Ce roman ou ce roman ?
f. On achète nos livres dans la librairie près de chez nous mais on ne va jamais dans cette librairie-là.

Les caractéristiques d'une œuvre littéraire

3 Complétez avec les mots suivants.
ton – personnage – style – dialogues – début – fin – histoire

COUP DE CŒUR DU LIBRAIRE ♥

C'est la / l'… d'un écrivain en quête d'inspiration. Le … principal, Alan, est un peu le double de l'auteur lui-même. Il y a très peu de … dans ce livre, qui est plutôt un monologue intérieur sur l'absurdité de nos vies, écrit dans un … à la fois mélancolique et drôle. Dès le … du roman, le … ironique est donné et on rit jusqu'à la / l'… !

Le superlatif

4 Comparez ces coups de cœur de Nadia avec le superlatif.

Leurs enfants après eux, de Nicolas Mathieu
Date : 2018   **Nombre de pages :** 432
Prix littéraires : prix Goncourt, prix Blù Jean-Marc Roberts, prix des médias France Bleu, France 3, L'Est républicain
Temps de lecture : 10 heures
Appréciation : ♥♥♥♥♥

Vivre vite, de Brigitte Giraud
Date : 2022   **Nombre de pages :** 208
Prix littéraires : prix Goncourt
Temps de lecture : 5 heures
Appréciation : ♥♥♥

À retenir

Récap' lexique et communication

Les genres de livres / Les caractéristiques d'une œuvre littéraire

1 Complétez la carte mentale.

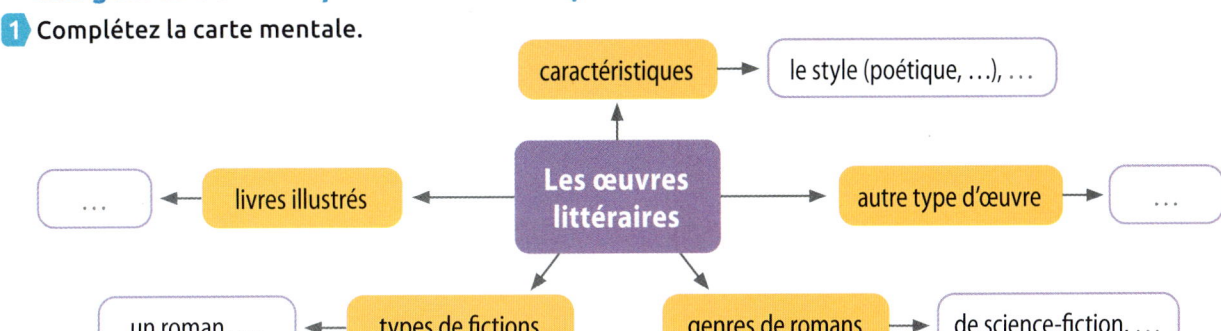

Exprimer l'accord, le désaccord

2 Complétez avec des formulations vues dans la leçon.

Récap' grammaire

Les pronoms démonstratifs

	Masculin	Féminin
Singulier	celui	celle
Pluriel	ceux	celles

+ -ci / -là → pour désigner
+ de + nom
+ pronom relatif + phrase → pour préciser

*Mon livre préféré du moment, c'est **ce livre(-ci)**.* → *Mon livre préféré du moment, c'est **celui-ci**.*
La saga familiale de Pennac. → ***Celle** de Pennac.*
Les livres qui ont marqué votre jeunesse. → ***Ceux qui** ont marqué votre jeunesse.*
Ces œuvres-là sont des classiques. → ***Celles-là** sont des classiques.*

 Avec **-ci** et **-là**, on ne peut pas ajouter de précision.
On ne dit pas : ~~Ceux-ci / Ceux-là qui ont marqué votre jeunesse.~~ ~~Celle-ci / Celle-là de Pennac.~~
On dit : **Ceux** qui ont marqué votre jeunesse. **Celle** de Pennac.

Le superlatif

Pour comparer la qualité	avec un **adjectif** – placé avant le nom → **le, la, les plus / moins** + adjectif + nom – placé après le nom → nom + **le, la, les plus / moins** + adjectif	*La plus belle histoire du moment.* *Le coup de théâtre le moins attendu de la saga.*
	avec un **adverbe** → verbe + **le plus / moins** + adverbe	*Le livre qui décrit le plus finement la capacité à s'adapter.*
Pour comparer la quantité	avec un **verbe** → verbe + **le plus / moins**	*Celui que je relirai le plus !*
	avec un **nom** → **le plus / moins** + **de** + nom	*Celui qui m'a donné le plus d'émotion.*

 Avec un adjectif placé après le nom, on ne dit pas : ~~Le coup de théâtre moins attendu.~~
On dit : **Le** coup de théâtre **le** moins attendu.

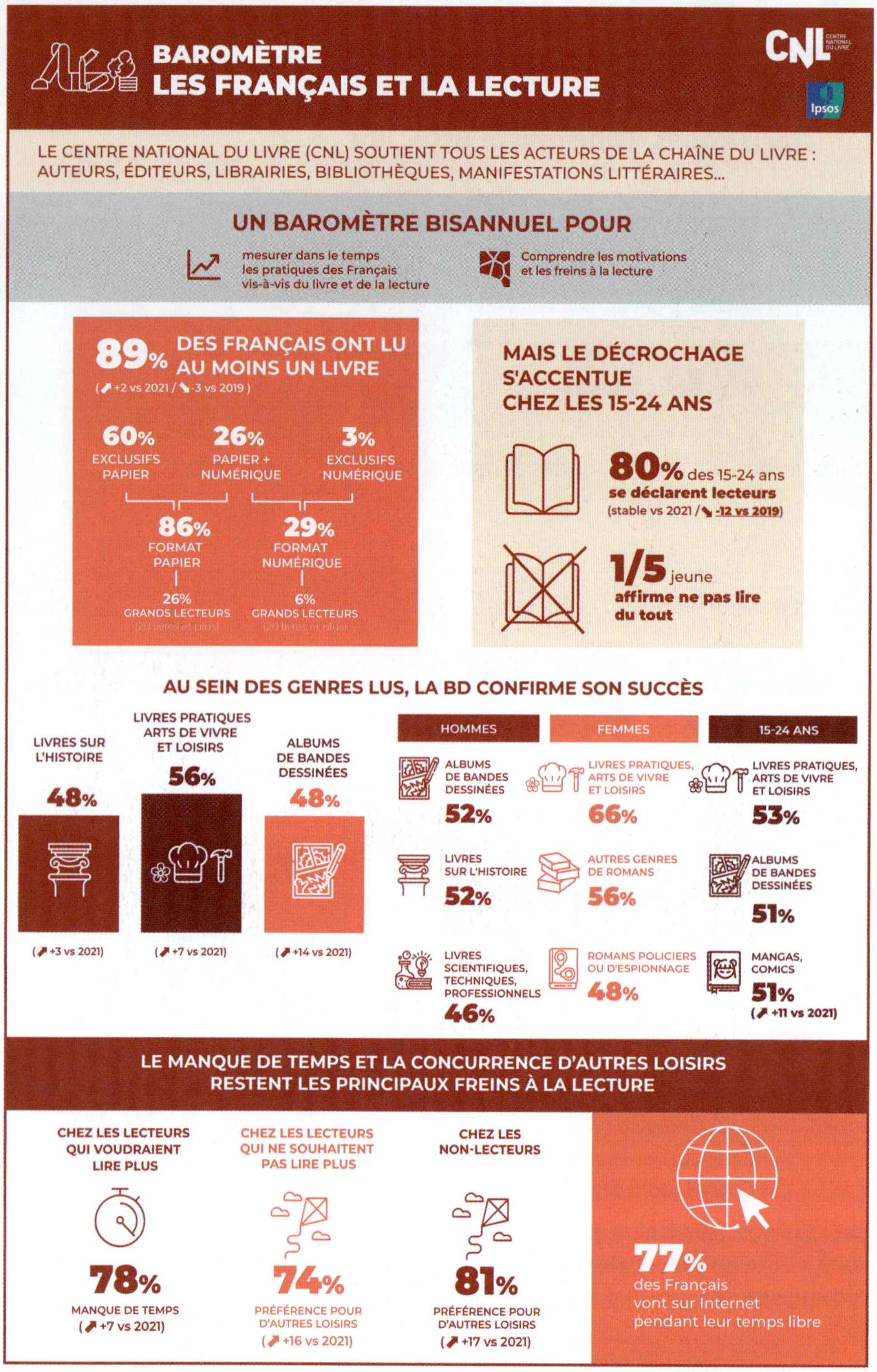

Sociétés

BAROMÈTRE — LES FRANÇAIS ET LA LECTURE

LE CENTRE NATIONAL DU LIVRE (CNL) SOUTIENT TOUS LES ACTEURS DE LA CHAÎNE DU LIVRE : AUTEURS, ÉDITEURS, LIBRAIRIES, BIBLIOTHÈQUES, MANIFESTATIONS LITTÉRAIRES...

UN BAROMÈTRE BISANNUEL POUR
- mesurer dans le temps les pratiques des Français vis-à-vis du livre et de la lecture
- Comprendre les motivations et les freins à la lecture

89% DES FRANÇAIS ONT LU AU MOINS UN LIVRE (+2 vs 2021 / -3 vs 2019)

- **60%** EXCLUSIFS PAPIER
- **26%** PAPIER + NUMÉRIQUE
- **3%** EXCLUSIFS NUMÉRIQUE

- **86%** FORMAT PAPIER — 26% GRANDS LECTEURS (20 livres et plus)
- **29%** FORMAT NUMÉRIQUE — 6% GRANDS LECTEURS (20 livres et plus)

MAIS LE DÉCROCHAGE S'ACCENTUE CHEZ LES 15-24 ANS

80% des 15-24 ans se déclarent lecteurs (stable vs 2021 / -12 vs 2019)

1/5 jeune affirme ne pas lire du tout

AU SEIN DES GENRES LUS, LA BD CONFIRME SON SUCCÈS

- LIVRES SUR L'HISTOIRE : **48%** (+3 vs 2021)
- LIVRES PRATIQUES, ARTS DE VIVRE ET LOISIRS : **56%** (+7 vs 2021)
- ALBUMS DE BANDES DESSINÉES : **48%** (+14 vs 2021)

HOMMES
- ALBUMS DE BANDES DESSINÉES : 52%
- LIVRES SUR L'HISTOIRE : 52%
- LIVRES SCIENTIFIQUES, TECHNIQUES, PROFESSIONNELS : 46%

FEMMES
- LIVRES PRATIQUES, ARTS DE VIVRE ET LOISIRS : 66%
- AUTRES GENRES DE ROMANS : 56%
- ROMANS POLICIERS OU D'ESPIONNAGE : 48%

15-24 ANS
- LIVRES PRATIQUES, ARTS DE VIVRE ET LOISIRS : 53%
- ALBUMS DE BANDES DESSINÉES : 51%
- MANGAS, COMICS : 51% (+11 vs 2021)

LE MANQUE DE TEMPS ET LA CONCURRENCE D'AUTRES LOISIRS RESTENT LES PRINCIPAUX FREINS À LA LECTURE

- CHEZ LES LECTEURS QUI VOUDRAIENT LIRE PLUS : **78%** MANQUE DE TEMPS (+7 vs 2021)
- CHEZ LES LECTEURS QUI NE SOUHAITENT PAS LIRE PLUS : **74%** PRÉFÉRENCE POUR D'AUTRES LOISIRS (+16 vs 2021)
- CHEZ LES NON-LECTEURS : **81%** PRÉFÉRENCE POUR D'AUTRES LOISIRS (+17 vs 2021)

77% des Français vont sur Internet pendant leur temps libre

Fenêtre sur...

1 Observez cette infographie sur la lecture en France.

a. Trouvez quel organisme a mené cette étude bisannuelle puis repérez ses principaux objectifs.

b. Mettez en relation chaque partie avec un des objectifs.

c. Échangez ! Ces chiffres vous surprennent-ils ? À votre avis, quels peuvent être les résultats à la même enquête dans votre pays ?

2 À votre tour, menez l'enquête dans la classe et comparez les résultats avec ceux des Français.

3 ▶ 16 Regardez la vidéo du Centre National du Livre.

a. Identifiez le contexte et repérez le nom de l'initiative pour favoriser la lecture.

b. Expliquez en quoi elle consiste (quoi ? qui ? où ? quand ? conséquence ?).

4 ▶ 17 Regardez une autre vidéo du CNL dans le cadre de la même initiative.

a. Avec quelle déclaration êtes-vous d'accord ? Qu'est-ce que la lecture représente pour vous ?

b. Faites des recherches sur les initiatives pour favoriser la lecture en France : les Nuits de la lecture, Silence, on lit !, le Festival du livre de Paris, Partir en livre. Expliquez en quoi consiste chaque initiative et quel est le public visé.

c. Échangez ! Que pensez-vous de ces initiatives ? Existe-t-il dans votre pays des démarches similaires ?

Djaïli Amadou Amal — Auteure. À cette occasion, le CNL lance un rendez-vous.

Langages

Fenêtres sur...

Le français, langue « sportive » ?

« En ce moment, Yann a la tête dans le guidon, il est sous l'eau mais il va passer le relais sinon il va perdre les pédales… »
Mais de quoi parle-t-on ? Si vous êtes français, vous avez compris qu'on ne parle pas de sport et que Yann n'est pas nécessairement un grand sportif…
Les expressions imagées venues du sport sont très nombreuses en français !

Expression	Sport d'origine	Signification (sens figuré)
être bien dans ses baskets	le basket	être à l'aise, se sentir bien dans sa peau, confiant
perdre pied	la natation	ne plus maîtriser une situation

1 Lisez cet article.
   a. Identifiez son thème.
   b. Retrouvez les expressions imagées au début de l'article.
   c. Associez-les aux dessins et trouvez le sport d'origine de chaque expression. Puis faites des hypothèses sur leur sens figuré.

2 Associez les expressions suivantes aux dessins et trouvez le sport d'origine de chaque expression.

- la balle est dans son camp
- avoir plusieurs cordes à son arc
- marquer un point
- garder le cap

a.   b.

c.   d.

3 a. Retrouvez les expressions imagées correspondant aux explications suivantes (act. 1 et 2).

1. Perdre ses moyens, son raisonnement, devenir fou.
2. Prendre un avantage décisif.
3. Avoir plusieurs talents ou spécialités.
4. Transmettre un travail, une responsabilité.
5. C'est à lui ou elle d'agir.
6. Continuer dans la même direction, suivre un objectif précis.
7. Être très occupé, très concentré sur une tâche, ne pas s'occuper d'autre chose.
8. Avoir trop de choses à faire, ne pas savoir par quoi commencer.

b. Échangez ! Ces expressions existent-elles dans votre langue ? Y a-t-il des expressions imagées qui viennent du sport ? Expliquez leur sens figuré.

Stratégies et outils pour... mémoriser

Réviser – Utiliser des techniques mnémoniques

1 a. Observez la courbe. Que comprenez-vous du fonctionnement de la mémoire ?

b. Comparez vos habitudes avec la courbe : pour mémoriser quelque chose, est-ce que vous le révisez ? Une fois ? Plusieurs fois ?

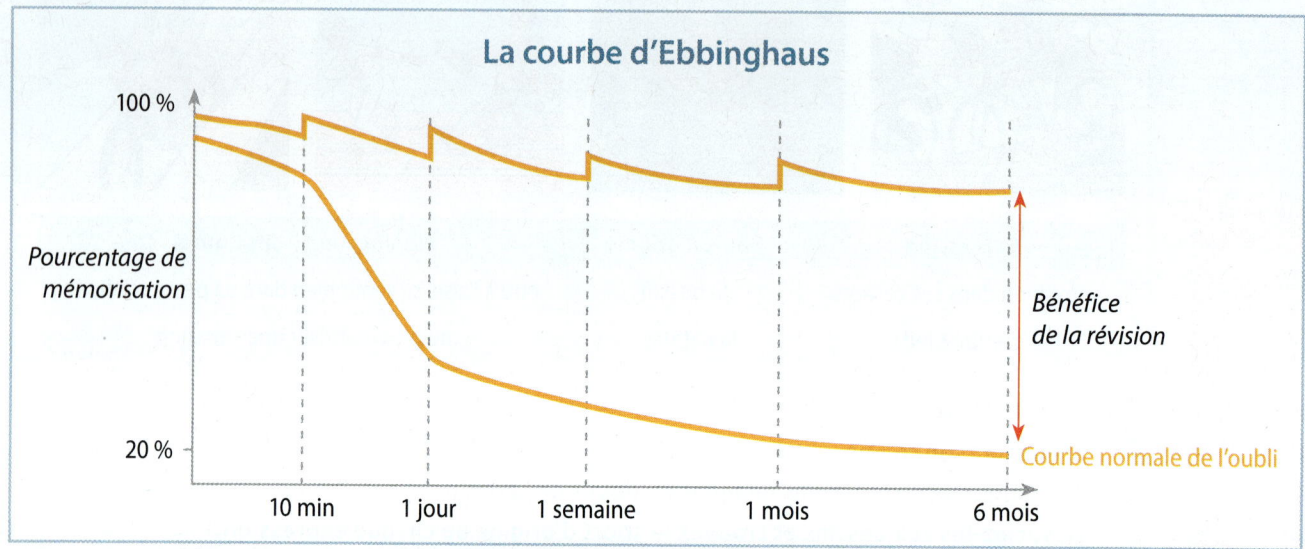

2 **En petits groupes** Quand vous voulez mémoriser quelque chose, que faites-vous ? Comparez vos réponses.
– Vous faites des fiches de révision, des cartes mentales...
– Vous faites des listes de mots, vous complétez un dictionnaire personnel...
– Vous répétez à voix haute, vous vous enregistrez.
– Vous faites une association avec une image, un mot, une idée, un son...

3 a. Observez ces techniques d'étudiants pour se souvenir de certains contenus. Trouvez lesquelles s'appuient sur un moyen visuel 👁 ou auditif 👂.

b. **En petits groupes** Partagez vos techniques pour vous souvenir de certains mots ou points de grammaire / de conjugaison.

Quelles sont vos stratégies préférées pour mémoriser ?

DOSSIER 8
Se souvenir, transmettre

	Vous avez besoin de...	Vous allez apprendre à...	Vous allez...
Leçon 1	partager l'histoire familiale	faire une biographie	participer au prix « Souvenirs familiaux »
Leçon 2	témoigner d'une époque	décrire l'évolution de la vie quotidienne	créer une capsule temporelle
Leçon 3	transmettre des expériences et des valeurs	exprimer une vision pour l'avenir	écrire une lettre à un(e) futur(e) étudiant(e)

Fenêtres sur...	Stratégies et outils pour...
Littératures Découvrir un écrivain d'origine libanaise à travers son roman autobiographique **Patrimoines** Identifier des périodes et événements majeurs du XXe siècle en France	**Faire le point sur son apprentissage** → prendre conscience de son apprentissage et de sa pratique de la langue

LEÇON 1 — Faire une biographie

Participer au prix « Souvenirs familiaux »

Doc. 1

J'ai deux mots à vous dire...
VOTRE BIOGRAPHE

ACCUEIL   BIOGRAPHIE   BLOG   QUI SUIS-JE ?   ME CONTACTER

Transmettre ses souvenirs pour les générations suivantes

Transmettre
Écrire sa biographie, c'est une histoire de **transmission**. Avec l'aide du biographe, c'est très **simple** de raconter sa vie, son histoire familiale, ses origines.

Garder une trace
La biographie permet de garder une trace des aïeux, **pour ne pas les oublier**.

1 a. Observez cette page d'accueil du site (doc. 1). À votre avis, que fait un(e) biographe ? Qu'est-ce qu'une biographie ?
b. Lisez et vérifiez vos hypothèses : trouvez à quoi sert une biographie et ce que fait un(e) biographe.

2 🔊 094 Écoutez. Identifiez la situation.

3 🔊 094 Réécoutez.
a. Les motivations de Michel correspondent-elles aux objectifs cités (doc. 1) ? Justifiez (citez le texte).
b. Relevez les informations qui montrent comment la biographe et Michel vont procéder.

4 🔊 094 Réécoutez.
a. Repérez les membres de la famille de Michel et les précisions sur leur origine, puis complétez les notes de la biographie. Justifiez (citez le texte).

Client : Michel – … ans – né en France en …
- *Descendants :*
  → 1 enfant : …, né en …
  → 1 … : Marion, née en …
- *Parents :*
  → père : Francesco, né dans … – arrivé en France dans les années …
  → … : Jeanne
- *Aïeux :*
  → … paternels : originaires du …, de la campagne (d'origine modeste) – grand-mère née en …
  → grands-parents … : … directeur de banque (… aisé)
- … : Nathalie
- *Belle-famille :*
  → … : fils de professeurs
  → belle-mère : milieu …

b. Dites en quoi la biographie de Michel peut aussi témoigner de l'histoire de la France.

zoom Langue

Évoquer les origines familiales

> **Les liens familiaux**

Complétez avec les mots de la liste.
paternelle – arrière – neveu – aïeux – maternelle – nièce – belle – descendants

– les générations précédentes → les … ≠ les générations suivantes → les …
– la famille du père → …
– la grand-mère de la mère → la …-grand-mère …
– le petit-fils du fils ou de la fille → le …-petit-fils
– le fils et la fille du frère ou de la sœur → le … et la …
– la famille / la mère du mari ou de la femme → la …-famille / la …-mère

> **La transmission**

Associez les expressions de sens proche.
transmettre la mémoire familiale – ne pas oublier – laisser une trace – connaître l'histoire familiale – garder une trace – écrire sa biographie

raconter sa vie → … – se souvenir → … – témoigner / laisser un témoignage → … – connaître ses origines → … – raconter les souvenirs aux descendants → … – conserver des souvenirs → …

> **Les pronoms possessifs**

a. Observez. Retrouvez à quoi correspondent les pronoms en gras (act. 3 et 4).

Pourquoi voulez-vous écrire **la vôtre** ?
J'aimerais témoigner de l'histoire du pays en racontant **la mienne**.
Les siens étaient d'un milieu aisé.
Je demande à mon frère et à ma sœur de me prêter **les leurs**.

b. Complétez le tableau.

	à moi, à toi, à lui / elle	à nous, à vous, à eux / elles
Nom masculin	le mien, le tien, le …	le nôtre, le vôtre, le leur
Nom féminin	… …, … …, la sienne	la nôtre, … …, … …
Nom pluriel	… …, les tiens, … … les miennes, … …, … …	les nôtres, … …, … …

▸ **S'ENTRAÎNER 1, 2**

5 PRONONCIATION
L'enchaînement vocalique

a. 095 Écoutez et signalez les enchaînements vocaliques comme dans les exemples.
Ex. : cet en_fant aura ; j'ai en_vie.
1. Marion a eu un bébé.   2. Les siens étaient ouvriers.

b. 096 Écoutez et répétez en faisant attention aux enchaînements vocaliques.

6 En petits groupes
Aimeriez-vous lire la biographie de vos aïeux ou écrire la vôtre ? Pourquoi ?

Doc. 2

Chapitre 2 – Maria Gallardi

Née avec le siècle, Maria avait passé toute son enfance et son adolescence en Calabre, une région très pauvre à cette époque-là. À l'âge de 19 ans, elle a épousé Luigi, un copain de l'adolescence, et deux ans après leur mariage, ils ont pris la décision d'aller tenter leur chance en France. À 22 ans, avec deux enfants (le deuxième, mon père, avait à peine un an), l'arrivée à Paris en 1922 a été compliquée pour elle qui ne parlait pas français. Mais l'année suivante, Maria a commencé à travailler dans une maison de haute couture et à partir de ce moment-là, son adaptation a été rapide. Elle était encore en pleine jeunesse et adorait l'ambiance joyeuse dans la capitale : dans les années 1920, les « Années folles », Paris connaissait une effervescence culturelle et artistique après le drame de la Grande Guerre. Maria a exercé son métier de couturière pendant cinq ans, jusqu'à la fin de sa troisième grossesse, mais à la naissance de ma tante Gina, elle a arrêté de travailler. Luigi, qui était maçon, passait ses dimanches à construire leur future maison en banlieue, à Montreuil. Le déménagement dans cette maison avec un petit jardin, quinze ans après leur première installation en France, a transformé la vie de la famille. Après la retraite de Luigi en 1965, ils y ont vécu une vieillesse heureuse et en bonne santé, jusqu'à la mort de Luigi, en 1972. Maria est morte cinq ans plus tard, à 77 ans. Leur maison était pour eux une vraie fierté. Et pour toute la famille, c'est un bel héritage d'une dure vie de travail.

17

7
Lisez le début d'un chapitre de la biographie de Michel (doc. 2) et identifiez à qui il est consacré. Puis trouvez le lien familial avec Michel à l'aide des notes de la biographe. Justifiez (citez le texte).

8 Relisez.
a. Complétez la fiche biographique suivante avec les événements et étapes-clés de la vie de Maria (situation familiale, lieu(x) de vie, activité(s) professionnelle(s)…).
b. Ajoutez les dates sur la fiche. Justifiez (citez le texte).

Maria
1900 : naissance puis enfance en Calabre (Italie)
… : mariage avec Luigi
… : décision de …

9 Relisez.
a. À votre avis, pourquoi Maria et Luigi ont-ils quitté la Calabre ? Justifiez (citez le texte).
b. Décrivez le ressenti de Maria et de Luigi au début et à la fin de leur vie en France et le sentiment à propos de la maison. Justifiez (citez le texte).

zoom Langue
Résumer les grandes étapes d'une vie
> Situer dans le temps, indiquer la chronologie

a. Indiquez l'ordre chronologique de ces étapes.
la jeunesse – la mort – l'adolescence – la naissance – l'enfance – la vieillesse

b. Retrouvez des formulations équivalentes (act. 8b).
– à 19 ans → …   – cinq ans après → …
– quand Gina est née → … – un an plus tard → un an après, …

> Le genre des noms

Observez puis complétez le tableau (act. 8, 9).

la déci**sion** – l'arriv**ée** compliquée – une maison de haute cout**ure** – en pleine jeun**esse** – l'ambi**ance** joyeuse – le déménage**ment** – leur première installa**tion** – une vraie fier**té** – toute la fam**ille** – un bel hérit**age**

Noms féminins	-ssion, -sion, -… -ée -ure -… -ence, -… -… -…	→ transmission, …, … … … … → adolescence, … … …
Noms masculins	-ment -…	… …

S'ENTRAÎNER 3, 4

zoom Culture
Repères historiques au xxᵉ siècle en France

Retrouvez les moments historiques évoqués par Michel et dites lesquels correspondent aux descriptions suivantes.
– Mouvement politique de protestation lancé par les étudiants et les ouvriers.
– Période d'intense activité sociale, culturelle et artistique dans la première moitié du siècle.

10 S'EXPRIMER
Vous faites votre biographie.
Par deux

a. À tour de rôle. Racontez les étapes et événements marquants de votre vie. Votre partenaire prend des notes, vous enregistre et demande des précisions si nécessaire (lieux, chronologie, ressentis…).

b. À partir de l'enregistrement et de vos notes, rédigez un résumé de la vie de votre partenaire, qui le lit et le complète.

TÂCHE CIBLE : Participer au prix « Souvenirs familiaux »

1 Préparez-vous !

Vous commencez la biographie d'un(e) aïeul(e) pour participer au prix « Souvenirs familiaux ».

a. Lisez la présentation du livre. Repérez les auteurs, le nom de la collection et du prix obtenu. Puis identifiez le héros du récit, son lien familial avec les auteurs et les traits marquants de sa vie.

En petits groupes

b. Parmi vos aïeux, qui a eu une vie marquante et pourrait être le héros / l'héroïne d'un récit biographique ?
c. Choisissez un héros / une héroïne parmi les récits de chacun(e). Prenez des notes sur les traits marquants de sa vie et décidez quel épisode vous voulez raconter.

2 Réalisez !

En petits groupes

a. Rédigez le résumé de la vie du héros / de l'héroïne pour la quatrième de couverture de votre biographie. Indiquez le lien familial avec la personne concernée dans votre groupe, les étapes et événements marquants de sa vie. Précisez le contexte historique.
b. Choisissez un épisode de sa vie pour démarrer un chapitre de la biographie. Racontez-le : lieu, moment, événement(s), ressentis.
c. Choisissez un titre pour la biographie et trouvez une photo pour la couverture.

3 Partagez !

En petits groupes

a. Prenez connaissance de tous les récits. Quelle(s) biographie(s) aimeriez-vous lire en entier ?
b. Décidez à quelle biographie vous voulez décerner le prix « Souvenirs familiaux ».

Lauréat du prix « Souvenirs familiaux »

Un jury attribue chaque année le prix *Souvenirs familiaux* au meilleur récit qui est ensuite publié.
Dans les pas de Sébastien est une histoire réelle : la vie d'un adolescent qui bascule un soir de rébellion, après la mort de son père et le remariage de sa mère… On l'envoie à Mettray, une maison de redressement terrible.
Sébastien, le héros du récit, est l'arrière-grand-oncle de Daniel Stephan. Le goût de Daniel pour la généalogie et les recherches historiques et le goût de l'écriture de Françoise Le Meur ont conduit ce couple de Bretons à raconter le parcours de cet aïeul du XIXe siècle.

S'entraîner

Les liens familiaux, la transmission

1 Choisissez le mot correct.
a. Ma sœur a trois enfants : j'ai deux *oncles / neveux* et une *nièce / tante*.
b. Mes *aïeux / descendants* étaient paysans mais en 1940, mon *arrière-grand-père / grand-père*, le père de ma grand-mère, a quitté la ferme.
c. J'aime beaucoup ma famille *paternelle / maternelle*, les frères de mon père.
d. La famille de mon mari habite au bord de la mer, alors on va souvent en vacances chez mes *beaux-parents / grands-parents*.
e. Il veut écrire sa *mémoire / biographie* pour *se souvenir de / transmettre* l'histoire familiale à ses *générations / descendants*.
f. Alice ne connaît pas ses *origines / souvenirs*, ses aïeux n'ont pas *laissé / gardé* de trace.

Les pronoms possessifs

2 Transformez pour éviter les répétitions.
a. J'écris l'histoire de ma famille et de ta famille.
b. Mes parents et ceux de mon ami sont d'origine différente : ses parents viennent du Chili.
c. Mes amis ont écrit leur biographie familiale ; on veut faire notre biographie aussi.
d. Mes parents étaient paysans et mes beaux-parents médecins : mon milieu d'origine et leur milieu sont très différents.
e. Je vous ai raconté tous mes souvenirs mais je ne connais pas vos souvenirs !

Situer dans le temps, indiquer la chronologie

3 Réécrivez la biographie en remplaçant les passages soulignés par une autre formulation.
Quand Caroline est née, en 1980, ses parents habitaient dans un studio. Ils ont déménagé <u>en 1981</u> et ils ont eu une deuxième fille <u>en 1984</u>. Caroline a commencé à faire de l'athlétisme <u>à six ans</u> et elle a participé à son premier championnat <u>cinq ans après</u>. <u>Quand elle était adolescente</u>, elle a obtenu plusieurs médailles, mais <u>quand elle a eu vingt ans</u>, elle a mis fin à sa carrière sportive. <u>En 2010,</u> elle a eu une fille. <u>Quand son père est mort</u>, <u>en 2016</u>, elle est allée vivre près de sa famille maternelle.

Le genre des noms

4 Complétez avec un article.
a. À … naissance de Marguerite, … famille a déménagé dans une grande maison.
b. Il a eu … jeunesse difficile : il avait … santé fragile.
c. Après … année à l'étranger, ils ont vécu … moment chez leurs parents.
d. … séparation de ses grands-parents a eu lieu dix ans après … mariage.
e. Expliquez … nature de … relation entre Léo et Eva.

À retenir

Récap' lexique

Les liens familiaux

1 a. Complétez le tableau.

Les générations précédentes = les …	Les générations suivantes = les …	La famille du / de la conjoint(e) = la …
– 1 génération : le …, la mère = les … l'oncle, la … – 2 générations : le grand-…, la … = les … le …, la grand-tante – 3 générations : l'…-grand-père, l'arrière-… = les …-…-parents	+ 1 génération : le fils, la … = les … le neveu, la … + 2 générations : le …-fils, la …-fille = les … le petit-…, la … + 3 générations : l'arrière-…, l'… = les …	ses parents le …, la … = les … ses frères et sœurs le beau-…, la …

b. **En petits groupes** Partagez vos connaissances ! Ajoutez les autres mots que vous connaissez pour désigner les liens familiaux.

La biographie, la transmission

2 Associez.

laisser — garder — connaître — transmettre — se souvenir de — raconter — écrire

sa vie — ses souvenirs — une trace — ses origines — sa biographie — un témoignage — l'histoire familiale — la mémoire familiale

Récap' grammaire

Les pronoms possessifs

	à moi, à toi, à lui / elle	à nous, à vous, à eux / elles
Nom masculin	mon, ton, son aïeul → **le mien, le tien, le sien**	notre, votre, leur aïeul → **le nôtre, le vôtre, le leur**
Nom féminin	ma, ta, sa famille → **la mienne, la tienne, la sienne**	notre, votre, leur famille → **la nôtre, la vôtre, la leur**
Nom pluriel	mes, tes, ses parents → **les miens, les tiens, les siens** mes, tes, ses photos → **les miennes, les tiennes, les siennes**	nos, vos, leurs parents / photos → **les nôtres, les vôtres, les leurs**

Le genre des noms

Féminins		Masculins	
-ssion, -sion, -tion	transmi**ssion**, déci**sion**, adapta**tion**	-ment	déménage**ment**, mo**ment**, apparte**ment**, événe**ment**
-ée	arriv**ée**, id**ée**		
-ure	cout**ure**, voit**ure**		
-esse	jeun**esse**, gross**esse**		
-ence, -ance	adolesc**ence**, enf**ance**	-age	mari**age**, hérit**age**, voy**age**, nu**age**
-té	fier**té**, san**té**, identi**té**		
-ille	fam**ille**, f**ille**		

le mot du prof

! Exceptions :
– un lycée, un musée ;
– le silence ;
– un été, un côté ;
– une page, une plage, une image.

LEÇON 2 — Décrire l'évolution de la vie quotidienne

> Créer une capsule temporelle

Une collecte à l'école

Les élèves de l'école de Saint-Thibéry, en collaboration avec l'association Nos Mémoires Vives, ont invité des personnes de 65 à 90 ans à venir les rencontrer pour échanger sur le quotidien d'autrefois et d'aujourd'hui.

Retraverser l'histoire à travers les objets de la vie

De nombreux objets usuels accompagnent notre quotidien : ustensiles de cuisine, petits outils, jouets, véhicules… Mais connaissons-nous leur histoire ? Existaient-ils déjà il y a 80 ans ? Lesquels ont disparu, qu'est-ce qui a changé ?
Les élèves ont recueilli et enregistré les témoignages de personnes âgées pour créer une série de podcasts. Ces enregistrements sont des supports de transmission et des outils pédagogiques inspirants pour les jeunes générations.

1 Lisez la page du site de l'association Nos Mémoires Vives (doc. 1). Identifiez l'initiative rapportée, le thème et ce qui a été réalisé.

2 🔊 097 Écoutez ces quatre extraits.
a. Dites qui s'exprime, dans quel contexte.
b. Identifiez le thème de chaque extrait : choisissez dans la liste.

- Nos Mémoires Vives – Les jeux et les loisirs
- Nos Mémoires Vives – Les vêtements
- Nos Mémoires Vives – L'hygiène
- Nos Mémoires Vives – La vie au village
- Nos Mémoires Vives – Les transports
- Nos Mémoires Vives – L'équipement de la maison
- Nos Mémoires Vives – L'école
- Nos Mémoires Vives – L'alimentation

c. Trouvez quelles sont les périodes évoquées.

3 🔊 097 Réécoutez.
a. Repérez dans chaque extrait la ou les principale(s) différence(s) entre le mode de vie passé et le mode de vie actuel.
b. Relevez ce qui explique ces différences.

4 🔊 097 Réécoutez.
a. Trouvez quels objets les personnes avaient ou n'avaient pas dans leur enfance. Précisez s'ils étaient collectifs ou individuels (citez les paroles).
b. Indiquez quelles étaient les conséquences et justifiez (citez les paroles).

zoom Langue

Expliquer des habitudes quotidiennes du passé

> **Les objets du quotidien**

Classez les objets suivants dans les catégories.
un ballon – un outil – une machine à laver – un frigo – une console – un stylo – un jeu de société – un moulin à café – une râpe à fromage – un aspirateur – de l'encre – un grille-pain – un feutre – un mixeur – des billes – un garde-manger – un four – un porte-plume – une blouse – une trousse – une lessiveuse – une petite voiture

Objet pour le bricolage → …
Appareils et objets de la maison → …, …, …, …, …, …, …, …, …
Jeux ou jouets → …, …, …, …, …
Matériel scolaire → …, …, …, …, …
Vêtement pour l'école → …

> **Les adjectifs indéfinis** *plusieurs, quelques, certain(e)s*

a. Observez puis dites par quel article on peut remplacer les mots en gras.
> **Certaines** choses ou **certains** outils étaient communs à tout le village.
> On avait seulement **quelques** ustensiles mécaniques.
> On n'avait pas de trousse avec **plusieurs** stylos.

b. Trouvez quel mot exprime : une petite quantité, une quantité supérieure à deux, une partie dans un ensemble.

Exprimer la cause et la conséquence

a. Observez puis soulignez dans chaque phrase la cause en rouge et la conséquence en vert.

On n'avait pas le confort de maintenant **parce que** les appareils ménagers étaient rares !
On n'avait pas de mixeur. **C'est pour ça qu'**on faisait tout à la main.
On pouvait conserver les aliments **grâce à** de la glace qu'on achetait.
Certaines familles avaient une cave, **alors** ils pouvaient y stocker des aliments.
On jouait beaucoup dehors, **car** on n'avait pas beaucoup de jeux à l'intérieur.
Les consoles n'existaient pas, **donc** on devait trouver des idées pour s'amuser !
Ils avaient peur de leur professeur **à cause des** punitions.

b. Complétez.
parce que, … + phrase → introduisent une cause
…, …, … + phrase → introduisent une conséquence
… + nom → introduit une cause positive
… + nom → introduit une cause négative

> S'ENTRAÎNER 1, 2, 3

5 🗨 **Debout !** Regroupez-vous par tranche d'âge. Souvenez-vous comment c'était dans votre enfance par rapport à maintenant : la vie dans votre ville ou votre village, l'équipement de la maison, les loisirs et les jeux, l'école. Comparez avec les autres groupes.

Doc. 2

PETIT JOURNAL DE LA CLASSE DE CM2
École élémentaire Léonce-Ruffié – Saint-Thibéry

Rencontres intergénérationnelles : comment les objets du quotidien ont transformé nos vies

La transformation la plus marquante dans les jeux, c'est l'arrivée des consoles de jeux vidéo. Nous, on y joue beaucoup et on en parle tout le temps, mais dans les années 1950-1960, ils n'y pensaient pas car ça n'existait pas. C'est bizarre d'imaginer que ça ne faisait pas partie de leur vie ! Certains jeux n'ont pas changé, comme les billes ou le ballon, mais avant, les enfants y jouaient dans la rue. Nous, on n'a pas le droit, nos parents ne sont pas d'accord ! Nous avons constaté une autre évolution importante : aujourd'hui, on a beaucoup trop de jouets, on s'en sert un moment et puis, très vite, on les oublie ! Ou bien ils se cassent très vite parce que la qualité s'est dégradée. Avant, les enfants jouaient avec peu de choses !

Lexane, Manon et Lila

Pour nous, c'est la vie à la maison qui a le plus évolué. Avant, les mères lavaient le linge à la main ou dans une lessiveuse. Elles y étaient habituées, mais l'apparition de la machine à laver a vraiment dû révolutionner leur vie ! Dans les maisons, il y avait l'électricité, mais on s'en servait principalement pour s'éclairer parce qu'il y avait peu d'appareils ménagers. Avec les innovations technologiques, le confort s'est amélioré : aujourd'hui, on a des robots pour faire la cuisine ou le ménage, les équipements de nos maisons sont connectés à notre smartphone… Eux, ils n'avaient pas d'appareils électroniques, mais nous, on en a besoin tout le temps et on ne peut plus s'en passer !

Timothée, Rose et Youssef

Dossier 8 – Leçon 2

6 Lisez le document 2.
a. Identifiez sa nature et ses auteurs. Trouvez dans quel contexte il a été écrit.
b. Repérez la problématique traitée et les thèmes abordés.

7 Relisez.
a. Repérez les objets ou équipements cités. Dites s'ils appartiennent au passé, au présent ou les deux.
b. Pour chaque objet ou équipement, relevez ce qui indique l'évolution dans le temps : avant / maintenant.

zoom Langue

Évoquer des changements

> **Les pronoms COI *en* et *y***

Observez et retrouvez ce que remplacent *en* et *y* (act. 7b). Puis cochez pour formuler la règle.

On s'**en** servait pour s'éclairer.
On **en** a besoin, on ne peut plus s'**en** passer.
On **y** joue et on **en** parle tout le temps.
Ils n'**y** pensaient pas.
Elles **y** étaient habituées.

Le pronom **en** est complément d'un verbe suivi de ☐ **à** ☐ **de**.
Le pronom **y** est complément d'un verbe suivi de ☐ **à** ☐ **de**.

> **L'évolution dans le temps**

Complétez avec les synonymes ou les contraires.
une innovation – l'apparition – évoluer – s'améliorer – se transformer / transformer qq ch – se dégrader – révolutionner qq ch

changer → …, …, …
progresser → … ≠ …
l'arrivée → … ≠ la disparition
une nouveauté → …

> S'ENTRAÎNER 4

8 S'EXPRIMER 🗨

Vous enregistrez un épisode de podcast pour Nos Mémoires Vives.

En petits groupes
a. Choisissez un des thèmes suivants : les vêtements, les transports, l'alimentation, l'hygiène. Puis échangez ! Quelle évolution constatez-vous dans ce domaine ? Quelles sont les différences entre votre enfance et l'époque actuelle ?
b. Enregistrez un témoignage collectif pour créer votre épisode.

TÂCHE CIBLE : Créer une capsule temporelle

1 Préparez-vous !

Vous allez créer une capsule temporelle pour témoigner de la vie quotidienne de votre génération.

a. Observez. Que propose le Musée canadien de l'histoire ? Savez-vous ce qu'est une capsule temporelle ?
b. En petits groupes Regroupez-vous par tranche d'âge. Cherchez quels objets ou équipements :
– ont marqué votre enfance ;
– sont importants dans votre vie actuelle.
c. Choisissez les plus intéressants pour témoigner de votre époque.

2 Réalisez !

a. Trouvez une photo pour chaque objet ou équipement choisi. Légendez-la (nom, date d'apparition).
b. Écrivez un texte explicatif pour les « historiennes et historiens du futur » avec la date d'aujourd'hui. Expliquez pour chaque objet :
– pourquoi vous l'avez choisi ;
– quelle utilisation vous en faites ou en faisiez et quelle a été son importance pour votre génération ;
– son évolution (A-t-il disparu ? S'est-il transformé ?) et les conséquences de cette évolution.

CRÉER UNE CAPSULE TEMPORELLE

Qu'aimeriez-vous transmettre de votre génération aux historiennes et historiens du futur ? Faites une capsule temporelle !

Dans le futur, les historiennes et les historiens voudront tout savoir sur l'époque que nous vivons actuellement. Quel genre de vêtements avons-nous portés ? Avec quels jouets avons-nous joué ? Qu'aimions-nous faire ? Cette activité vous donnera l'occasion de laisser des traces.
Visitez le Musée canadien de l'histoire en ligne : museedelhistoire.ca

3 Partagez !

a. Mettez vos capsules temporelles sur votre ETC.
b. Prenez connaissance de toutes les capsules. Les choix vous surprennent-ils ? Qu'apprenez-vous sur les autres générations représentées dans la classe ?

S'entraîner

Les objets du quotidien

1 Remettez les mots soulignés à la bonne place.
a. Prépare tes affaires d'école : range tes <u>billes</u> dans ta <u>machine à laver</u>.
b. Pour le petit déjeuner, je mets les tranches de pain dans le <u>frigo</u>.
c. Les enfants jouent aux <u>stylos</u> dans la cour de l'école.
d. Pour Noël, les enfants ont eu un <u>mixeur</u> en cadeau.
e. Ils n'avaient pas de <u>grille-pain</u> pour conserver les aliments.
f. Sors le <u>jeu de société</u> pour faire la soupe et mets le linge sale dans la <u>trousse</u> !

Les adjectifs indéfinis *plusieurs, quelques, certain(e)s*

2 Complétez avec *plusieurs*, *quelques* ou *certain(e)s*.
a. – Beaucoup d'élèves ont participé aux rencontres ?
– Non, seulement … élèves.
b. – Tous ces objets existaient déjà avant ?
– … objets existaient mais d'autres, non.
c. Dans les maisons modernes, il y a … appareils connectés : le frigo, les volets, une alarme…
d. Beaucoup d'objets du passé ont disparu, mais … jouets existent encore.
e. – Tu as des souvenirs de tes grands-parents ?
– Oui, un peu : j'ai … objets de leur maison.

Exprimer la cause et la conséquence

3 Entourez l'option correcte.
a. À l'époque, il y avait moins de voitures que maintenant, *car / donc* les enfants pouvaient jouer dehors. Aujourd'hui, *à cause de / grâce à* la circulation, ce n'est plus possible ; *c'est pour ça qu' / parce qu'* ils passent plus de temps à l'intérieur. En plus, ils jouent beaucoup aux jeux vidéo, *car / alors* ils font moins d'activité physique.
b. À l'école, avant, les ressources étaient moins variées *parce qu' / alors* on n'avait que des livres. Aujourd'hui, *à cause des / grâce aux* nouvelles technologies, les enfants ont accès à plus d'informations.

Les pronoms COI *en* et *y* pour exprimer l'usage

4 Reformulez pour éviter les répétitions.
a. On n'a plus de blouse à l'école mais on a besoin d'une blouse en cours de chimie.
b. Ils ont toujours leur téléphone à la main, ils ne peuvent pas se passer de leur téléphone.
c. Je ne veux pas de robot pour faire la cuisine, je ne suis pas habitué aux robots.
d. Nous avons une grande cave, nous nous servons de la cave pour ranger des affaires.
e. Mes enfants ont beaucoup de petites voitures mais ils ne veulent plus jouer aux petites voitures.
f. Mes grands-parents ont oublié leur enfance, ils ne parlent jamais de leur enfance.

À retenir

Récap' lexique

Les objets du quotidien

1 Complétez la carte mentale.

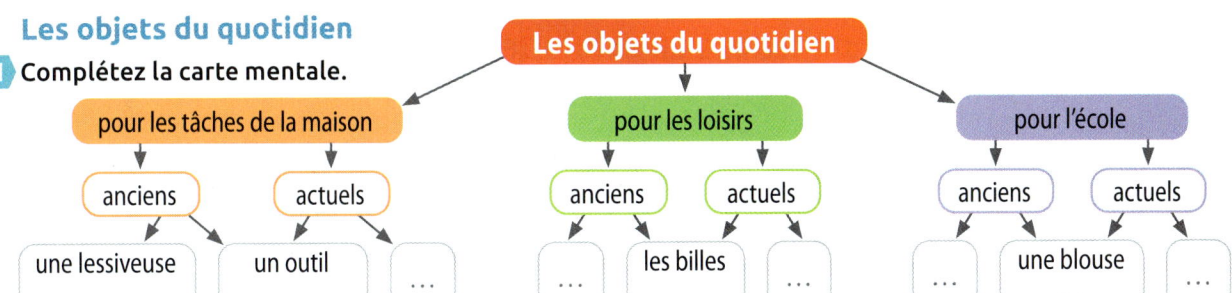

L'évolution dans le temps

2 Complétez la grille avec les verbes ou les noms correspondants.

changer	...	(se) transformer	...	...
...	une évolution	...	une révolution	une amélioration
...	apparaître	disparaître	innover	
une dégradation	...	...	...	

Récap' grammaire

Les adjectifs indéfinis *plusieurs, quelques, certain(e)s*

Plusieurs + nom exprime une quantité supérieure à deux.
Quelques + nom exprime une petite quantité.
Certains / **Certaines** + nom exprime une partie dans un ensemble.

→ On n'avait pas de trousse avec **plusieurs** stylos.
→ On avait **quelques** ustensiles mécaniques.
→ **Certaines** choses ou **certains** outils étaient communs.

- On peut remplacer *plusieurs, quelques, certain(e)s* par l'article indéfini *des*.
- *Plusieurs* et *quelques* sont invariables (masculin = féminin).

Exprimer la cause et la conséquence

Pour introduire une cause :
– **parce que**, **car** + phrase → On n'avait pas le confort de maintenant **parce que** les appareils ménagers étaient rares !
→ On jouait beaucoup dehors **car** on n'avait pas beaucoup de jeux à l'intérieur.
– **à cause de** + nom (cause négative) → Ils avaient peur de leur professeur **à cause des** punitions.
– **grâce à** + nom (cause positive) → On pouvait conserver les aliments **grâce à** de la glace qu'on achetait.

Pour introduire une conséquence :
alors, **donc**, **c'est pour ça que** + phrase → Certaines familles avaient une cave, **alors** ils pouvaient y stocker des aliments.
→ Les consoles n'existaient pas, **donc** on devait trouver des idées pour s'amuser !
→ On n'avait pas de mixeur ni d'aspirateur. **C'est pour ça qu'**on faisait tout à la main.

Les pronoms COI *en* et *y*

Le pronom **en** est complément d'un verbe suivi de la préposition **de**.	Le pronom **y** est complément d'un verbe suivi de la préposition **à**.
*On se servait **de** l'électricité pour s'éclairer.* → *On s'**en** servait pour s'éclairer.* *On a besoin **des** appareils électroniques.* → *On **en** a besoin.*	*On joue **à** la console.* → *On **y** joue.* *Elles étaient habituées **à** laver le linge à la main.* → *Elles **y** étaient habituées.*
On utilise **en** avec des verbes comme : *avoir besoin de, se servir de, se passer de, parler de…*	On utilise **y** avec des verbes comme : *jouer à, être habitué(e) à, penser à…*

! *En* et *y* ne remplacent jamais des personnes.

LEÇON 3 — Exprimer une vision pour l'avenir

> Écrire une lettre à un(e) futur(e) étudiant(e)

Doc. 1

1 a. Observez cette page du site de l'Union européenne (doc. 1). Identifiez l'initiative présentée.

b. Lisez le texte de présentation et trouvez les objectifs de cette initiative. Puis repérez les différentes manières d'y participer.

2 🔊 098 Écoutez la présentation de l'initiative.

a. Identifiez qui s'exprime, dans quel contexte.

b. Repérez les objectifs des actions prévues dans le cadre de cette initiative.

c. Trouvez quelle a été la première action concrète. Dites ce qu'elle a permis de déterminer.

3 🔊 098 Réécoutez.

a. Choisissez dans la liste les sujets prioritaires pour les jeunes Européens. Indiquez l'ordre d'importance. Justifiez (citez les paroles).

- art et culture
- études et mobilité étudiante
- valeurs fondamentales de l'Europe
- écologie
- emploi
- vivre ensemble
- santé et santé mentale

b. Pour chaque sujet, relevez les actions nécessaires, selon les jeunes.

zoom Langue

Les valeurs humaines et morales

Associez chaque valeur à la description correspondante.

l'égalité des chances – l'attention à l'environnement – le respect de la diversité – la liberté – le respect des droits – la solidarité

– La reconnaissance de la dignité, de la liberté et de l'égalité des êtres humains.
– L'autonomie, l'indépendance des personnes.
– La réduction de l'impact humain sur la planète.
– L'entraide entre les personnes, les peuples.
– La valorisation des différences et l'inclusion de tous dans la société.
– L'accès de tous à l'éducation et à l'ascension sociale.

Indiquer la nécessité d'agir

a. Observez puis complétez la règle.

> Il est important de développer l'égalité des chances.
> Il est urgent d'obliger les dirigeants à agir.
> Il est nécessaire de poursuivre les efforts d'inclusion.
> Il est fondamental de défendre les grands principes.

On peut exprimer la nécessité avec la forme impersonnelle : **il est important** / … / … / … + … + verbe à l'… .

b. Complétez avec les noms correspondants.
– il est important → l'…
– il est urgent → l'…
– il est nécessaire → la …

c. Associez les verbes de sens proche.
favoriser + nom – se battre pour + nom – défendre + nom – agir pour + nom
– lutter pour + nom → … – … – …
– développer + nom → …

S'ENTRAÎNER 1, 2

zoom Culture

La France dans l'Union européenne

État membre depuis 1957 La France est l'un des 6 pays fondateurs de l'UE.	17,4 % du PIB* 2e puissance économique.
66,7 millions d'habitants Deuxième pays le plus peuplé après l'Allemagne.	Strasbourg Siège du Parlement européen.

*PIB : produit intérieur brut (2019, Eurostat).

Lisez les informations. Qu'apprenez-vous sur la place de la France dans l'Union européenne ?

4 💬 **En petits groupes a.** Selon vous, quels sont les sujets à traiter prioritairement pour l'avenir du monde ? Les valeurs à défendre en priorité ?

b. Comparez vos priorités avec les autres groupes.

Doc. 2

Union européenne — Se connecter — Français FR

Points de vue et espoirs pour l'avenir

ANNÉE EUROPÉENNE DE LA JEUNESSE

Pour une Europe respectueuse de l'environnement, solidaire et ouverte à la diversité

Louis, France, 21 ans

« J'espère que les nouvelles générations réussiront à changer notre modèle de société. »

Nous savons tous que le réchauffement climatique est un problème majeur et que les activités humaines conduisent à la destruction de l'environnement : nous détruisons la biodiversité et les ressources naturelles. Notre modèle de société produit aussi trop d'inégalités sociales : aujourd'hui encore, beaucoup de personnes vivent en situation de pauvreté, n'ont pas accès à un logement ou à des études.

On constate également que les discriminations sont présentes en Europe : il y a des écarts de salaire entre les hommes et les femmes et l'exclusion de certaines minorités ou des personnes en situation de handicap est très fréquente.

Je rêve d'une société où les humains ne construisent plus leur vie autour de la production et de la consommation. J'ai l'espoir que nous arriverons bientôt à réduire notre impact négatif sur l'environnement.

J'espère aussi un retour à une des grandes valeurs de l'Europe : la solidarité. Je rêve de participer à la construction d'une société plus égalitaire.

Enfin, j'espère vivre dans un monde de tolérance où le genre, l'origine ou toute autre différence ne sera plus une source de discrimination. J'ai l'espoir que nous verrons la diversité comme une force et que chacun pourra être qui il veut : libre et sans préjugés.

5 a. Observez cette autre page du site (doc. 2). Identifiez ce qu'elle présente.

b. Repérez dans le titre du message les sujets évoqués et retrouvez-les dans la liste de l'act. 3a.

c. Lisez le message et repérez ses deux parties. Dites dans laquelle Louis exprime :
– ses aspirations pour le futur ;
– des constats sur les problèmes actuels.

6 a. Pour chaque sujet, relevez les constats de Louis sur les problèmes actuels et citez ses exemples.

b. Pour chaque sujet, dites quelles sont ses aspirations pour le futur. Justifiez (citez les paroles).

zoom Langue

Exposer des problèmes

> **Les problèmes de l'humanité**

Classez les problèmes dans les catégories suivantes.

problèmes écologiques   problèmes liés à la différence   problèmes socio-économiques

les préjugés – le réchauffement climatique – l'exclusion – la pauvreté – la destruction de l'environnement / de la biodiversité / des ressources naturelles – les discriminations – les inégalités sociales

> **Les verbes en -uire au présent**

Observez puis complétez la conjugaison avec les bonnes couleurs.

Les activités humaines **conduisent** à la destruction de l'environnement.
Nous **détruisons** la biodiversité.
Notre modèle de société **produit** trop d'inégalités sociales.

Détruire : je détrui**s** – tu détrui**s** – il / elle / on … – nous … – vous détrui**sez** – ils / elles …

Exprimer un espoir

Observez puis associez pour formuler la règle.

J'espère que les nouvelles générations réussiront à changer notre modèle de société.
Je rêve d'une société où les humains ne construisent plus leur vie autour de la consommation.
Je rêve de participer à la construction d'une société plus égalitaire.
J'espère un retour à une des grandes valeurs qui a construit l'Europe.
J'espère vivre dans un monde de tolérance.
J'ai l'espoir que nous verrons la diversité comme une force.

j'espère	je rêve	j'ai l'espoir
+ nom	+ infinitif	+ de + nom
+ de + infinitif	+ que + futur simple	

▶ **S'ENTRAÎNER 3, 4**

7 PRONONCIATION ▶ 18

Les sons [w] et [ɥ]

a. 🔊 099 Écoutez et levez la main si vous entendez une différence.
Ex. : Louis – lui →

b. 🔊 100 Écoutez. [ɥ] comme dans *lui*  ou [w] comme dans *Louis, loi* ou *loin* ?

c. 🔊 101 Écoutez et répétez.

8 S'EXPRIMER 💬

Vous enregistrez un message pour le site de l'UE.

 Prenez quelques minutes pour enregistrer votre message vocal et dites-nous dans quelle Europe vous espérez vivre.

Observez la proposition. Pour deux sujets (act. 3a), listez vos constats sur les problèmes actuels et vos espoirs pour l'avenir. Puis enregistrez votre message.

Dossier 8 — Leçon 3

cent quarante et un **141**

TÂCHE CIBLE : Écrire une lettre à un(e) futur(e) étudiant(e)

1 Préparez-vous !

Vous allez écrire une lettre à un(e) futur(e) étudiant(e) de votre école.

a. Observez le site et dites ce qu'on présente.
En petits groupes

b. Échangez sur vos parcours d'apprenant(e)s de français : qu'est-ce que cette expérience vous apporte ? Quelles sont les difficultés rencontrées ? les actions nécessaires pour mieux profiter de cette expérience ?

c. Sélectionnez les informations utiles pour votre lettre. Puis listez les espoirs que vous avez envie de communiquer à un(e) futur(e) étudiant(e).

2 Réalisez !

En petits groupes Rédigez votre lettre :
– présentez-vous et parlez de votre expérience d'apprenant(e)s de français : ce qu'elle a apporté à chacun(e) (compétences, valeurs, partages…) ;
– faites des constats sur les difficultés que rencontrent souvent les apprenant(e)s et expliquez les actions nécessaires pour profiter de l'expérience ;
– formulez des espoirs pour le / la futur(e) étudiant(e).

3 Partagez !

a. Lisez toutes les lettres de la classe et réagissez.

b. Mettez vos lettres dans une boîte et placez-la à l'accueil de votre école. Les lettres sont consultables par les nouveaux / nouvelles étudiant(e)s.

S'entraîner

Les valeurs humaines et morales

1 Indiquez la valeur correspondant aux actions.
la lutte pour l'égalité des chances – l'attention à l'environnement – le respect de la diversité – la défense de la liberté – le respect des droits – la solidarité

a. Luce apporte de l'aide à des personnes en difficulté dans son quartier.
b. Yaël se bat pour l'inclusion dans son entreprise.
c. Brigitte essaie de limiter ses déchets.
d. Hélène lutte pour obtenir la protection des données personnelles.
e. Jacques défend l'école gratuite.
f. Arnaud défend la possibilité d'exprimer son opinion.

Indiquer la nécessité d'agir

2 Reformulez les priorités en indiquant la nécessité d'agir. Variez les formulations.
Ex. : Il est nécessaire de développer la mobilité des étudiants.

ACTIONS PRIORITAIRES
• le développement de la mobilité des étudiants
• l'inclusion des personnes en situation de handicap au travail
• la construction d'une Europe plus écologique
• le respect des droits et de la liberté de chacun
• la participation à des actions de solidarité
• la lutte pour le bien-être et la santé de tous

Les verbes en -*uire* au présent

3 Complétez avec les verbes *produire, détruire, construire* ou *réduire* conjugués au présent.

a. Les activités humaines … l'environnement.
b. Cette entreprise … trop de déchets.
c. Si nous ne … pas notre impact environnemental, la situation va s'aggraver.
d. Je … une maison écologique.
e. Vous … votre consommation d'eau en récupérant l'eau de pluie.
f. Ne tonds pas ta pelouse, tu … la biodiversité !

Exprimer un espoir

4 Formulez les espoirs de Charlotte en variant les formulations.
Ex. : J'espère que je ferai mes études…

Espoirs pour l'avenir

Pour moi : faire mes études dans un autre pays européen et rencontrer des jeunes de tous les pays ; participer aux décisions de la Commission européenne pour la mobilité des jeunes.

Pour la jeunesse : une Europe où tout le monde a sa place ; un vrai changement des comportements pour limiter le réchauffement climatique ; des pays plus unis et plus solidaires.

À retenir

Récap' lexique

Les valeurs humaines et morales / Les problèmes de l'humanité

1 Complétez la grille avec les adjectifs ou les noms correspondants.

égalitaire	attentif(ive) à l'environnement	inclusif(ive)	…	libre	…
…	…	…	le respect	…	la solidarité

2 a. Les valeurs suivantes répondent à quels problèmes ? Associez.

l'attention à l'environnement   le respect des différences   l'inclusion   la solidarité

le réchauffement climatique   les discriminations   l'exclusion   la pauvreté

la destruction de la biodiversité, des ressources naturelles   les préjugés   les inégalités sociales

b. Retrouvez le verbe ou le nom correspondant.

la destruction	…	…	…
…	réduire	produire	construire

Récap' grammaire

La forme impersonnelle pour indiquer la nécessité

il est + adjectif + **de** + verbe à l'infinitif
Il est important / urgent / nécessaire / fondamental de défendre les grands principes.

Les verbes en *-uire* au présent 🔊 102

Ce sont des verbes à deux bases. Ils se conjuguent comme le verbe *lire*.

Détruire :
je détrui**s** nous détrui**sons**
tu détrui**s** vous détrui**sez**
il / elle / on détrui**t** ils / elles détrui**sent**

Autres verbes comme *détruire* :
conduire, produire, réduire, construire…

Structures pour exprimer un espoir pour l'avenir

j'espère + **nom** ou **infinitif**	*J'espère un retour à une des grandes valeurs de l'Europe.* *J'espère vivre dans un monde de tolérance.*
j'espère / **j'ai l'espoir que** + **futur simple**	*J'espère que les nouvelles générations réussiront à changer notre modèle de société.* *J'ai l'espoir que nous considérerons la diversité comme une force.*
je rêve de + **nom** ou **infinitif**	*Je rêve d'une société où les humains ne construisent plus leur vie autour de la consommation.* *Je rêve de participer à la construction d'une société plus égalitaire.*

 On peut aussi exprimer un espoir concernant le présent avec **j'espère que** + **présent**.
J'espère que les jeunes sont motivés pour participer.
rêver **de** + article indéfini → *Je rêve d'une action efficace.*
! *Je rêve d' des actions efficaces.*

Littératures

PRIX GONCOURT DES LYCÉENS 2022

1 Observez la couverture de ce roman autobiographique (auteur, titre, illustration).

a. Faites des hypothèses sur les origines de l'auteur.

b. Comment comprenez-vous le titre du roman ?

2 Lisez cet extrait du premier chapitre de *Beyrouth-sur-Seine*.

a. Vérifiez vos hypothèses (act. 1a).

b. Dites par quel épisode de vie l'auteur commence son récit. Qu'est-ce que cela nous apprend sur le processus d'écriture du livre ?

3 ▶ 19 Regardez l'interview de Sabyl Ghoussoub.

a. Repérez le lieu et l'année de naissance de Sabyl Ghoussoub puis la date exacte d'arrivée en France de ses parents.

b. Identifiez les motivations qui l'ont amené à écrire *Beyrouth-sur-Seine*.

c. Dites ce qui a décidé l'auteur à démarrer les interviews de ses parents.

Mon père, ma mère, Paris, 2020

« Tu veux que je te raconte ma vie en arabe ou en français ? » m'a demandé mon père et il a ajouté « Tu comprends l'arabe ? » alors qu'il a été mon professeur d'arabe pendant trois longues années. [...]
5 Il n'arrête pas de jouer avec son micro. L'idée d'être enregistré lui déplaît mais pour son fils, il est prêt à faire un effort. Ma mère est dans la cuisine et me prépare un petit déjeuner. [...]
– Tu enregistres ce que je dis là ?
10 – Oui, papa.
– C'est très bien. Bon, qu'est-ce tu veux que je te raconte ?
J'avais préparé une liste de questions précises et pourtant là, devant lui, je perds mes moyens.
15 – Je ne sais pas, papa.
– Tu ne sais pas ? Comment ça, tu ne sais pas ? Tu me branches un micro sur moi et tu ne sais pas [...] ?
– Si, si, O.K., O.K., je sais, je voudrais que tu me racontes ton arrivée à Paris. [...]
20 Je me lève pour accrocher le micro à la chemise de nuit de ma mère. J'essaie de l'attraper entre deux activités. [...]
– Ton fils veut qu'on lui raconte notre arrivée à Paris.
– Et pourquoi tu nous enregistres ? Tu vas en faire quoi ?
– Un livre. Tu ne le connais pas ton fils ? Il va nous faire
25 pleurer avec cette histoire.
– En quelle année sommes-nous arrivés à Paris, Kaïssar ?
– En 1974.
– Non, en 1975.

Beyrouth-sur-Seine, Sabyl Ghoussoub, Éditions Points.

Le mariage de mes parents, Liban, 1975

Mes parents sont arrivés en septembre 1975 à Paris. Ils venaient de se marier au Liban, dans l'église de Kfarabida, le village de ma mère. Un mariage discret avec quelques proches triés sur le volet. Comme témoins, ma mère avait choisi ses deux frères Elias et Habib. Mon père,
5 sa sœur Salma et un poète libanais, Joseph Harb, son meilleur ami [...]. Les photos de leur mariage sont iconiques. Sur l'une des images, mes parents sont assis à l'arrière d'une Cadillac louée pour l'occasion. Ils tournent leurs visages vers le photographe. [...] Sur une autre photographie, ma mère est assise sur un canapé au tissu fleuri derrière
10 des dizaines de bouquets de fleurs dont j'ignore les noms. Ma mère a l'air d'une fleur parmi les fleurs. Il faut dire qu'elle était incroyablement belle, sur chacune de ces photos, jeune, elle est resplendissante. [...] Elle ressemble à une actrice italienne. Je comprends pourquoi mon père est tombé amoureux d'elle.

Beyrouth-sur-Seine, Sabyl Ghoussoub, Éditions Points.

4 Lisez cet extrait d'un autre chapitre. Identifiez le moment évoqué dans l'histoire de la famille et les personnes décrites.

5 En petits groupes Échangez !

a. Avez-vous envie de lire ce livre ? Pourquoi ? Avez-vous lu des romans (auto)biographiques que vous recommandez à la classe ?

b. Quelle(s) photo(s) ancienne(s) de membres de votre famille pourriez-vous évoquer dans un récit (auto)biographique ? Décrivez-la/les.

Fenêtre sur...

Patrimoines

Dossier 8 — Fenêtres sur…

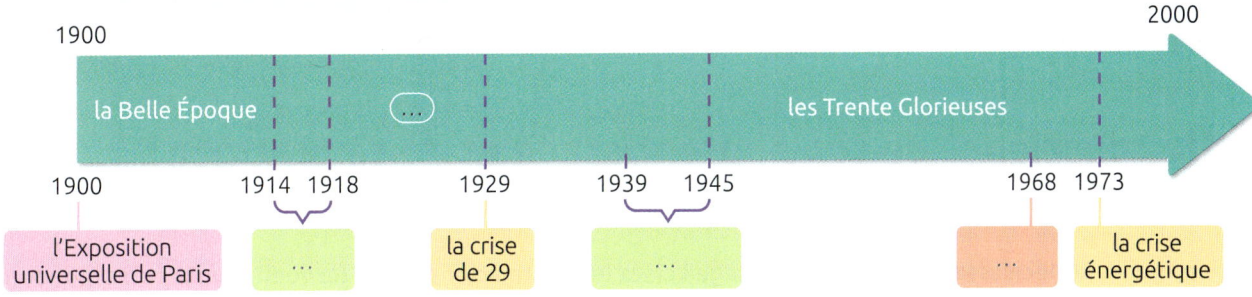

Frise chronologique : 1900 — la Belle Époque — … — les Trente Glorieuses — 2000
Dates : 1900, 1914, 1918, 1929, 1939, 1945, 1968, 1973
- 1900 : l'Exposition universelle de Paris
- 1914-1918 : …
- 1929 : la crise de 29
- 1939-1945 : …
- 1968 : …
- 1973 : la crise énergétique

1 Observez la frise chronologique. Complétez-la avec les périodes ou événements suivants.

Mai 68 — la Grande Guerre — les Années folles — la Seconde Guerre mondiale

a. Cette vaste révolte spontanée antiautoritaire, de nature sociale, politique et culturelle, a donné lieu à de grandes manifestations et à une grève générale. Le mouvement étudiant, à Paris et dans les villes universitaires, a gagné le monde ouvrier et a constitué le plus important mouvement social du XXᵉ siècle.

b. Cette période, entre la fin du XIXᵉ siècle et la Première Guerre mondiale, a connu des progrès sociaux, économiques, technologiques et politiques importants. C'était l'époque de l'Art nouveau et de l'architecture industrielle, comme en témoignent les stations de métro de Paris et la tour Eiffel.

c. Cette période a été marquée par la reconstruction du pays, une forte croissance économique et démographique (le « baby-boom ») et l'augmentation du niveau de vie. Elle a fait suite à la Seconde Guerre mondiale et a pris fin avec le premier choc pétrolier.

d. Après le traumatisme du premier conflit mondial, on rêvait d'un monde nouveau et on proclamait : « Plus jamais ça ! » On faisait la fête, on écoutait du jazz, la création artistique et culturelle a explosé. À Paris, Montmartre et Montparnasse ont été des lieux emblématiques de cette période.

Entrée d'une station de métro d'Hector Guimard

Slogan écrit sur les murs par les contestataires

Les soldats français (« les poilus ») dans les tranchées

2 a. Lisez et associez chaque encadré à la période ou à l'événement correspondant(e) sur la frise.

b. Trouvez à quel(le) période ou événement correspond chaque illustration.

Paris la nuit, dans un dancing de Montmartre, Manuel Orazi

Résistants des FFI (Forces françaises de l'intérieur)

3 **En petits groupes** Faites la frise pour votre pays au XXᵉ siècle et comparez avec celle de la France.

Stratégies et outils pour... faire le point sur son apprentissage

Prendre conscience de son apprentissage et de sa pratique de la langue

1 **En petits groupes** Réfléchissez à votre apprentissage ! Lisez les affirmations. Dites lesquelles vous correspondent puis comparez vos réponses.

- Je m'autoévalue régulièrement sur mes connaissances et mes capacités.
- Je suis actif / active et impliqué(e) en classe : je pose des questions, je participe…
- Je cherche des occasions de pratiquer la langue en dehors de la classe.
- J'observe et je fais des déductions sur le fonctionnement de la langue ; je compare avec d'autres langues.
- Je prends le risque de communiquer, avec mes moyens : je n'ai pas peur de faire des erreurs.

2 a. Associez les actions de ces étudiants aux affirmations (act. 1). Plusieurs réponses sont possibles.

- Wong regarde des séries françaises en version originale sous-titrée.
- À la fin de chaque dossier, Mike complète le portfolio de son cahier d'activités.
- Helena utilise des couleurs, souligne, ajoute des notes dans les Zooms Langue de son livre.
- Shirin est toujours volontaire pour jouer une scène ou présenter le travail de son groupe.
- Eduardo participe à un club de conversation francophone dans sa ville.
- Yukiko pose beaucoup de questions et demande des explications en classe.

b. Faites-vous certaines de ces actions (act. 2a) ? Lesquelles ? Trouvez d'autres actions concrètes possibles pour chaque affirmation de l'activité 1.

3 S'autoévaluer, à quoi ça sert ? Classez les objectifs dans le tableau.
– Faire le point sur ce qu'on a appris.
– Modifier ses stratégies d'apprentissage si nécessaire.
– Prendre conscience de ses progrès et identifier ses faiblesses.
– Retravailler sur certains contenus et se fixer des objectifs pour continuer à apprendre.

S'autoévaluer permet de réfléchir à…	
l'apprentissage effectué	la suite de l'apprentissage
…	…

 Quelles stratégies allez-vous utiliser pour la suite de votre apprentissage ?

Entraînement DELF A2

Compréhension de l'oral

Exercice 3 Comprendre une interaction entre locuteurs natifs

🔊 103 Vous êtes en stage dans un centre de langues en France. Vous écoutez ce message sur votre répondeur téléphonique. Lisez les questions. Écoutez le document puis répondez.

1 Corinne sera absente…
- a. ☐ aujourd'hui.
- b. ☐ demain.
- c. ☐ la semaine prochaine.

2 Pour la réunion, vous devez…
- a. ☐ rédiger un article.
- b. ☐ sélectionner des livres.
- c. ☐ imprimer des documents.

3 Les étudiants doivent raconter…
- a. ☐ un souvenir d'enfance.
- b. ☐ une expérience d'étude.
- c. ☐ une anecdote de famille.

4 Comment les étudiants envoient-ils leur témoignage ?

a. ☐   b. ☐   c. ☐

5 Parmi les textes reçus, vous devez choisir les textes…
- a. ☐ les plus longs.
- b. ☐ les plus ironiques.
- c. ☐ les plus enthousiastes.

6 Où seront publiés les meilleurs textes ?

a. ☐   b. ☐   c. ☐

Production orale

Exercice 3 Exercice en interaction

Sujet 1
Votre ami(e) français(e) veut offrir un livre à votre sœur pour son anniversaire. Vous lui proposez un livre et vous lui donnez quelques précisions : titre, genre, histoire, personnages. Vous dites pourquoi, selon vous, votre sœur aimera ce livre.

Sujet 2
Vous vivez en France. Vous voulez participer à la fête du sport de votre ville avec votre ami(e) français(e). Vous commentez avec lui / elle les différentes disciplines proposées (sport, type d'épreuve, récompense) et vous décidez ensemble à quelle compétition vous souhaitez vous inscrire.

Entraînement DELF A2

Compréhension des écrits

Exercice 4 Lire pour s'orienter et discuter

Vous lisez cet article sur un site dédié à la lecture.

> https://www.paris.fr/evenements/
>
> **Échanger, découvrir et partager de belles rencontres avec d'autres passionnés de livres dans un lieu unique.**
>
> Les rendez-vous du "Salon des lecteurs" sont de retour à la librairie LE BHV MARAIS !
>
> Le principe est simple : les participants viennent avec un à trois livres de leur bibliothèque ou les choisissent dans la librairie afin d'échanger sur leurs lectures.
>
> À la fin de ce rendez-vous, ils pourront proposer leurs quatre coups de cœur sur l'espace dédié au Salon des lecteurs de la librairie LE BHV MARAIS. Grâce à leur participation, ils recevront le dernier numéro de la revue Page, un carnet, un marque-page offerts par la librairie et son partenaire Page.
>
> Inscription gratuite à librairiemarais@bhv.fr, dans la limite des places disponibles (30 personnes).
>
> Prochain rendez-vous le dimanche 14 mai de 15 h à 17 h au Salon Marais, au 2ᵉ étage du BHV MARAIS.

Pour répondre aux questions, cochez (X) la bonne réponse.

1 Cet événement a lieu dans…
a. ☐ un salon.   b. ☐ un magasin.   c. ☐ une bibliothèque.

2 Aux rendez-vous du Salon des lecteurs, les participants…
a. ☐ récompensent des auteurs.   b. ☐ parlent avec d'autres lecteurs.   c. ☐ rencontrent des auteurs célèbres.

3 À la fin de chaque rencontre, les participants…
a. ☐ reçoivent des livres.   b. ☐ rédigent une critique littéraire.   c. ☐ proposent une sélection de livres.

4 Pour s'inscrire, il faut…
a. ☐ téléphoner.   b. ☐ écrire un email.   c. ☐ s'adresser à l'accueil.

5 Le nombre de participants aux rencontres est illimité.
a. ☐ Vrai.   b. ☐ Faux.

Production écrite

Exercice 2 Répondre à une invitation

Vous recevez ce mail. Vous répondez à Thibaut. Vous acceptez son invitation. Vous préparez une ou deux questions à poser à la rencontre et vous exprimez votre vision du futur. (60 mots)

> **nouveau message**
>
> Salut !
> Le week-end prochain, l'association « Tous unis pour la planète » organise une rencontre et un débat avec des spécialistes sur le thème de l'environnement. On peut envoyer par mail nos questions ou nos réflexions. Ça te dit d'y participer ? Que veux-tu demander aux intervenants ? Comment envisages-tu l'avenir ? Réponds-moi vite !
> À bientôt,
> Thibaut

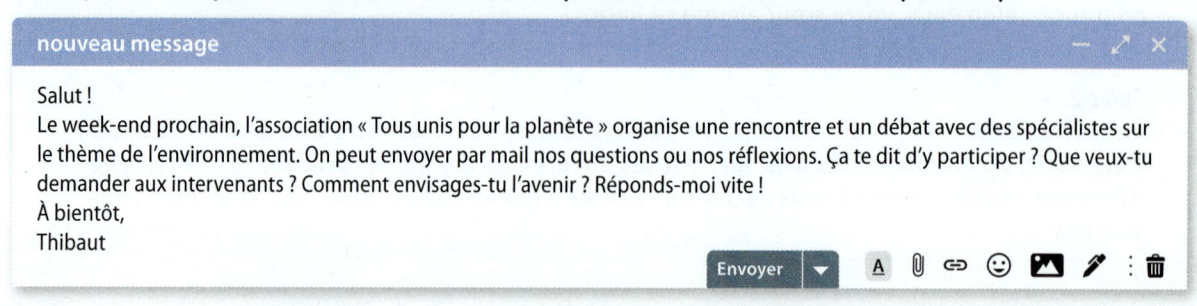

Annexes

- DELF A2 Épreuve complète .... p. 150-157
- Précis grammatical .... p. 158-166
- Les sons du français .... p. 167
- Activités de phonie-graphie .... p. 168-171
- Tableau de conjugaisons .... p. 172-174
- Carte de la France et de son patrimoine culturel .... p. 175
- Carte de la France d'outre-mer .... p. 176

DELF A2

Compréhension de l'oral
25 POINTS

🔊 104 Vous allez écouter plusieurs documents. Il y a deux écoutes.
Avant chaque écoute, vous entendez le son suivant : 🔔.
Dans les exercices 1, 2 et 3, pour répondre aux questions, cochez (X) la bonne réponse.

Exercice 1 Comprendre des annonces et des instructions orales **6 POINTS**

🔊 105 Vous êtes en France. Vous écoutez des annonces publiques. Lisez les questions.
Écoutez les documents puis répondez.

Document 1

1 Pour retirer la carte de fidélité, où allez-vous ? **1 POINT**

a. ☐   b. ☐   c. ☐

🔊 106 **Document 2**

2 Pour participer à la parade musicale, il faut… **1 POINT**
   a. ☐ s'inscrire à la mairie.
   b. ☐ connaître la musique.
   c. ☐ se présenter le 21 juin.

🔊 107 **Document 3**

3 Comment peut-on participer à l'émission ? **1 POINT**

a. ☐   b. ☐   c. ☐

🔊 108 **Document 4**

4 Pour manger des plats internationaux, où devez-vous allez ? **1 POINT**

a. ☐   b. ☐   c. ☐

🔊 109 **Document 5**

5 Pour voir tous les épisodes de *Jungle infinie*, il faut…   **1 POINT**
- a. ☐ payer un abonnement.
- b. ☐ s'inscrire sur la plateforme.
- c. ☐ se connecter jusqu'au 25 juin.

🔊 110 **Document 6**

6 Au Salon du livre, on peut…   **1 POINT**
- a. ☐ parler avec des écrivains.
- b. ☐ acheter des livres anciens.
- c. ☐ gagner des romans inédits.

Exercice 2   Comprendre l'information essentielle de courtes émissions de radio   **6 POINTS**

🔊 111 Vous êtes en France. Vous écoutez la radio. Lisez les questions, écoutez les documents puis répondez.

Document 1

1 Qu'est-il arrivé à l'athlète Agnès Garraud ?   **1 POINT**

a. ☐   b. ☐   c. ☐

2 Après son accident, Agnès Garraud devra…   **1 POINT**
- a. ☐ se soigner.
- b. ☐ se reposer.
- c. ☐ s'entraîner.

🔊 112 **Document 2**

3 La limite d'âge pour faire du volontariat international est de…   **1 POINT**
- a. ☐ 18 ans
- b. ☐ 28 ans.
- c. ☐ 30 ans

4 Pour faire du volontariat international…   **1 POINT**
- a. ☐ il faut déjà connaître sa destination.
- b. ☐ il faut savoir choisir la bonne destination.
- c. ☐ il faut préférer les destinations conseillées.

🔊 113 **Document 3**

5 Ce week-end, place de la Mairie, il y a…   **1 POINT**
- a. ☐ un marché.
- b. ☐ une exposition.
- c. ☐ un défilé de mode.

6 À la fête du Printemps, qu'est-ce qu'on peut acheter ?   **1 POINT**

a. ☐   b. ☐   c. ☐

DELF A2

Exercice 3 Comprendre une interaction entre locuteurs natifs — 6 POINTS

🔊 114 Vous écoutez ce message sur un répondeur téléphonique.
Lisez les questions. Écoutez le document puis répondez.

1 Que viennent chercher M. et Mme Richet aujourd'hui ? — 1 POINT

a. ☐   b. ☐   c. ☐

2 Pendant leurs vacances, M. et Mme Richet vont... — 1 POINT
- a. ☐ explorer la nature.
- b. ☐ visiter des musées.
- c. ☐ faire des activités sportives.

4 Avant de partir, M. et Mme Richet pourront connaître... — 1 POINT
- a. ☐ les menus des repas.
- b. ☐ le nom des habitants.
- c. ☐ l'adresse des restaurants.

3 En Nouvelle-Zélande, M. et Mme Richet se déplaceront... — 1 POINT
- a. ☐ seuls.
- b. ☐ en groupe.
- c. ☐ avec un accompagnateur.

5 Pendant les excursions, M. et Mme Richet mangeront... — 1 POINT
- a. ☐ à l'hôtel.
- b. ☐ chez l'habitant.
- c. ☐ dans des restaurants locaux.

6 Qu'est-ce que M. et Mme Richet doivent absolument avoir pour voyager ? — 1 POINT

a. ☐   b. ☐   c. ☐

Exercice 4 Comprendre de brefs échanges entre locuteurs natifs — 7 POINTS

🔊 115 Vous écoutez quatre dialogues. Cochez pour associer chaque dialogue à la situation correspondante.
Attention : il y a six situations mais seulement quatre dialogues. Lisez les situations. Écoutez les dialogues puis répondez.

	a. Exprimer une préférence	b. Faire une confidence	c. Faire une proposition	d. Exprimer la nécessité	e. Exprimer un espoir	f. Exprimer la cause
🔊 116 **Dialogue 1** — 2 POINTS	☐	☐	☐	☐	☐	☐
🔊 117 **Dialogue 2** — 1 POINT	☐	☐	☐	☐	☐	☐
🔊 118 **Dialogue 3** — 2 POINTS	☐	☐	☐	☐	☐	☐
🔊 119 **Dialogue 4** — 2 POINTS	☐	☐	☐	☐	☐	☐

Compréhension des écrits

25 POINTS

Exercice 1 Lire pour s'orienter — **6 POINTS**

Vous vivez en France. Vous lisez ces annonces sur un site Internet de voyages.

Doc. 1 – Vélo en famille
Découvrez la Loire à vélo et en famille et reconnectez-vous à la nature. Une semaine à l'école du camping et de l'aventure.

Doc. 2 – Le Cambodge
À pied, à vélo ou en pirogue, admirez les temples incontournables d'Angkor avec un guide-conférencier. Dormez chez l'habitant et découvrez la culture locale.

Doc. 3 – La riviera albanaise
À vélo électrique, admirez les beautés naturelles du littoral albanais. Baignez-vous dans les eaux turquoise de l'Adriatique.

Doc. 4 – Cuba à vélo
Voyagez à vélo à travers la campagne et à la recherche de plages paradisiaques, d'étape en étape chez l'habitant : une aventure en toute liberté !

Doc. 5 – Suède verte
La Suède à vélo électrique, d'île en île, à la découverte des trésors de la mer Baltique. Des excursions en pleine nature. Fraîcheur garantie !

Doc. 6 – Destination Kirghizie
Véritable paradis pour les cyclistes ! Un territoire sauvage, pour des itinéraires insolites, dans des paysages variés et réputés inaccessibles.

Quelle annonce va intéresser vos amis ? Associez chaque annonce à la personne correspondante. Attention : il y a huit personnes mais seulement six documents. Cochez (X) une seule case pour chaque document.

Personnes	Doc. 1 (1 POINT)	Doc. 2 (1 POINT)	Doc. 3 (1 POINT)	Doc. 4 (1 POINT)	Doc. 5 (1 POINT)	Doc. 6 (1 POINT)
a. Thomas est très sportif et veut découvrir des paysages sauvages.	☐	☐	☐	☐	☐	☐
b. Louise préfère les voyages organisés en pension complète.	☐	☐	☐	☐	☐	☐
c. Gabriel veut rester en France et faire du camping avec sa famille.	☐	☐	☐	☐	☐	☐
d. Emma déteste la chaleur et adore les paysages nordiques.	☐	☐	☐	☐	☐	☐
e. Quentin se fatigue facilement et veut se baigner dans des eaux turquoise.	☐	☐	☐	☐	☐	☐
f. Chloé veut découvrir des plages merveilleuses et rencontrer des habitants.	☐	☐	☐	☐	☐	☐
g. Lucas souhaite faire un grand voyage avec sa nouvelle voiture.	☐	☐	☐	☐	☐	☐
h. Anna est passionnée d'histoire et de culture orientales.	☐	☐	☐	☐	☐	☐

Exercice 2 Comprendre une correspondance personnelle et brève — **6 POINTS**

Vous êtes en France. Vous lisez ce message de votre amie française.

> **nouveau message**
>
> Bonjour !
> Comment vas-tu ? Moi, je suis encore un peu fatiguée à cause de notre déménagement. Eh oui, avec Sacha, nous avons enfin décidé d'aller vivre ensemble. Ma mère est très contente ! Depuis un mois, nous habitons un bel appartement dans un immeuble moderne, tout près du parc Rochegude. Il est un peu excentré mais les transports publics sont proches. Par contre, il n'y a pas beaucoup de commerces. Comparé au premier que nous avons visité, celui-ci est en très bon état et bien exposé. Avant d'y habiter, nous avons juste repeint la cuisine. Pour fêter ça, nous invitons tous nos amis samedi prochain, à partir de 18 h. Julien sera là et prendra des photos de la soirée. Tu peux préparer ton excellent gâteau au chocolat que tout le monde adore ? Merci et à samedi, j'espère.
> Charlotte

cent cinquante-trois | **153**

DELF A2

Pour répondre aux questions, cochez (X) la bonne réponse.

1 Maintenant, Charlotte vit avec... `1 POINT`
   a. ☐ sa mère.
   b. ☐ ses amis.
   c. ☐ son copain.

2 Dans quel type d'habitation habite Charlotte ? `1 POINT`

a. ☐   b. ☐   c. ☐

3 Le nouveau logement de Charlotte est situé près... `1 POINT`
   a. ☐ d'un parc.
   b. ☐ du centre-ville.
   c. ☐ des commerces.

4 Avant de déménager, Charlotte a dû... `1 POINT`
   a. ☐ réparer la cuisine.
   b. ☐ changer la salle de bain.
   c. ☐ refaire quelques peintures.

5 Que fera Julien pendant la fête ? `1 POINT`

a. ☐   b. ☐   c. ☐

6 Pour samedi, Charlotte vous demande... `1 POINT`
   a. ☐ d'acheter des fleurs.
   b. ☐ d'apporter un cadeau.
   c. ☐ de préparer un dessert.

Exercice 3 Lire des instructions simples `6 POINTS`

Vous êtes bénévole dans une association française qui aide des personnes étrangères en recherche d'emploi. Vous lisez les documents suivants. Pour répondre aux questions, cochez (X) la bonne réponse.

Document 1

> Note pour les bénévoles (1)   **ACCUEIL DES DEMANDEURS D'EMPLOI**
>
> L'inscription à l'association est obligatoire et gratuite et doit se faire sur notre site. Lorsqu'une personne se présente, vérifiez qu'elle comprend le français. Remplissez ensemble la fiche de renseignements avec :
> – ses noms et prénoms ;
> – son adresse et son téléphone ;
> – ses date et lieu de naissance ;
> – sa profession.
> Ensuite, établissez avec elle son profil : études, expériences(s) précédente(s), compétences professionnelles et personnelles, langues parlées, loisirs, emploi recherché.

1 Tout d'abord, vous devez contrôler que la personne...   **1 POINT**
- a. ☐ connaît le français.
- b. ☐ a une carte d'identité.
- c. ☐ possède un téléphone.

2 Vous devez aider la personne à...   **1 POINT**
- a. ☐ parler de ses loisirs.
- b. ☐ décrire son logement.
- c. ☐ raconter ses expériences

Document 2

> **Note pour les bénévoles (2)**
>
> **LE CV**
>
> En accord avec le candidat, publiez son profil sur le site de l'association. Proposez-lui de rédiger un CV clair et bien présenté. Montrez-lui comment mettre en évidence ses qualités humaines et ses capacités professionnelles. N'oubliez pas de mentionner ses connaissances en informatique. Ensuite, sélectionnez ensemble les offres d'emploi les plus intéressantes. Montrez-lui un modèle de lettre de motivation pour accompagner sa candidature. Souvenez-vous : il n'est pas nécessaire d'envoyer une photo.

3 Vous publiez le profil de la personne sur le site de l'association...   **1 POINT**
- a. ☐ si elle a un CV.
- b. ☐ si elle est d'accord.
- c. ☐ si elle trouve un emploi.

4 Pour envoyer sa candidature, la personne doit ajouter...   **1 POINT**
- a. ☐ une photo d'identité.
- b. ☐ une lettre de motivation.
- c. ☐ un message de remerciement.

Document 3

> **Note pour les bénévoles (3)**
>
> **L'ENTRETIEN D'EMBAUCHE**
>
> Si sa candidature est retenue, préparez l'entretien d'embauche avec la personne. Aidez-la à trouver la bonne attitude. Elle choisira une tenue vestimentaire correcte. Elle répondra avec rigueur aux questions posées. Elle ne parlera pas trop vite. Elle regardera le recruteur dans les yeux. Vous l'aiderez à se montrer sûre d'elle et à répondre clairement aux questions du recruteur. Vous lui conseillerez de poser des questions sur l'emploi offert pour montrer son intérêt.

5 Pour l'entretien d'embauche, il faut...   **1 POINT**
- a. ☐ parler vite.
- b. ☐ être rigoureux.
- c. ☐ porter de beaux vêtements.

6 Pendant l'entretien d'embauche, vous devez conseiller au candidat de...   **1 POINT**
- a. ☐ se montrer intéressé.
- b. ☐ ne pas poser de questions.
- c. ☐ ne pas regarder le recruteur.

Exercice 4   Lire pour s'informer   **7 POINTS**

Vous lisez cet article sur Internet.

https://lhistoireavenir.eu/

Il était une fois le progrès

Créé en 2017, *L'Histoire à venir* est un festival d'histoire et de sciences sociales qui nous aide à comprendre le monde contemporain. Du 24 au 28 mai, à Toulouse, la 6e édition du festival proposera plus de 90 conférences et débats avec des chercheurs en histoire, en sciences humaines et sociales, des auteurs, artistes et journalistes. Le progrès d'aujourd'hui le sera-t-il encore pour les générations de demain ? Et comment mesure-t-on le progrès, selon quelles valeurs et quels critères ? Ensemble, nous explorerons les différents aspects de la notion de progrès. Les rencontres auront lieu dans 30 lieux différents : des librairies, des théâtres, des salles d'exposition, des bibliothèques, à l'université et dans des hôpitaux. Le festival est organisé par la librairie Ombres blanches. Retrouvez le programme complet du festival en ligne : https://lhistoireavenir.eu/.

DELF A2

Pour répondre aux questions, cochez (X) la bonne réponse.

1 Cet article parle... — **2 POINTS**
a. ☐ d'un spectacle théâtral.
b. ☐ d'un événement thématique.
c. ☐ d'un documentaire scientifique.

2 C'est la première fois que cet événement est proposé. — **1 POINT**
☐ VRAI   ☐ FAUX

3 Pendant cet événement, on peut... — **2 POINTS**
a. ☐ suivre des débats.
b. ☐ voir des expositions.
c. ☐ écouter des concerts.

4 Cet événement est organisé par... — **1 POINT**
a. ☐ une librairie.
b. ☐ une université.
c. ☐ une bibliothèque.

5 Pour avoir le programme complet, il faut... — **1 POINT**
a. ☐ téléphoner.
b. ☐ écrire un email.
c. ☐ aller sur Internet.

Production écrite — 25 POINTS

Exercice 1 Décrire un événement ou raconter une expérience personnelle — 12,5 POINTS

Vous avez participé à une rencontre sportive. Vous écrivez à votre ami(e) français(e) pour lui raconter cette journée. Vous parlez des compétitions que vous avez préférées. Vous lui donnez vos impressions sur cette expérience. (60 mots minimum)

nouveau message

Exercice 2 Répondre à une invitation — 12,5 POINTS

Vous recevez une invitation de votre ami belge Raphaël.

Invitation

Salut !
Comment vas-tu ? Je sais que tu es fan de séries, alors, je te propose d'aller au festival Séries Mania, ce week-end. J'ai deux tickets valables pour une journée. Quel jour es-tu disponible ? On pourra voir nos séries préférées et rencontrer quelques acteurs célèbres. Réponds-moi vite.
À bientôt !
Raphaël

Vous répondez à Raphaël. Vous le remerciez et acceptez son invitation. Vous lui demandez des précisions sur le lieu et les horaires. Vous dites quelles séries vous préférez et pourquoi. (60 mots minimum)

Invitation	— ↗ ✕

Production orale

25 POINTS

L'épreuve comporte trois parties. Elle dure 6 à 8 minutes. La première partie se déroule sans préparation. Vous avez 10 minutes pour préparer les parties 2 et 3. Les trois parties s'enchaînent.

1. Entretien dirigé – 1 minute 30 environ

Après avoir salué votre examinateur, vous vous présentez (vous parlez de vous, de votre famille, de vos amis, de vos études, de vos goûts, des animaux que vous aimez, etc.). L'examinateur vous posera des questions complémentaires.

2. Monologue suivi – 2 minutes environ

Vous tirez au sort deux sujets et vous en choisissez un. Vous vous exprimez sur le sujet. L'examinateur peut ensuite vous poser des questions.

Sujet n° 1 – Relations

Parlez d'une personne importante pour vous. Quelle relation avez-vous avec elle ? Que faites-vous avec elle ?

Sujet n° 2 – Futur

Comment imaginez-vous l'avenir ? Comment va évoluer le monde, selon vous ? Quels sentiments éprouvez-vous face au futur ?

3. Exercice en interaction – 3 à 4 minutes environ

Sujet n° 1 – Aventure

Vous voulez partir à l'aventure avec un(e) ami(e) francophone. Vous choisissez une destination et parlez du voyage (durée, itinéraire, activités, etc.).

Sujet n° 2 – Restaurant

Vous proposez à votre ami(e) suisse un dîner au restaurant. Vous parlez de vos plats préférés et décidez dans quel type de restaurant vous allez.

Précis grammatical

Les noms

Le genre des noms

Certaines terminaisons indiquent le genre des noms.

Noms féminins		Noms masculins	
Terminaisons en…		Terminaisons en…	
-ssion, -sion, -tion	transmi**ssion**, déci**sion**, adapta**tion**	-ment	déménage**ment**, mo**ment**, apparte**ment**, événe**ment**
-ée	arriv**ée**, id**ée**		
-ure	cout**ure**, voit**ure**		
-esse	jeun**esse**, gross**esse**		
-ence, -ance	adolesc**ence**, enf**ance**		
-té	fier**té**, san**té**, identi**té**	-age	mari**age**, hérit**age**, voy**age**, nu**age**
-ille	fam**ille**, f**ille**		

! Exceptions :
– un lycée, un musée ;
– le silence ;
– un été, un côté ;
– une page, une plage, une image.

Les adjectifs

1. Les adjectifs qualificatifs en *-able*

Ils sont formés à partir d'un verbe.   On peut le **laver**. → **lavable**   On peut le **composter**. → **compostable**

2. Les adjectifs indéfinis

■ *Plusieurs, quelques, certain(e)s*

- **Plusieurs** + nom → exprime une quantité supérieure à deux.
  On n'avait pas de trousse avec **plusieurs** stylos.
- **Quelques** + nom → exprime une petite quantité.
  On avait **quelques** ustensiles mécaniques.
- **Certains / Certaines** + nom → exprime une partie d'un ensemble.
  Certaines choses ou **certains** outils étaient communs.

! **Plusieurs** et **quelques** sont invariables (masculin = féminin).

■ *Tout(e), tous, toutes*

C'est un adjectif indéfini quand il est suivi d'un nom.

tout le monde	**toute** la résidence
tous les propriétaires	**toutes** les personnes

Les prépositions

Chez + nom du commerçant	*À* + nom du commerce
chez le boucher, le poissonnier, le boulanger, le fromager, le pharmacien	**à** la boucherie, la poissonnerie, la boulangerie, la fromagerie, la pharmacie
chez le marchand de fruits et légumes / le primeur, le traiteur, le fleuriste	

Les pronoms

1. Les pronoms compléments

■ Les pronoms personnels COD et COI

Pronoms sujets	Pronoms COD	Pronoms COI
je / j'	me / m'	me / m'
tu	te / t'	te / t'
il / elle	le / la / l'	lui
nous	nous	nous
vous	vous	vous
ils / elles	les	leur

■ Emplois

- Les **pronoms COD** (compléments d'objet direct) *le, la, l', les* peuvent remplacer des personnes ou des choses.
  On les utilise pour éviter les répétitions. Ils répondent à la question « **Qui ?** » ou « **Quoi ?** ». Ils sont compléments
  d'un verbe avec une **construction directe** comme *écouter, appeler, aider, accueillir, respecter… (quelqu'un).*
  *Vous logez **votre ami(e)** sans problème.* → *Vous **le / la** logez sans problème.*
  *Nous avons peur de vexer **nos amis**.* → *Nous avons peur de **les** vexer.*

- Les **pronoms COI** (compléments d'objet indirect) *lui, leur* remplacent seulement des personnes.
  Ils répondent à la question « **À qui ?** ». Ils sont compléments d'un verbe avec une **construction indirecte** comme *parler,
  dire, répondre, écrire, téléphoner… (à quelqu'un).*
  *Vous dites toujours la vérité **à votre ami(e)**.* → *Vous **lui** dites toujours la vérité.*
  *Nous ne disons pas toujours **à nos amis** ce que nous pensons.* → *Nous ne **leur** disons pas toujours ce que nous pensons.*

- Les **pronoms compléments *me, te, nous, vous*** sont **COD** ou **COI**. Ils s'utilisent avec des verbes à construction directe
  et indirecte.
  *Votre ami **vous** appelle.* (COD)   *Il **vous** écrit un message.* (COI)

■ Les pronoms *en* et *y*

- Le pronom **en** peut être COD. On l'utilise pour ne pas répéter un nom associé à une idée de quantité.

Idée de quantité indéterminée	Idée de quantité précise
– Je voudrais des cerises. Vous **en** avez ?	Il y a du brie ? Je vais **en** prendre <u>une part</u>.
– Non, il n'y **en** a <u>plus</u>.	– Vous voulez combien de tomates ?
	– Mettez-**en** <u>trois</u>.

- Les pronoms **en** et **y** peuvent être COI.

Le pronom **en** est complément d'un verbe suivi de la préposition <u>de</u>.	Le pronom **y** est complément d'un verbe suivi de la préposition <u>à</u>.
*On se servait **de l'électricité** pour s'éclairer.*	*On joue **à la console**.*
→ *On s'**en** servait pour s'éclairer.*	→ *On **y** joue.*
*On a besoin **des appareils électroniques**.*	*Elles étaient habituées **à laver le linge à la main**.*
→ *On **en** a besoin.*	→ *Elles **y** étaient habituées.*
On utilise **en** avec des verbes comme *avoir besoin de, se servir de, se passer de, parler de…*	On utilise **y** avec des verbes comme *jouer à, être habitué(e) à, penser à…*

- Les pronoms **en** et **y** peuvent être compléments de lieu.

Le pronom **en** remplace un complément de lieu qui indique la provenance.	Le pronom **y** remplace un complément de lieu qui indique :
*On **en** repart avec l'impression de quitter un décor des mille et une nuits.*	– la destination ;
(= *On repart <u>de la dune du Pilat</u> avec l'impression de quitter un décor des mille et une nuits.*)	*On s'**y** rend tôt le matin.*
	(= *On se rend tôt le matin <u>à la dune du Pilat</u>.*)
	– le lieu où on est.
	*On **y** découvre des roches impressionnantes.*
	(= *On découvre des roches impressionnantes <u>dans le Colorado de Rustrel</u>.*)

! **En** et **y** ne remplacent jamais des personnes.

2. Les pronoms indéfinis

- **On** est toujours sujet et désigne des personnes.

  On défile en inversant les hommes et les femmes. → **on** = les gens / tout le monde
  *Charline et moi, **on** n'a rien emporté.* → **on** = nous
  *Mais **on** m'a expliqué que c'est en créole.* → **on** = quelqu'un

- **Quelqu'un, personne, quelque chose** et **rien** peuvent être sujets ou compléments du verbe.

  Quelqu'un est déguisé. – Personne n'est déguisé. → **quelqu'un** = une personne indéterminée
  *Je parle à **quelqu'un**. – Je **ne** parle à **personne**.* → **personne** = zéro personne
  Quelque chose est organisé. – Rien n'est organisé. → **quelque chose** = une chose / un objet indéterminé
  *Je vois **quelque chose**. – Je **ne** vois **rien**.* → **rien** = zéro chose / objet

- **Tout(e), tous, toutes** et **chacun(e)** peuvent désigner des personnes ou des choses / objets.

  Tout est possible. → **tout** = toutes les choses
  *Une tenue rouge et noire pour **tous** et **toutes**.* → **tous** et **toutes** = tous les hommes et toutes les femmes
  Chacun choisit son costume. → **chacun** = chaque participant
  *Charline et moi, on a mis **chacune** quelque chose de rouge.* → **chacune** = chacune de nous deux (toutes les deux)

cent cinquante-neuf | **159**

Précis grammatical

3. Les pronoms relatifs

■ Les pronoms *qui, que, à qui*

On les utilise pour relier deux phrases.

- **Qui** est sujet du verbe qui suit.
Je cherche un objet pour un ami. Cet ami est collectionneur.
→ *Je cherche un objet pour un ami **qui** est collectionneur.*

- **Que / Qu'** est COD du verbe qui suit.
*C'est un objet. On remplissait **cet objet** d'eau bouillante et les gens mettaient **cet objet** dans leur lit.*
→ *C'est un objet **qu'**on remplissait d'eau bouillante et **que** les gens mettaient dans leur lit.*

- **À qui** est COI du verbe qui suit.
*Ce sont des personnages. On s'identifie **à ces personnages**.*
→ *Ce sont des personnages **à qui** on s'identifie.*

! On utilise **qui** et **que** pour donner une précision sur une personne ou une chose. On utilise **à qui** seulement pour donner une précision sur une personne.

■ Le pronom *où*

On utilise le pronom **où** pour relier deux phrases.
Il remplace **le complément de lieu** de la deuxième phrase.
*Vous recherchez une ville. Le coût des logements est bas **dans cette ville**.*
→ *Vous recherchez une ville **où** le coût des logements est bas.*

! *J'aime la région **où** tu habites.* (« la région » : complément de lieu du deuxième verbe)
*J'aime la région **que** tu m'as fait visiter.* (« la région » : COD du deuxième verbe)

4. Les pronoms interrogatifs *lequel, laquelle, lesquel(le)s*

Ils remplacent **quel(le)(s)** + nom.

	Masculin	Féminin
Singulier	lequel	laquelle
Pluriel	lesquels	lesquelles

Quel sac à main voulez-vous voir ? → **Lequel** *voulez-vous voir ?*
Quelle robe vous choisissez ? → **Laquelle** *vous choisissez ?*
Quelles chaussures vous voulez-vous essayer ? → **Lesquelles** *voulez-vous essayer ?*

5. Les pronoms démonstratifs

	Masculin	Féminin
Singulier	celui	celle
Pluriel	ceux	celles

+ **-ci / -là** → pour désigner
+ **de** + nom
+ pronom relatif + phrase
→ pour préciser

Mon livre préféré du moment, c'est ce livre(-ci). → *Mon livre préféré du moment, c'est **celui-ci**.*
La saga familiale de Pennac. → ***Celle** de Pennac.*
Les livres qui ont marqué votre jeunesse. → ***Ceux** qui ont marqué votre jeunesse.*
Ces œuvres-là sont des classiques. → ***Celles-là** sont des classiques.*

! Avec **-ci** et **-là**, on ne peut pas ajouter de précision.
~~Ceux-ci / Ceux-là qui ont marqué votre jeunesse.~~ → ***Ceux** qui ont marqué votre jeunesse.*
~~Celle-ci / Celle-là de Pennac.~~ → ***Celle** de Pennac.*

6. Les pronoms possessifs

	à moi, à toi, à lui / elle	à nous, à vous, à eux / elles
Nom masculin	mon, ton, son aïeul → **le mien, le tien, le sien**	notre, votre, leur aïeul → **le nôtre, le vôtre, le leur**
Nom féminin	ma, ta, sa famille → **la mienne, la tienne, la sienne**	notre, votre, leur famille → **la nôtre, la vôtre, la leur**
Nom pluriel	mes, tes, ses parents → **les miens, les tiens, les siens** mes, tes, ses photos → **les miennes, les tiennes, les siennes**	nos, vos, leurs parents / photos → **les nôtres, les vôtres, les leurs**

*Pourquoi voulez-vous écrire **votre histoire** ?* → *Pourquoi voulez-vous écrire **la vôtre** ?*
***Ses parents** étaient d'un milieu aisé.* → ***Les siens** étaient d'un milieu aisé.*

Les verbes

1. Les verbes prépositionnels

Certains verbes sont suivis de la préposition **à** ou **de** + verbe à l'infinitif.

- Pour donner une précision sur la réalisation d'une action :

→ commencer **à**, arriver **à**, réussir **à**, chercher **à**, apprendre **à**, aider **à**… J'ai commencé **à** crier. Je n'arrivais pas **à** retrouver mon calme. Je n'ai pas réussi **à** m'endormir	→ décider **de**, essayer **de**, arrêter **de**, accepter **de**, refuser **de**… J'ai décidé **de** me coucher. J'ai essayé **de** lancer une de mes chaussures. Je n'arrêtais pas **de** trembler.

- Pour indiquer la fonction d'un objet

→ servir **à**… Ça sert **à** mettre de l'encre.	→ permettre **de**… Ça permet **de** réchauffer un lit. ❗ Servir **de** + nom : *Ça sert **de** bouillotte*.

- Pour faire des recommandations

→ faire attention **à**, veiller **à**, penser **à**… Faites attention **à** bien fermer les sacs. Veillez **à** ne pas jeter les objets par les fenêtres.	→ ne pas oublier **de**, éviter **de**… N'oubliez pas **de** prévenir vos voisins. Évitez **de** faire du bruit.

2. Le mode indicatif

■ Le présent

On l'utilise pour parler de faits actuels, d'habitudes ou de généralités.
Formation : base du verbe + **terminaisons**.
Les verbes peuvent avoir une ou plusieurs bases.

Verbes à deux bases	→ les verbes é**cri**re, **li**re, **di**re	Base 1 (je, tu, il / elle / on) = base de l'infinitif Base 2 (nous, vous, ils / elles) = écriv- / lis- / dis- Terminaisons = **-s, -s, -t, -ons, -ez, -ent** ❗ Exception : vous dites.
	→ le verbe conna**î**tre	Base 1 (je, tu, il / elle / on) = base de l'infinitif Base 2 (nous, vous, ils / elles) = connaiss- Terminaisons = **-s, -s, -t, -ons, -ez, -ent** ❗ On met l'accent circonflexe sur le **i** seulement à la troisième personne du singulier : il / elle / on connaît.
	→ les verbes en **-eindre**, **-aindre** et **-oindre** comme attein**dre**, pein**dre**, rejoin**dre**	Base 1 (je, tu, il / elle / on) = base de l'infinitif Base 2 (nous, vous, ils / elles) = atteign- / peign- / rejoign- Terminaisons = **-s, -s, -t, -ons, -ez, -ent**
	→ les verbes en **-uire** comme détrui**re**, condui**re**, produi**re**, rédui**re**, construi**re**	Base 1 (je, tu, il / elle / on) = base de l'infinitif Base 2 (nous, vous, ils / elles) = détruis- / conduis- / produis- / réduis- / construis- Terminaisons = **-s, -s, -t, -ons, -ez, -ent**
	→ le verbe sa**voir**	Base 1 (nous, vous, ils / elles) = base de l'infinitif Base 2 (je, tu, il / elle / on) = sai- Terminaisons = **-s, -s, -t, -ons, -ez, -ent**
	→ les verbes en **-yer** comme essa**yer**, pa**yer**, envo**yer**, netto**yer**	Base 1 (nous, vous) = base de l'infinitif Base 2 (je, tu, il / elle / on, ils / elles) = essai- / pai- / envoi- / nettoi- Terminaisons = **-e, -es, -e, -ons, -ez, -ent**
	→ le verbe vo**ir**	Base 1 (je, tu, il / elle / on, ils / elles) = base de l'infinitif Base 2 (nous, vous) = voy- Terminaisons = **-s, -s, -t, -ons, -ez, -ent**

Précis grammatical

■ L'imparfait

On l'utilise pour :
– décrire des situations ou des habitudes du passé :
  Le téléphone **était** dans le couloir.
  Nos parents **entendaient** toutes nos conversations.
– décrire un environnement, une ambiance :
  L'endroit **était** parfait.
– exprimer un ressenti : J'**étais** heureuse.
– exprimer une suggestion avec **si** : Si on **allait** en Provence ?

Formation : base de *nous* au présent + terminaisons
Les terminaisons sont identiques pour tous les verbes :
-ais, -ais, -ait, -ions, -iez, -ient.
Ex. : *avoir* au présent : nous av**ons**
→ à l'imparfait : j'av**ais**, tu av**ais**, il / elle / on av**ait**, nous av**ions**, vous av**iez**, ils / elles av**aient**

❗ Pour les verbes en **-ger** → **e** devant le **a** : j'échang**e**ais.
❗ Pour les verbes en **-cer** → **ç** devant le **a** : je me dépla**ç**ais.
❗ Pour les verbes en **-ier** → base + terminaisons :
  nous étud**ii**ons, vous étud**ii**ez.

■ Le passé composé

On l'utilise pour parler de faits passés, pour raconter une suite d'événements.
L'orage **a éclaté**. Je **me suis mise** à l'abri et j'**ai décidé** de me coucher.
Formation : auxiliaire **avoir** ou **être** au présent + participe passé.

Auxiliaire *être* + participe passé	Auxiliaire *avoir* + participe passé
→ Pour 15 verbes : *partir, arriver, aller, venir, devenir, monter, descendre, entrer, sortir, naître, mourir, passer, rester, retourner, tomber.* → Pour tous les verbes pronominaux.	→ Pour tous les autres verbes.

→ Le **participe passé** s'accorde avec le sujet.
  Elle **est revenue** vers moi.
  Elles **se sont disputées**.
	→ Le **participe passé** ne s'accorde pas avec le sujet.
	  Elle n'a plus **donné** de nouvelles.
	  Elles **ont été** dans la même classe.
	→ Le **participe passé** s'accorde avec le COD (les pronoms **le, la, l', les** ou le pronom relatif **que**) placé avant le verbe.
	  Cette série, je ne l'**ai** jamais **regardée**.
	  Des séries **que** tu **as aimées**.

	Participes passés réguliers		Principaux participes passés irréguliers
Verbes en *-er*	-é → parlé – resté – allé…	-is	**pris** (prendre) – **mis** (mettre)
Verbes en *-ir*	-i → parti – choisi – sorti…	-t	**fait** (faire) – **mort** (mourir) – **écrit** (écrire) – **dit** (dire)
Majorité des verbes en *-dre*	-du → descendu – répondu…	-u	**eu** (avoir) – **venu** (venir) – **vu** (voir) – **pu** (pouvoir) – **lu** (lire) – **vécu** (vivre) – **connu** (connaître) – **dû** (devoir)

❗ été (être)

Rappel : Place de la négation : **ne / n'** + auxiliaire + **pas / plus / jamais** + participe passé.

■ Le passé composé et l'imparfait

• Pour décrire une évolution, on utilise :

→ l'**imparfait** pour décrire la situation ancienne.
  À l'époque, on **était** vraiment les meilleures amies.
  On **passait** beaucoup de temps ensemble.
	→ le **passé composé** pour indiquer l'événement qui a changé la situation.
	  Mais à l'université, Clémence **est partie** à Amsterdam.
	  Et là, elle ne m'**a** plus **donné** de nouvelles.

• Pour présenter son parcours ou parler d'expériences passées, on utilise :

→ le **passé composé** pour indiquer une action ou un événement du passé.
  J'**ai fait** des études
  Je **suis rentrée** en France
	→ l'**imparfait** pour donner une précision ou une explication.
	  qui **correspondaient** à ma passion.
	  parce que je **voulais** étudier dans ma langue maternelle.

• Dans un récit, on utilise :

→ l'**imparfait** pour les informations à l'arrière-plan.
  Je **dégustais** un bon fromage
  (information secondaire)
	→ le **passé composé** pour faire avancer l'histoire.
	  et, d'un coup, l'orage **a éclaté** !
	  (information principale, au premier plan)

■ **Le plus-que-parfait**

On l'utilise pour aller en arrière dans le récit, pour indiquer qu'un événement est antérieur à une autre information passée.
*Un train a percuté un bus qui **s'était engagé** sur les rails.*
*Des bêtes se sont échappées. Quelqu'un **avait ouvert** les portes.*
Formation : auxiliaire **avoir** ou **être** à l'**imparfait** + **participe passé**.

■ **Le futur simple**

Les terminaisons du futur sont identiques pour tous les verbes : -ai, -as, -a, -ons, -ez, -ont.

Verbes en *-er* et en *-ir* → base : infinitif + terminaisons	Verbes en *-re* → base : infinitif sans *e* + terminaisons
Exemples : Travailler → je travailler**ai**, nous travailler**ons** Finir → je finir**ai**, nous finir**ons**	Exemples : Défendre → je défendr**ai**, nous défendr**ons** Réduire → je réduir**ai**, nous réduir**ons**

Verbes irréguliers → base unique différente de l'infinitif + terminaisons		
avoir → **aur**- être → **ser**- faire → **fer**-	pouvoir → **pourr**- recevoir, devoir → **recevr**-, **devr**- aller → **ir**-	venir → **viendr**- vouloir → **voudr**- voir, envoyer → **verr**-, **enverr**-

3. Le mode conditionnel

- Pour exprimer le souhait → **vouloir** ou **aimer** au conditionnel + infinitif (ou nom).
  *Vous **voudriez** rester à la page ?*
  *J'**aimerais** actualiser mes compétences.*

- Pour exprimer un conseil, faire une suggestion → **devoir** ou **pouvoir** au conditionnel + infinitif.
  *Tu **devrais** / Vous **devriez** faire une liste.*
  *On **pourrait** / Nous **pourrions** déterminer votre besoin.*

Formation : base du verbe au futur simple + terminaisons de l'imparfait.
vouloir : voudr + -ais, -ais, -ait, -ions, -iez, -aient

4. Le gérondif

On l'utilise pour donner une précision sur :
– la manière : *Vous découvrirez la fabrication du rhum **en faisant** une visite dans une distillerie.*
– le moment / la circonstance : *Vous rencontrerez votre guide **en arrivant** à l'aéroport.*

L'action au gérondif et l'action du verbe principal sont simultanées et ont le même sujet.

Formation : en + participe présent (base de la 1re personne du pluriel au présent + **ant**).
faire → en fais**ant**   arriver → en arriv**ant**

! Exception : être → en **étant**.

Les adverbes

Ils sont invariables. On les utilise pour apporter une précision sur :
– un adjectif ou un adverbe ;
– un verbe (l'adverbe se place après le verbe au présent).

1. Les adverbes pour nuancer une appréciation

■ *Plutôt, très, vraiment, trop, (pas) assez*

On les utilise devant un adjectif. *Je trouve ce plat **plutôt** goûteux.*   *C'était **vraiment** parfait !*   *Ce n'est **pas assez** cuit.*
*C'est **très** bon et **très** bien présenté.*   *La purée est **trop** salée.*

■ *Très et beaucoup*

Très + adjectif ou adverbe *Le plat est **très** goûteux.* *Le plat est **très** bien présenté.* *La carte est **très** variée.*	**Beaucoup de** + nom *Le plat a **beaucoup de** goût.* *Il y a **beaucoup de** variété dans la carte.*

! Pour renforcer un adjectif qui exprime déjà une idée d'intensité, on ne peut pas utiliser **très** :
  C'est ~~très~~ vraiment délicieux / exquis / parfait !
! Dans le registre familier, **hyper** et **super** sont synonymes de **très** : *C'est **hyper** / **super** bon !*
! **Trop** peut avoir un sens positif (= **très**) : *C'est **trop** bon !*

2. Déjà et *pas encore*

On utilise **déjà** pour évoquer une expérience vécue : *J'ai **déjà** vu toutes les saisons.*
On utilise **pas encore** pour évoquer une expérience non vécue mais prévue : *Je n'ai **pas encore** vu la saison 2.*
! On utilise **encore** pour une action réalisée une nouvelle fois : *J'ai **encore** vu la saison 2. = J'ai revu la saison 2.*

Précis grammatical

3. Les adverbes en -ment

On utilise les adverbes en **-ment** pour indiquer la manière d'agir.
Il faut vérifier de manière systématique. → *Il faut vérifier **systématiquement**.*

Formation :	Règle générale → l'adverbe est formé à partir de l'adjectif au féminin + **-ment**.	*directe* → *directe**ment** active* → *active**ment** sérieuse* → *sérieuse**ment***
	L'adjectif se termine par **-ent**. → L'adverbe se termine par **-emment**.	*prudent* → *prud**emment** fréquent* → *fréqu**emment***
	L'adjectif se termine par **-ant**. → L'adverbe se termine par **-amment**.	*constant* → *const**amment** suffisant* → *suffis**amment***

4. La place de l'adverbe

Avec une forme verbale simple	Avec une forme verbale composée
→ L'adverbe se place après le verbe. *Je regarde **souvent** des séries anglaises ou américaines.* *Les journalistes se mobilisent **activement**.*	→ Les adverbes **souvent**, **toujours**, **parfois**, **jamais**, **assez**, **trop**, **bien**, **mal**, **déjà**, **(pas) encore**… se placent entre l'auxiliaire et le participe passé. *J'ai **déjà** vu toutes les saisons.* *Je n'ai **pas encore** vu la saison 2.*

La phrase

1. La question inversée à l'écrit

- C'est une question formelle.
- Quand le sujet est un nom, on le reprend avec un pronom placé après le verbe.
  Les amateurs suivront-ils le même parcours que les athlètes ?
- Quand le verbe se termine par une **voyelle**, on ajoute un **-t-** entre le verbe et le pronom *il / elle / on* pour faciliter la prononciation.
  Pourquoi a-t-on fait le choix d'une course nocturne ?
  Cet événement va-t-il vraiment inciter les Français à se mettre au sport ?

2. La négation ne… plus et la restriction ne… que

Pour exprimer un changement : **ne… plus** *Je **ne** lis **plus** de livres.* = *Avant, je lisais des livres, mais maintenant, c'est fini.*	Pour exprimer une restriction : **ne… que** *On **ne** communique **que** de manière virtuelle.* = *On communique seulement de manière virtuelle.* **!** Attention à la place de **que**. *J'ai seulement deux amis virtuels.* → *Je n'ai **que** deux amis virtuels.* *Je rencontre ces amis seulement sur Internet.* → *Je ne rencontre ces amis **que** sur Internet.*

3. L'élision de *ne* à l'oral dans la phrase négative

L'élision de **ne** est habituelle à l'oral.
« *On donne plus de nos nouvelles en direct.* »
« *On leur demande pas comment ils vont.* »

! À l'écrit, **ne** est obligatoire : *On **ne** donne plus de nos nouvelles en direct.*

4. La phrase exclamative avec *comme, que, quel(le)(s)*

→ **Comme / Que** + phrase avec un verbe
Comme c'est délicieux !   *Que c'est délicieux !*
Comme le chef présente bien ses assiettes !
Que le chef présente bien ses assiettes !

→ **Quel(le)(s)** + nom
Quel délice !
Quelle belle présentation !

5. La forme impersonnelle

- Dans la structure impersonnelle (**il** + **verbe**), **il** est un pronom neutre, il ne renvoie pas à une personne.
- Certains verbes s'utilisent seulement à la forme impersonnelle : *falloir* → *il faut*, *pleuvoir* → *il pleut*, *neiger* → *il neige*…
- On utilise **il est** + **adjectif** pour exprimer :
  – l'obligation, l'interdiction, l'autorisation :
   Il est obligatoire / interdit / permis de tondre le gazon.
  – la nécessité : *Il est important / urgent / nécessaire / fondamental de défendre les grands principes.*

6. La mise en relief

Pour mettre en relief :
– le <u>sujet</u> du verbe → *c'est / ce sont… **qui***
  *Ce sont **des jeunes** qui fréquentent l'association.*
– le <u>COD</u> du verbe → *c'est / ce sont… **que / qu'***
  *C'est **un projet** qu'ils ont imaginé.*

7. Le discours rapporté

Paroles directes	Paroles rapportées
Déclaration : « Cet événement permettra aux gens de prendre l'habitude de pratiquer un sport. »	→ **dire, estimer, déclarer, répéter, indiquer… + que** *Il estime que cet événement permettra aux gens de prendre l'habitude de pratiquer un sport.*
– Question fermée (réponse oui / non) : « *Cet événement va-t-il inciter les Français à se mettre au sport ?* » – Question avec que / qu'est-ce que : « *Que faut-il faire pour participer ?* » – Question avec un mot interrogatif : « *Comment vous-vous sentez ?* »	→ **(se) demander + si** *Les journaux **se demandent** si cet événement va inciter les Français à se mettre au sport.* → **(se) demander + ce que** *Nos auditeurs **demandent** ce qu'il faut faire pour participer.* → **(se) demander + comment, où, quand, combien, pourquoi** *On lui **demande** comment il se sent.*

Les marqueurs temporels

Pour exprimer une durée, une période de temps	**pendant** { + durée + moment / événement	*J'ai effectué un stage **pendant trois mois**.* ***Pendant mes études**, j'ai été rédactrice en chef.*
Pour situer un événement dans le passé par rapport au présent	**il y a** + durée	*Je suis entrée à l'école de journalisme **il y a deux ans**.*
Pour indiquer le début d'une action / situation qui continue dans le présent	**depuis** { + durée + moment / événement + date	*Je suis diplômée **depuis deux mois**.* ***Depuis la fin de mes études**, je suis rédactrice.* ***Depuis juillet 2022**, je suis rédactrice.*
Pour situer un événement dans le futur par rapport au présent	**dans** + durée	***dans** cinq semaines*
Pour indiquer un point de départ et une limite dans le temps	**à partir de** **jusqu'à** { + date, moment / événement	***à partir du** 21 janvier et **jusqu'au** 21 février* ***jusqu'à** la fin de l'année*

L'expression de la condition et de l'hypothèse

Si + verbe au présent de l'indicatif + présent de l'indicatif	→ pour exprimer une condition nécessaire pour une action présente. *Si l'appart a du charme, je suis prête à faire un compromis sur le balcon.* → pour exprimer une hypothèse dans le présent. L'autre partie de la phrase peut exprimer une suggestion (au présent ou à l'impératif). *Si vous voyagez beaucoup, vous pouvez choisir une grande ville.* *Si vous recherchez le soleil, consultez le classement.*
Si + verbe au présent de l'indicatif + futur proche ou futur simple	→ pour indiquer une condition nécessaire pour une action ou situation future. *Si vous quittez la capitale, vous allez avoir plus de temps.* → pour exprimer une hypothèse sur le futur. *Si vous avez ce brevet, vous serez maître pâtissière.*

! **Si** devant **il** devient **s'il** : ***S'il** y a une terrasse, le cachet de l'appartement n'a pas d'importance.*

! On peut dire : ***Si** l'appart a du charme, je suis prête à faire un compromis sur le balcon.*
OU : *Je suis prête à faire un compromis sur le balcon **si** l'appart a du charme.*

! Pour indiquer deux actions successives ou simultanées dans le futur → **quand + futur simple, futur simple** :
***Quand** vous **aurez** votre CAP, vous **serez** pâtissière.*

Précis grammatical

L'expression de la comparaison

1. Le comparatif

La comparaison porte sur la qualité : (+) **plus** (−) **moins** + adjectif (+ **que**…) (=) **aussi** (+) **plus** (−) **moins** + adverbe (+ **que**…) (=) **aussi**	*Il est **plus** près de la vieille ville (**que** l'autre appartement).* *Il est **moins** lumineux.* *Le loyer est **aussi** élevé (**qu'**à Paris).* *Il est **plus** près de la vieille ville (**que** l'autre appartement).* *Il est **moins** bien situé (**que** l'autre appartement).* *On va chez eux **aussi** facilement (**qu'**avant).*
! Comparatif (+) de l'adjectif **bon(ne)** → **meilleur(e)** Comparatif (+) de l'adverbe **bien** → **mieux**	*C'est un **meilleur** emplacement.* *L'appartement est **mieux** situé.*
La comparaison porte sur la quantité : verbe + { (+) **plus** / (−) **moins** (+ **que**…) / (=) **autant** } (+) **plus** (−) **moins** **de / d'** + nom (+ que…) (=) **autant**	*Il me plaît **plus** (**que** l'autre appartement).* *Je l'aime **moins** (**que** l'autre appartement).* *Je travaille **autant** (**qu'**avant).* *Il y a **plus de** travaux à faire (**que** dans l'autre appartement).* *Il a **moins d'**inconvénients (**que** l'autre appartement).* *Il y a **autant de** commerces (**qu'**à Paris).*

2. Le superlatif

La comparaison porte sur la qualité → **avec un adjectif** – placé avant le nom : **le, la, les plus / moins** + adjectif (*beau, grand, petit*…) + nom – placé après le nom : nom + **le, la, les plus / moins** + adjectif → **avec un adverbe** : verbe + **le plus / moins** + adverbe	*La **plus** belle histoire du moment.* *Le coup de théâtre **le moins** attendu de la saga.* *Le livre qui décrit **le plus** finement la capacité à s'adapter.*
La comparaison porte sur la quantité → **avec un verbe** : verbe + **le plus / moins** → **avec un nom** : verbe + **le plus / moins** + **de** + nom	*Celui que je relirai **le plus** !* *Celui qui m'a donné **le plus d'**émotion.*

L'expression de la cause et de la conséquence

Pour introduire une cause : – **parce que, car** + phrase – **à cause de** + nom (cause négative) – **grâce à** + nom (cause positive)	*On n'avait pas le confort de maintenant **parce que** <u>les appareils ménagers étaient rares</u> !* *On jouait beaucoup dehors, **car** <u>on n'avait pas beaucoup de jeux à l'intérieur</u>.* *Ils avaient peur de leur professeur **à cause des** <u>punitions</u>.* *On pouvait conserver les aliments **grâce à** <u>de la glace</u> qu'on achetait.*
Pour introduire une conséquence : **alors, donc, c'est pour ça que** + phrase	*Certaines familles avaient une cave, **alors** <u>elles pouvaient y stocker des aliments</u>.* *Les consoles n'existaient pas, **donc** <u>on devait trouver des idées pour s'amuser</u> !* *On n'avait pas de mixeur ni d'aspirateur. **C'est pour ça qu'**<u>on faisait tout à la main</u>.*

L'expression de l'espoir

j'espère + <u>nom</u> ou <u>infinitif</u>	*J'espère <u>un retour</u> aux grandes valeurs de l'Europe.* *J'espère <u>vivre</u> dans un monde de tolérance.*
j'espère que + futur simple ou présent	*J'espère que les nouvelles générations <u>réussiront</u> à changer notre modèle de société.* *J'espère que les jeunes <u>sont</u> motivés pour participer.*
je rêve de + <u>nom</u> ou <u>infinitif</u>	*Je rêve d'<u>une société</u> où les humains ne construisent plus leur vie autour de la consommation.* *Je rêve de <u>participer</u> à la construction d'une société plus égalitaire.*

Les sons du français

Les voyelles du français

Voyelles orales

Aiguës

- [i] ami • dîne • lycée
- [e] été • papier • chez

- [ɛ] aide • avais • secret • prête • connaît • sincère • respect • peine

- [a] pars • à • âge • femme

Graves

- [y] dune • sûr • a eu
- [ø] peu

- [ə] se • que • fera
- [œ] peur • cueille

- [u] pour • coût
- [o] réseaux sociaux • hôte • chose • pot

- [ɔ] poissonnerie • pote
- [ɑ] tâche • tas

Voyelles nasales

Aiguës

- [ɛ̃] voisin • sympa • plein • certain
- [œ̃] commun

Graves

- [õ] poisson • tomber
- [ã] pendant • ensemble • jambon

Les consonnes du français

Aiguës

- [s] soie • ascenseur • cerise • ça • association • expérience
- [z] raison • deuxième • zéro
- [t] tente • études • bottines
- [d] dans • garde
- [n] cabane • donner
- [ɲ] compagnie
- [l] langue • profil • culture • illusion

- [ʃ] choix • shampoing
- [ʒ] joie • charges

Graves

- [f] feu • réchauffer • photo
- [v] veux • cave

- [p] poids • support
- [b] bois
- [m] mois • forme • immense

Neutres

- [k] cadeau • quoi • fixer • chronologie • kiwi
- [g] gâteau • bilingue
- [ʀ] rédiger • durée • terrasse

Les semi-consonnes du français

Aiguës

- [j] accueil • famille • aïeux • rayure • passion
- [ɥ] puis • actualité

Grave

- [w] voir • point • souhait • bivouac • web

Activités de Phonie-graphie

DOSSIER 1

LEÇON 1

L'élision : *le* ou *l'*

🔊 120 **Écoutez et complétez avec *l'* ou *le*.**
Ex. : *Ce gâteau, elle … achète et elle … mange.*
→ *Ce gâteau, elle l'achète et elle le mange.*

1. Pauline a un très bon ami. Elle … appelle, elle … rencontre, elle … écoute, elle … connaît bien, elle … comprend et elle … aide aussi. Elle … invite souvent, elle … voit au café.

2. Henri lit un poème. Il … aime beaucoup, il … adore, il … apprend par cœur, il ne … connaît pas encore bien, il … lit tout haut et il … dit à ses amis.

3. Mon amie écrit un roman. Elle … envoie à un ami auteur, il … lit, il … critique et il … aime aussi. Quelquefois je … relis et je … corrige aussi. Son ami auteur, ça … vexe pas, il … accepte. Le roman de mon amie s'intitule *Voyage*, elle … a bientôt fini.

LEÇON 2

Les terminaisons de l'imparfait

🔊 121 **Écoutez et complétez les verbes avec les terminaisons à l'imparfait selon le sujet, dans l'ordre entendu.**

1. utilis… – utilis… – utilis… – utilis…
2. cré… – cré… – cré… – cré…
3. achet… – achet… – achet… – achet…
4. voul… – voul… – voul… – voul…
5. fais… – fais… – fais… – fais…

DOSSIER 2

LEÇON 2

Les consonnes muettes en fin de mots et le *e* muet

a. 🔊 122 **Écoutez et barrez les lettres non prononcées en fin de mots.**
1. Pour le shampoing en vrac, apportez un contenant.
2. Dans ces bocaux, il y a des fruits délicieux.
3. C'est un beau pot rond et blanc.
4. Dis-moi le poids des objets.

b. 🔊 123 **Écoutez et soulignez le *e* en gras quand il est prononcé [ə].**
1. Ach**e**te des vêt**e**ments r**e**cyclés ou d**e** s**e**conde main avec un r**e**trait en magasin.
2. Tu peux facil**e**ment fair**e** l**e** pai**e**ment d**e** ton port**e**manteau et d**e** ton chauff**e**-pied par Internet.
3. On les r**e**vend ou on d**e**mand**e** l**e** rembours**e**ment.
4. D**e** quoi est-c**e** qu**e** cett**e** association s'occup**e** ? D**e** la pauvr**e**té. Ell**e** donn**e** des cosmétiqu**e**s aux ach**e**teurs.
5. Dans cett**e** épic**e**rie, on ach**e**te des c**e**ris**e**s et des m**e**lons délicieux.

LEÇON 3

Les graphies du son [j] et la prononciation de la lettre *y*

a. 🔊 124 **Écoutez et soulignez le son [j] dans les mots.**
1. Ce chemisier à paillettes te va bien. C'est la bonne taille.
2. Cette matière et les rayures sont très à la mode.
3. Vous pouvez le porter pour une occasion particulière.
4. Vous l'essayez avant de payer.
5. Nous accueillons la cliente et sa famille dans la pièce à droite.

b. **Complétez le tableau avec les mots de l'activité a et les graphies correspondantes.**

Graphie : …	Graphie : … + … + voyelle prononcée	Graphie : *y* entre deux voyelles
– paillettes		

c. 🔊 125 **Écoutez et complétez les phrases avec les graphies *i* ou *y*.**
1. J'ai envie d'une robe br…llante et ra…ée pour la fête.
2. Dans la locat…on, vous vo…ez, il y a trois chambres pour vos trois f…lles.
3. Nous envo…ons le paiement du lo…er.
4. Essa…ons ce foulard avec ces lunettes de sole…l, c'est très joli !

DOSSIER 3

LEÇON 2

Les deux prononciations de *e* sans accent

a. 🔊 126 Écoutez. Cochez [ə] si le *e* se prononce comme dans *Grenoble*. Cochez [ɛ] si le *e* se prononce comme dans *merci*.

	[ə]	[ɛ]
1. comm<u>e</u>rce		
2. t<u>e</u>rrasse		
3. r<u>e</u>fait		
4. <u>e</u>xcentré		
5. ch<u>e</u>minée		
6. parqu<u>e</u>t		
7. p<u>e</u>tit		
8. sup<u>e</u>r		
9. t<u>e</u>st		

b. 🔊 127 Écoutez et identifiez la prononciation du *e* souligné dans chaque mot. Puis classez les mots dans le tableau.

r<u>e</u>garde – av<u>e</u>c – cach<u>e</u>t – ch<u>e</u>rche – appart<u>e</u>ment – rapp<u>e</u>l – <u>e</u>xemple – f<u>e</u>nêtre – anci<u>e</u>nne – proj<u>e</u>t – él<u>e</u>ctrique – d<u>e</u>main – b<u>e</u>lle – hyp<u>e</u>r – v<u>e</u>nir

[ɛ]			[ə]
e + deux consonnes ou plus	*e* + x	*e* + *t* muet ou *e* + consonne finale prononcée	*e* + consonne prononcée + voyelle

c. 🔊 128 Prononcez les mots puis écoutez pour vérifier.
1. espace – 2. accessoire – 3. veste – 4. chemise – 5. paillette – 6. objet – 7. couvert – 8. courgette – 9. cerise – 10. melon

LEÇON 3

Les graphies de [u], [o] et [ɔ]

a. 🔊 129 Écoutez et soulignez d'une couleur différente les mots avec [u] comme dans *vous*, [o] comme dans *pot* et [ɔ] comme dans *sol*.

1. Nous organisons une discussion sur la plateforme pour la propreté dans les locaux collectifs.
2. Il y a un autre panneau sur la porte pour le transport vers les écoles avec les horaires et les jours.
3. N'entreposez pas vos poussettes dans les couloirs.
4. Les travaux de réparation de la clôture commencent bientôt.

b. Complétez les graphies puis classez les mots selon leur graphie.

[u] = *ou* → *nous* – … – … – … – …

[o] { = *o* → *entreposez* – …
    = … → … – … – …
    = … → …
    = … → … – … }

[ɔ] = *o* → … – … – … – … – … – … – … – …

c. 🔊 130 Écoutez et complétez avec *au*, *o* ou *ou*.
1. P…r les …t…risations de s…rtie à la disc…thèque, demandez … pers…nnel de la mairie.
2. Il ne f…t pas c…rir … b…rd de la r…te.
3. La détéri…ration des …bjets laissés par les pr…priétaires dans les c…rs d'immeubles a …gmenté depuis …ct…bre.

DOSSIER 4

LEÇON 1

Le *e* caduc dans les verbes au futur simple

🔊 131 Écoutez et complétez les verbes au futur avec la lettre *e*, si nécessaire.
1. Vous s…rez responsable : vous f…rez comme vous voud…rez.
2. J'habit…rai près du lieu où je travaill…rai.
3. J'étudi…rai, je li…rai : je me détend…rai.
4. Je nettoi…rai la pièce et nous choisi…rons la déco plus tard.
5. Tu te mari…ras, tu voyag…ras et tu viv…ras longtemps.
6. Je remerci…rai les étudiants qui continu…ront à travailler sur le projet.
7. Il regard…ra mon post et il me répond…ra.
8. Vous descend…rez du train et quand vous arriv…rez dans le hall, on se téléphon…ra.

LEÇON 2

Le rythme de la phrase, l'intonation et la ponctuation

🔊 132 Écoutez et lisez. En fonction du rythme et de l'intonation, ajoutez la ponctuation : , . ? ! . Complétez les lettres manquantes (avec ou sans majuscules).

Bonjour… …otre annonce m'intéresse et correspond à mes attentes… …a formation… …e suis dessinatrice de bande dessinée… …e suis une personne rigoureuse… …nthousiaste et passionnée… …'aime travailler en équipe… …ais je suis à l'aise quand je dois travailler seule… …e qui m'intéresse particulièrement… …'est de créer des histoires… …e les mettre en images et en mouvement dans des scénarios… …e serai très heureuse de vous rencontrer pour un entretien… …u revoir…

Activités de Phonie-graphie

DOSSIER 5

LEÇON 2

Qui / qu'il / à qui il

🔊 133 **Écoutez et complétez avec *qui*, *qu'il* ou *à qui il*.**

Le comédien … joue le rôle
Le personnage … s'identifie
La série … préfère
La femme … préfère raconter sa vie
La femme … écoute son récit de vie
Les secrets … confie
Les secrets … le rendent triste
Le sentiment … exprime
La femme … offre sa vie
La femme … aime
La femme … dit … l'aime
La femme … l'aime et … lui dit qu'elle l'aime
La rose … offre à la femme
La porte … ouvre sur le jardin
Le jardin … arrose
Le jardinier … vole une rose

LEÇON 3

Les graphies du son [ɲ]

a. 🔊 134 **Écoutez et soulignez le son [ɲ] comme dans *témoignage*.**

1. Apportez vos paniers pour la grande récolte de champignons de montagne !
2. Mon compagnon espagnol est allé à la réunion sur le spectacle musical.
3. Ce sont des artistes géniaux qui peignent des bananiers originaux.
4. Le projet « Baignades en chansons » va plaire à ma nièce.
5. Rejoignez notre compagnie et ne craignez rien.
6. C'est la vingt-et-unième fois qu'ils atteignent le sommet.
7. Nous désignons les meilleurs projets en ligne.

b. 🔊 135 **Écoutez et complétez avec *gn* ou *ni*.**

1. Ce cuisi…er armé…en témoi…e d'une belle créativité.
2. Le jury dési…e les propositions les plus gé…ales.
3. Ces artistes pei…ent avec des couleurs très harmo…euses.
4. Nous avons mal au poi…et, nous crai…ons une tendinite, comme la der…ère fois.
5. Tu as bien rempli ton pa…er en alumi…um.

DOSSIER 6

LEÇON 3

Les graphies des sons [s] / [z] ; [ʃ] / [ʒ] ; [k] / [g]

1 a. 🔊 136 **Écoutez et lisez les mots puis complétez.**

1. ~~sac~~ – certain – français – insolite – dessert – végétation – adolescent – inscrire

Le son [s] s'écrit :	
– **s** en début de mot → sac	– **c** + e, i → …
– **ss** entre deux voyelles → …	– **ç** + a, o, u → …
– **s** devant une consonne → …	– **t** + ion → …
– **s** après une consonne → …	– **sc** → …

2. occasion – turquoise – dixième – sixième – deuxième – zéro – onze – douze – quatorze – désert

Le son [z] s'écrit :		
– **z** → … – … – …	– **s** entre deux voyelles → … – … – …	– **x** → … – … – …

b. 🔊 137 **Écoutez et lisez les mots puis complétez.**

short – chant – végétal – jungle – gyrophare – végétation – gorges – nageons – mangeais – gîte

Le son [ʃ] s'écrit :
– **ch** → …
– **sh** → …

Le son [ʒ] s'écrit :
– **g** devant e, i, y → … – … – … – … – …
– **g** + **e** muet devant a, o, u → … – …
– **j** → …

c. 🔊 138 **Écoutez et lisez les mots puis complétez.**

cuir – vague – décor – régulier – cadre – occasion – gorges – turquoise – kiwi – gare – guide

Le son [k] s'écrit :
– **c** devant a, o, u → … – … – …
– **cc** devant a, o, u → …
– **qu** → …
– **k** → …

Le son [g] s'écrit :
– **g** devant a, o, u → … – … – …
– **gu** devant e, i → … – …

2 a. 🔊 139 Écoutez et complétez les mots avec *s* ou *ss*.
…uzanne raconte …a traver…ée de la France dans un podca…t. Elle s'est lancée …eule et a réali…é cet exploit riche en …en…ations. Elle a admiré de …uperbes pay…ages. Elle s'est dépa…ée et elle est allée au bout de …es capacités. C'est une belle réu…ite ! En…uite, elle a retrouvé …a mai…on en Bretagne.

b. 🔊 140 Écoutez et complétez les mots avec *c* ou *ç*.
Les Fran…ais adorent passer la nuit dans des lieux an…iens, comme des châteaux. Ils ne sont jamais dé…us.

c. 🔊 141 Écoutez et complétez les mots avec *ch*, *g* ou *ge*.
Pour le voya…e, nous prenons un sac de cou…a…e, un savon pour le corps et les …eveux et d'autres produits d'hy…iène de ce …enre. Avant de partir, nous man…ons du …in…embre pour nous fortifier et nous faisons tous les jours de la …ymnastique.

d. 🔊 142 Écoutez et complétez les mots avec *c*, *g* ou *gu*.
Nous avons vé…u une lon…e et belle expérience à …ôté de …alais. Ce qui a été marquant, c'est la …apacité d'ac…ueil des personnes de la région ! Ils nous ont fait …oûter et dé…uster toutes leurs spécialités …ulinaires !

DOSSIER 7

LEÇON 1

Les graphies des adverbes en -*ment*

🔊 143 Écoutez et complétez avec *e*, *em* ou *am*.
1. viol…ment – 2. volontair…ment – 3. fréqu…ment – 4. activ…ment – 5. global…ment – 6. prud…ment – 7. pauvr…ment – 8. concrèt…ment – 9. direct…ment – 10. sérieus…ment – 11. attentiv…ment – 12. différ…ment – 13. const…ment – 14. élég…ment – 15. bruy…ment – 16. intellig…ment – 17. réc…ment – 18. nécessair…ment

LEÇON 2

Les graphies de [ks] et [gz]

a. 🔊 144 Écoutez et soulignez les lettres en bleu quand vous entendez le son [ks] (comme dans *fixé*) et en vert quand vous entendez le son [gz] (comme dans *exact*). Puis complétez le tableau avec les mots correspondants aux graphies.
1. Benoît va participer à une course nocturne. Nous lui souhaitons beaucoup de succès. Pour réussir, il doit s'exercer tous les jours.
2. Ce marathon est une action médiatique extraordinaire pour encourager la pratique du sport. Le nombre maximum de coureurs est fixé à dix mille.

[ks]
graphie *x* en milieu de mot → … – *fixé*
graphie *cc* devant *e*, *i* → …
graphie *ct* + [jɔ̃] → …
graphie *ex* en début de mot + consonne → …

[gz]
graphie *ex* en début de mot + voyelle → …

b. 🔊 145 Écoutez et complétez avec *x*, *cc* ou *ct*.
1. Les organisateurs mettent l'a…ent sur le conte…te difficile de l'épreuve, l'entraînement est e…igeant.
2. Allez voir l'e…position sur cet événement, qui montre les e…ploits des participants. Il y a une proje…ion de vidéos toutes les heures.
3. La dire…ion de la course limite son a…ès aux coureurs e…périmentés pour éviter les a…idents.

DOSSIER 8

LEÇON 1

La prononciation des mots avec tréma

a. 🔊 146 Écoutez et observez. Quelle différence entendez-vous dans la prononciation des voyelles ? Complétez la règle.
  mais – maïs   haie – Haïti
Avec le tréma sur le *i*, on prononce … et … .

b. 🔊 147 Écoutez et ajoutez les trémas quand c'est nécessaire.
1. nais – naif
2. loi – Loic
3. aïe – aie
4. Emmaus – mauvais

c. 🔊 148 Écoutez et complétez chaque mot avec la voyelle et le tréma quand c'est nécessaire.
Mon ami m'a parlé de sa famille. Ses a…eux étaient marchands de la…t. Son grand-père s'appelait No…l. Il a voyagé aux Cara…bes où il a rencontré l'héro…ne de sa vie, son épouse, qui cultivait le ma…s. Ils se sont rencontrés pendant une course de cano… . Ils ont eu une fille qu'ils ont appelée Ga…lle.

Tableau de conjugaisons

INFINITIF	INDICATIF					IMPÉRATIF
	PRÉSENT	PASSÉ COMPOSÉ	IMPARFAIT	PLUS-QUE-PARFAIT	FUTUR SIMPLE	
Être	je suis tu es il/elle/on est nous sommes vous êtes ils/elles sont	j'ai été tu as été il/elle/on a été nous avons été vous avez été ils/elles ont été	j'étais tu étais il/elle/on était nous étions vous étiez ils/elles étaient	j'avais été tu avais été il/elle/on avait été nous avions été vous aviez été ils/elles avaient été	je serai tu seras il/elle/on sera nous serons vous serez ils/elles seront	sois soyons soyez
Avoir	j'ai tu as il/elle/on a nous avons vous avez ils/elles ont	j'ai eu tu as eu il/elle/on a eu nous avons eu vous avez eu ils/elles ont eu	j'avais tu avais il/elle/on avait nous avions vous aviez ils/elles avaient	j'avais eu tu avais eu il/elle/on avait eu nous avions eu vous aviez eu ils/elles avaient eu	j'aurai tu auras il/elle/on aura nous aurons vous aurez ils/elles auront	aie ayons ayez
Aimer	j'aime tu aimes il/elle/on aime nous aimons vous aimez ils/elles aiment	j'ai aimé tu as aimé il/elle/on a aimé nous avons aimé vous avez aimé ils/elles ont aimé	j'aimais tu aimais il/elle/on aimait nous aimions vous aimiez ils/elles aimaient	j'avais aimé tu avais aimé il/elle/on avait aimé nous avions aimé vous aviez aimé ils/elles avaient aimé	j'aimerai tu aimeras il/elle/on aimera nous aimerons vous aimerez ils/elles aimeront	aime aimons aimez
Aller	je vais tu vas il/elle/on va nous allons vous allez ils/elles vont	je suis allé(e) tu es allé(e) il/elle/on est allé(e) nous sommes allé(e)s vous êtes allé(e)(s) ils/elles sont allé(e)s	j'allais tu allais il/elle/on allait nous allions vous alliez ils/elles allaient	j'étais allé(e) tu étais allé(e) il/elle/on était allé(e) nous étions allé(e)s vous étiez allé(e)s ils/elles étaient allé(e)s	j'irai tu iras il/elle/on ira nous irons vous irez ils/elles iront	va allons allez
Appeler	j'appelle tu appelles il/elle/on appelle nous appelons vous appelez ils/elles appellent	j'ai appelé tu as appelé il/elle/on a appelé nous avons appelé vous avez appelé ils/elles ont appelé	j'appelais tu appelais il/elle/on appelait nous appelions vous appeliez ils/elles appelaient	j'avais appelé tu avais appelé il/elle/on avait appelé nous avions appelé vous aviez appelé ils/elles avaient appelé	j'appellerai tu appelleras il/elle/on appellera nous appellerons vous appellerez ils/elles appelleront	appelle appelons appelez
Choisir	je choisis tu choisis il/elle/on choisit nous choisissons vous choisissez ils/elles choisissent	j'ai choisi tu as choisi il/elle/on a choisi nous avons choisi vous avez choisi ils/elles ont choisi	je choisissais tu choisissais il/elle/on choisissait nous choisissions vous choisissiez ils/elles choisissaient	j'avais choisi tu avais choisi il/elle/on avait choisi nous avions choisi vous aviez choisi ils/elles avaient choisi	je choisirai tu choisiras il/elle/on choisira nous choisirons vous choisirez ils/elles choisiront	choisis choisissons choisissez
Commencer	je commence tu commences il/elle/on commence nous commençons vous commencez ils/elles commencent	j'ai commencé tu as commencé il/elle/on a commencé nous avons commencé vous avez commencé ils/elles ont commencé	je commençais tu commençais il/elle/on commençait nous commencions vous commenciez ils/elles commençaient	j'avais commencé tu avais commencé il/elle/on avait commencé nous avions commencé vous aviez commencé ils/elles avaient commencé	je commencerai tu commenceras il/elle/on commencera nous commencerons vous commencerez ils/elles commenceront	commence commençons commencez
Connaître	je connais tu connais il/elle/on connaît nous connaissons vous connaissez ils/elles connaissent	j'ai connu tu as connu il/elle/on a connu nous avons connu vous avez connu ils/elles ont connu	je connaissais tu connaissais il/elle/on connaissait nous connaissions vous connaissiez ils/elles connaissaient	j'avais connu tu avais connu il/elle/on avait connu nous avions connu vous aviez connu ils/elles avaient connu	je connaîtrai tu connaîtras il/elle/on connaîtra nous connaîtrons vous connaîtrez ils/elles connaîtront	connais connaissons connaissez
Construire	je construis tu construis il/elle/on construit nous construisons vous construisez ils/elles construisent	j'ai construit tu as construit il/elle/on a construit nous avons construit vous avez construit ils/elles ont construit	je construisais tu construisais il/elle/on construisait nous construisions vous construisiez ils/elles construisaient	j'avais construit tu avais construit il/elle/on avait construit nous avions construit vous aviez construit ils/elles avaient construit	je construirai tu construiras il/elle/on construira nous construirons vous construirez ils/elles construiront	construis construisons construisez
Descendre	je descends tu descends il/elle/on descend nous descendons vous descendez ils/elles descendent	j'ai descendu tu as descendu il/elle/on a descendu nous avons descendu vous avez descendu ils/elles ont descendu	je descendais tu descendais il/elle/on descendait nous descendions vous descendiez ils/elles descendaient	j'avais descendu tu avais descendu il/elle/on avait descendu nous avions descendu vous aviez descendu ils/elles avaient descendu	je descendrai tu descendras il/elle/on descendra nous descendrons vous descendrez ils/elles descendront	descends descendons descendez

INFINITIF	INDICATIF					IMPÉRATIF
	PRÉSENT	PASSÉ COMPOSÉ	IMPARFAIT	PLUS-QUE-PARFAIT	FUTUR SIMPLE	
Devoir	je dois tu dois il/elle/on doit nous devons vous devez ils/elles doivent	j'ai dû tu as dû il/elle/on a dû nous avons dû vous avez dû ils/elles ont dû	je devais tu devais il/elle/on devait nous devions vous deviez ils/elles devaient	j'avais dû tu avais dû il/elle/on avait dû nous avions dû vous aviez dû ils/elles avaient dû	je devrai tu devras il/elle/on devra nous devrons vous devrez ils/elles devront	
Dire	je dis tu dis il/elle/on dit nous disons vous dites ils/elles disent	j'ai dit tu as dit il/elle/on a dit nous avons dit vous avez dit ils/elles ont dit	je disais tu disais il/elle/on disait nous disions vous disiez ils/elles disaient	j'avais dit tu avais dit il/elle/on avait dit nous avions dit vous aviez dit ils/elles avaient dit	je dirai tu diras il/elle/on dira nous dirons vous direz ils/elles diront	dis disons dites
Écrire	j'écris tu écris il/elle/on écrit nous écrivons vous écrivez ils/elles écrivent	j'ai écrit tu as écrit il/elle/on a écrit nous avons écrit vous avez écrit ils/elles ont écrit	j'écrivais tu écrivais il/elle/on écrivait nous écrivions vous écriviez ils/elles écrivaient	j'avais écrit tu avais écrit il/elle/on avait écrit nous avions écrit vous aviez écrit ils/elles avaient écrit	j'écrirai tu écriras il/elle/on écrira nous écrirons vous écrirez ils/elles écriront	écris écrivons écrivez
Essayer	j'essaie tu essaies il/elle/on essaie nous essayons vous essayez ils/elles essaient	j'ai essayé tu as essayé il/elle/on a essayé nous avons essayé vous avez essayé ils/elles ont essayé	j'essayais tu essayais il/elle/on essayait nous essayions vous essayiez ils/elles essayaient	j'avais essayé tu avais essayé il/elle/on avait essayé nous avions essayé vous aviez essayé ils/elles avaient essayé	j'essaierai tu essaieras il/elle/on essaiera nous essaierons vous essaierez ils/elles essaieront	essaie essayons essayez
Faire	je fais tu fais il/elle/on fait nous faisons vous faites ils/elles font	j'ai fait tu as fait il/elle/on a fait nous avons fait vous avez fait ils/elles ont fait	je faisais tu faisais il/elle/on faisait nous faisions vous faisiez ils/elles faisaient	j'avais fait tu avais fait il/elle/on avait fait nous avions fait vous aviez fait ils/elles avaient fait	je ferai tu feras il/elle/on fera nous ferons vous ferez ils/elles feront	fais faisons faites
Falloir	il faut	il a fallu	il fallait	il avait fallu	il faudra	
Lire	je lis tu lis il/elle/on lit nous lisons vous lisez ils/elles lisent	j'ai lu tu as lu il/elle/on a lu nous avons lu vous avez lu ils/elles ont lu	je lisais tu lisais il/elle/on lisait nous lisions vous lisiez ils/elles lisaient	j'avais lu tu avais lu il/elle/on avait lu nous avions lu vous aviez lu ils/elles avaient lu	je lirai tu liras il/elle/on lira nous lirons vous lirez ils/elles liront	lis lisons lisez
Mettre	je mets tu mets il/elle/on met nous mettons vous mettez ils/elles mettent	j'ai mis tu as mis il/elle/on a mis nous avons mis vous avez mis ils/elles ont mis	je mettais tu mettais il/elle/on mettait nous mettions vous mettiez ils/elles mettaient	j'avais mis tu avais mis il/elle/on avait mis nous avions mis vous aviez mis ils/elles avaient mis	je mettrai tu mettras il/elle/on mettra nous mettrons vous mettrez ils/elles mettront	mets mettons mettez
Offrir	j'offre tu offres il/elle/on offre nous offrons vous offrez ils/elles offrent	j'ai offert tu as offert il/elle/on a offert nous avons offert vous avez offert ils/elles ont offert	j'offrais tu offrais il/elle/on offrait nous offrions vous offriez ils/elles offraient	j'avais offert tu avais offert il/elle/on avait offert nous avions offert vous aviez offert ils/elles avaient offert	j'offrirai tu offriras il/elle/on offrira nous offrirons vous offrirez ils/elles offriront	offre offrons offrez
Partager	je partage tu partages il/elle/on partage nous partageons vous partagez ils/elles partagent	j'ai partagé tu as partagé il/elle/on a partagé nous avons partagé vous avez partagé ils/elles ont partagé	je partageais tu partageais il/elle/on partageait nous partagions vous partagiez ils/elles partageaient	j'avais partagé tu avais partagé il/elle/on avait partagé nous avions partagé vous aviez partagé ils/elles avaient partagé	je partagerai tu partageras il/elle/on partagera nous partagerons vous partagerez ils/elles partageront	partage partageons partagez
Partir	je pars tu pars il/elle/on part nous partons vous partez ils/elles partent	je suis parti(e) tu es parti(e) il/elle/on est parti(e) nous sommes parti(e)s vous êtes parti(e)(s) ils/elles sont parti(e)s	je partais tu partais il/elle/on partait nous partions vous partiez ils/elles partaient	j'étais parti(e) tu étais parti(e) il/elle/on était parti(e) nous étions parti(e)s vous étiez parti(e)s ils/elles étaient parti(e)s	je partirai tu partiras il/elle/on partira nous partirons vous partirez ils/elles partiront	pars partons partez

Tableau de conjugaisons

INFINITIF	INDICATIF					IMPÉRATIF
	PRÉSENT	PASSÉ COMPOSÉ	IMPARFAIT	PLUS-QUE-PARFAIT	FUTUR SIMPLE	
Peindre	je peins tu peins il/elle/on peint nous peignons vous peignez ils/elles peignent	j'ai peint tu as peint il/elle/on a peint nous avons peint vous avez peint ils/elles ont peint	je peignais tu peignais il/elle/on peignait nous peignions vous peigniez ils/elles peignaient	j'avais peint tu avais peint il/elle/on avait peint nous avions peint vous aviez peint ils/elles avaient peint	je peindrai tu peindras il/elle/on peindra nous peindrons vous peindrez ils/elles peindront	peins peignons peignez
Pouvoir	je peux tu peux il/elle/on peut nous pouvons vous pouvez ils/elles peuvent	j'ai pu tu as pu il/elle/on a pu nous avons pu vous avez pu ils/elles ont pu	je pouvais tu pouvais il/elle/on pouvait nous pouvions vous pouviez ils/elles pouvaient	j'avais pu tu avais pu il/elle/on avait pu nous avions pu vous aviez pu ils/elles avaient pu	je pourrai tu pourras il/elle/on pourra nous pourrons vous pourrez ils/elles pourront	
Prendre	je prends tu prends il/elle/on prend nous prenons vous prenez ils/elles prennent	j'ai pris tu as pris il/elle/on a pris nous avons pris vous avez pris ils/elles ont pris	je prenais tu prenais il/elle/on prenait nous prenions vous preniez ils/elles prenaient	j'avais pris tu avais pris il/elle/on avait pris nous avions pris vous aviez pris ils/elles avaient pris	je prendrai tu prendras il/elle/on prendra nous prendrons vous prendrez ils/elles prendront	prends prenons prenez
Rejoindre	je rejoins tu rejoins il/elle/on rejoint nous rejoignons vous rejoignez ils/elles rejoignent	j'ai rejoint tu as rejoint il/elle/on a rejoint nous avons rejoint vous avez rejoint ils/elles ont rejoint	je rejoignais tu rejoignais il/elle/on rejoignait nous rejoignions vous rejoigniez ils/elles rejoignaient	j'avais rejoint tu avais rejoint il/elle/on avait rejoint nous avions rejoint vous aviez rejoint ils/elles avaient rejoint	je rejoindrai tu rejoindras il/elle/on rejoindra nous rejoindrons vous rejoindrez ils/elles rejoindront	rejoins rejoignons rejoignez
Savoir	je sais tu sais il/elle/on sait nous savons vous savez ils/elles savent	j'ai su tu as su il/elle/on a su nous avons su vous avez su ils/elles ont su	je savais tu savais il/elle/on savait nous savions vous saviez ils/elles savaient	j'avais su tu avais su il/elle/on avait su nous avions su vous aviez su ils/elles avaient su	je saurai tu sauras il/elle/on saura nous saurons vous saurez ils/elles sauront	sache sachons sachez
Se lever	je me lève tu te lèves il/elle/on se lève nous nous levons vous vous levez ils/elles se lèvent	je me suis levé(e) tu t'es levé(e) il/elle/on s'est levé(e) nous nous sommes levé(e)s vous vous êtes levé(e)(s) ils/elles se sont levé(e)s	je me levais tu te levais il/elle/on se levait nous nous levions vous vous leviez ils/elles se levaient	je m'étais levé(e) tu t'étais levé(e) il/elle/on s'était levé(e) nous nous étions levé(e)s vous vous étiez levé(e)s ils/elles s'étaient levé(e)s	je me lèverai tu te lèveras il/elle/on se lèvera nous nous lèverons vous vous lèverez ils/elles se lèveront	lève-toi levons-nous levez-vous
Sortir	je sors tu sors il/elle/on sort nous sortons vous sortez ils/elles sortent	je suis sorti(e) tu es sorti(e) il/elle/on est sorti(e) nous sommes sorti(e)s vous êtes sorti(e)s ils/elles sont sorti(e)s	je sortais tu sortais il/elle/on sortait nous sortions vous sortiez ils/elles sortaient	j'étais sorti(e) tu étais sorti(e) il/elle/on était sorti(e) nous étions sorti(e)s vous étiez sorti(e)s ils/elles étaient sorti(e)s	je sortirai tu sortiras il/elle/on sortira nous sortirons vous sortirez ils/elles sortiront	sors sortons sortez
Venir	je viens tu viens il/elle/on vient nous venons vous venez ils/elles viennent	je suis venu(e) tu es venu(e) il/elle/on est venu(e) nous sommes venu(e)s vous êtes venu(e)(s) ils/elles sont venu(e)s	je venais tu venais il/elle/on venait nous venions vous veniez ils/elles venaient	j'étais venu(e) tu étais venu(e) il/elle/on était venu(e) nous étions venu(e)s vous étiez venu(e)s ils/elles étaient venu(e)s	je viendrai tu viendras il/elle/on viendra nous viendrons vous viendrez ils/elles viendront	viens venons venez
Voir	je vois tu vois il/elle/on voit nous voyons vous voyez ils/elles voient	j'ai vu tu as vu il/elle/on a vu nous avons vu vous avez vu ils/elles ont vu	je voyais tu voyais il/elle/on voyait nous voyions vous voyiez ils/elles voyaient	j'avais vu tu avais vu il/elle/on avait vu nous avions vu vous aviez vu ils/elles avaient vu	je verrai tu verras il/elle/on verra nous verrons vous verrez ils/elles verront	vois voyons voyez
Vouloir	je veux tu veux il/elle/on veut nous voulons vous voulez ils/elles veulent	j'ai voulu tu as voulu il/elle/on a voulu nous avons voulu vous avez voulu ils/elles ont voulu	je voulais tu voulais il/elle/on voulait nous voulions vous vouliez ils/elles voulaient	j'avais voulu tu avais voulu il/elle/on avait voulu nous avions voulu vous aviez voulu ils/elles avaient voulu	je voudrai tu voudras il/elle/on voudra nous voudrons vous voudrez ils/elles voudront	veuillez

Carte de la France métropolitaine

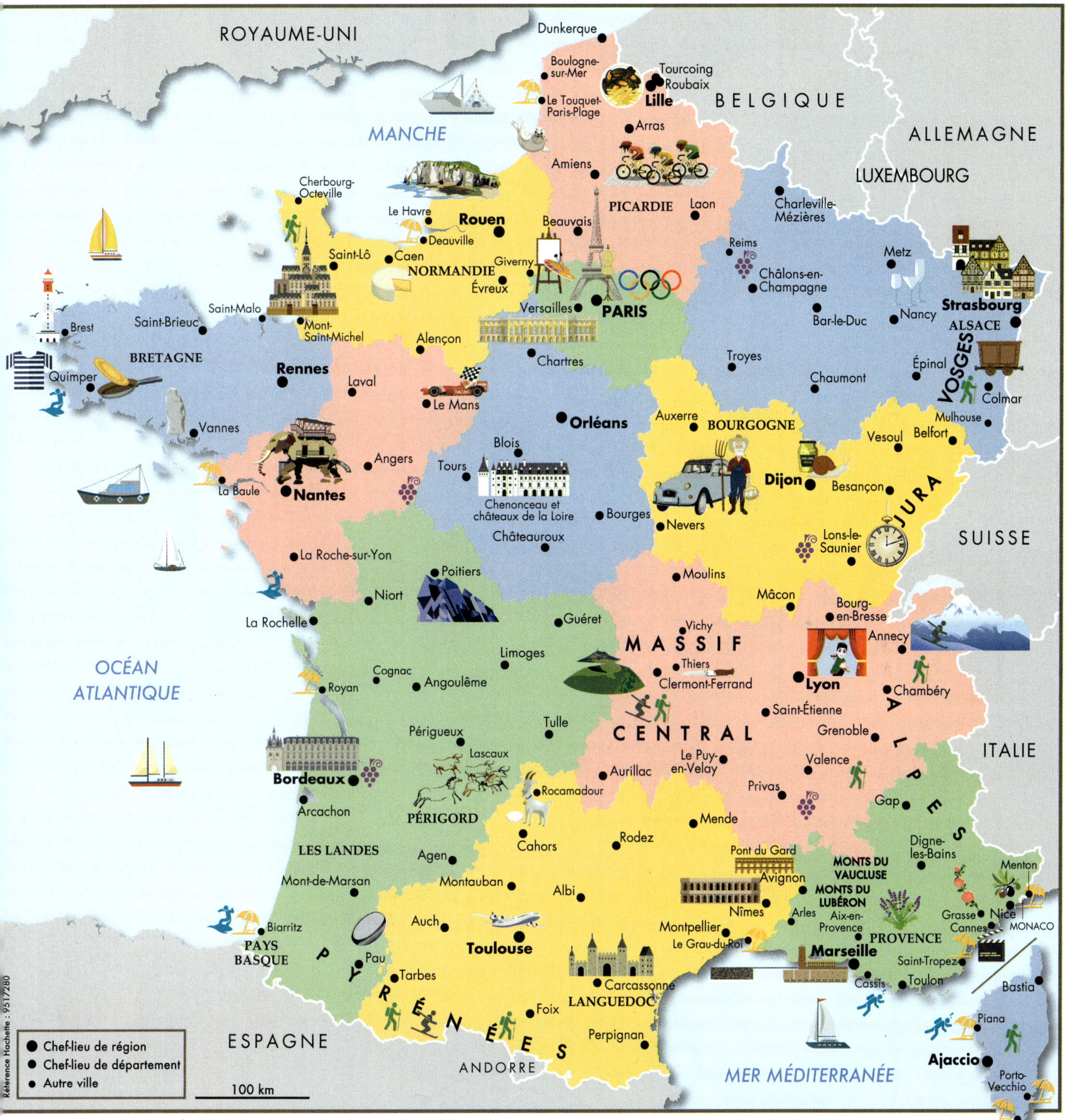

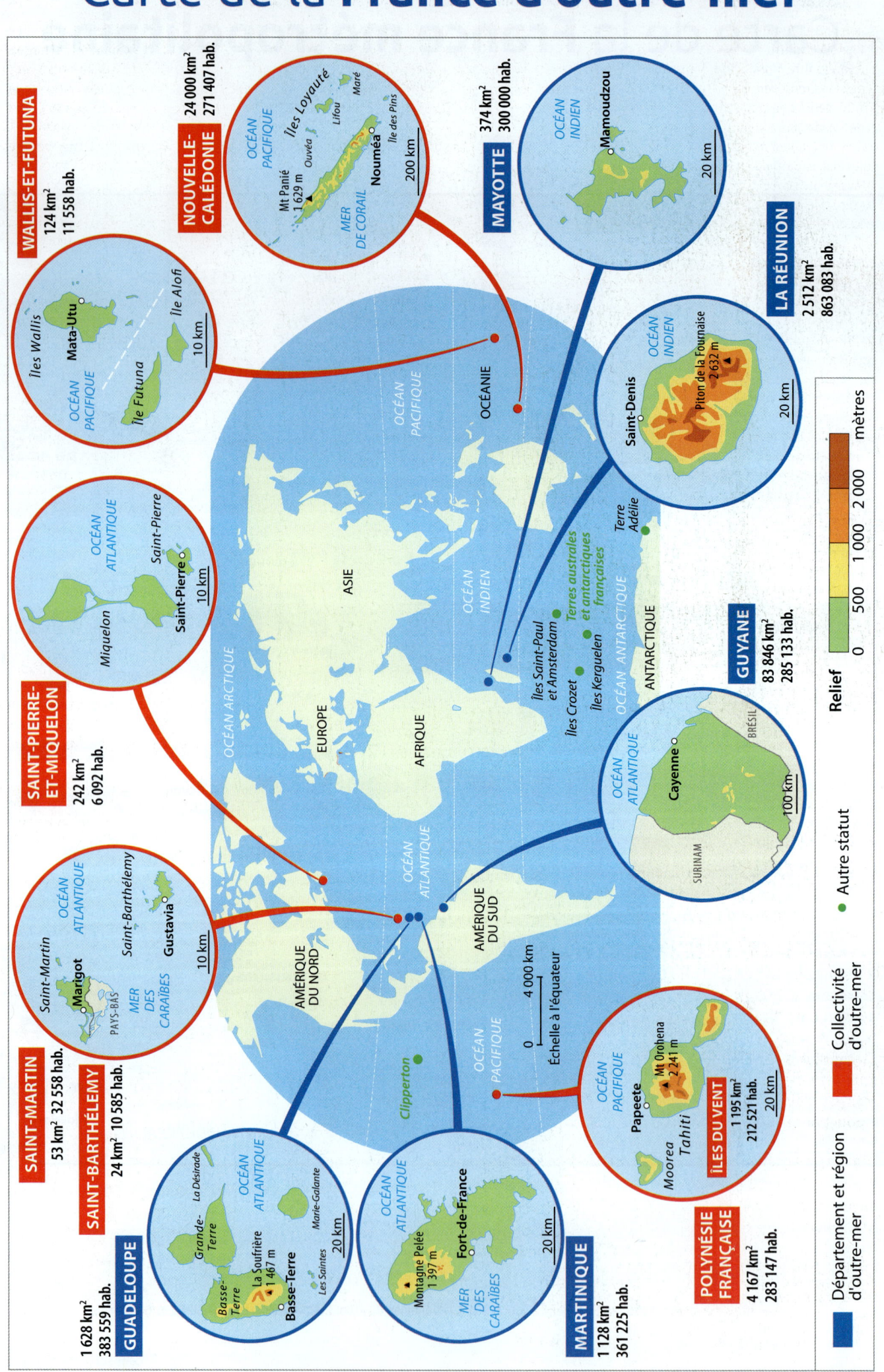